Schauenberg/Paris
Heilpflanzen

BLV Bestimmungsbücher

1 Pilze
2 Pflanzenführer
3 Meeresfische
4 Süßwasserfische
5 Aquarienfische
6 Heilpflanzen
7 Steine + Mineralien
8 Sterne + Planeten
9 Tierspuren
10 Pflanzen- und Tierwelt der Alpen
11 Bäume + Sträucher
12 Blumen am Mittelmeer
13 Pflanzen Europas
14 Hunderassen der Welt
15 Insekten + Weichtiere
16 Muscheln + Schnecken
17 Edel- und Schmucksteine
18 Katzenrassen der Welt
19 Säugetiere Afrikas
20 Wetterkunde für alle
21 Die Höhlen Europas
22 Bäume + Sträucher Europas
23 Vögel
24 Pferderassen der Welt
25 Orchideen Europas
26 Tierische Schädlinge
27 Aquarienpflanzen
28 Farne, Moose, Flechten
29 Gräser
30 Pflanzen der Tropen

BLV Naturführer

101 Tagfalter
102 Nachtfalter
103 Pilze
104 Vögel
105 Alpenblumen
106 Heimische Pflanzen 1
107 Strand + Küste
108 Aquarienfische
109 Mineralien
110 Heimische Pflanzen 2
111 Insekten
112 Säugetiere
113 Fische
114 Giftpflanzen, Gifttiere
115 Wasservögel, Strandvögel
116 Bäume und Sträucher
117 Bach – Fluß – See
118 Heilpflanzen
119 Wolkenbilder – Wettervorhersage
120 Schmetterlinge
121 Wald und Forst

BLV Bestimmungsbuch

Heilpflanzen

Erkennen - Anwenden

Paul Schauenberg/Ferdinand Paris

370 Pflanzenbeschreibungen,
234 Farbbilder von Violette Niestlé und
46 Zeichnungen von Paul Schauenberg

Übersetzt und bearbeitet von Prof. Dr. H. Wagner,
Direktor des Instituts für pharmazeutische
Arzneimittellehre der Universität München

Vierte, durchgesehene Auflage

BLV Verlagsgesellschaft
München Wien Zürich

CIP-Kurztitelaufnahme der Deutschen Bibliothek

Schauenberg, Paul:
Heilpflanzen: erkennen – anwenden;
370 Pflanzenbeschreibungen / Paul Schauenberg;
Ferdinand Paris. Übers. u. bearb. von H. Wagner. –
4., durchges. Aufl. – München; Wien; Zürich:
BLV Verlagsgesellschaft, 1981.
(BLV Bestimmungsbuch; 6)
Einheitssacht.: Guide des plantes médicinales ⟨dt.⟩
ISBN 3-405-12264-3

NE: Paris, Ferdinand:; Wagner, Hildebert [Bearb.];
GT

BLV Bestimmungsbuch 6

Titel der französischen Originalausgabe:
»Guide des plantes médicinales«

Einbandzeichnung: Irmgard Daxwanger, München
Druck des Textteils: Georg Wagner, Nördlingen
Bindearbeiten: Ludwig Auer, Donauwörth

Printed in Germany · ISBN 3-405-12264-3

Inhalt

»Unsere Weiden und Berge sind Apotheken!«

Dieser Ausspruch – er stammt von Paracelsus, dem berühmten Arzt, Naturforscher und Philosoph (1493–1541) – ist noch immer gültig. Schauen wir auf eine Gemse, die von einer Schlange gebissen wurde. Sie macht sich daran, Wolfsmilch zu fressen, was sie gewöhnlich nie tut. Auf diese Weise reinigt sie sich gründlich und befreit sich von dem Schlangengift. In der gleichen Situation fängt der Wolf zu graben an, um die Knöterichwurzel (Schlangenkrautwurzel) zu suchen, die ihm auf die gleiche Weise Schutz gewährt. Man beobachtete auch eine schwer verletzte Bisamratte, wie sie auf eine Fichte kletterte, ihre Wunden mit Harz einschmierte, sich abwechselnd in die Sonne und in den Schatten legte, um die Heilung zu beschleunigen. Die Hirschkühe ihrerseits »wissen«, daß sie Türkenbundblätter fressen müssen, um brünstig zu werden. Schließlich fressen Hunde und Katzen Gras, da es je nach der Dosierung die Schleimabsonderung anregt, ein heftiges Erbrechen verursacht oder leicht abführend wirkt.

Auch die Menschen haben im Laufe von Jahrtausenden die große Heilkraft vieler Pflanzen kennengelernt und ihre Erfahrungen an die nächsten Generationen weitergegeben. Immer besser verstanden sie, die Naturerzeugnisse segensreich zu nutzen. Mit Hilfe moderner Methoden der chemischen Analytik (Chromatographie und Photometrie) sind wir heute in der Lage, den Ernteertrag durch spezielle Anbauverfahren sowie durch natürliche und künstliche Zuchtwahl zu kontrollieren und zu steigern. Doch alle unsere Wälder und Wiesen würden nicht mehr ausreichen, um den Bedarf des Handels zu decken, wären wir auf natürliche Rohstoffe angewiesen. Würde man z. B. die Salizylsäure noch aus den Blättern und der Rinde der Weiden isolieren, wären diese schönen und großen Bäume bei uns so selten geworden wie die Chinabäume in gewissen brasilianischen Gegenden. Obwohl inzwischen die chemische Industrie der Hauptlieferant von Medikamenten geworden ist, verkaufen noch heute die Apotheker sehr viele Spezialitäten pflanzlicher Herkunft, auch in Form von Extrakten.

Eigenschaften und wirksame Inhaltsstoffe der Heilpflanzen

In der Antike verehrte man Pflanzen, bei denen man eine Heilwirkung entdeckt hatte. Niemanden aber interessierte es zunächst, warum oder auf welche Weise sie wirkten – es war nur eine unbestrittene, magisch erscheinende Tatsache, daß eine Blüte oder eine Wurzel heilen oder wenigstens Krankheitszustände lindern konnte.

Bei der Erforschung der therapeutischen Wirkung von Pflanzen verfolgt die moderne Wissenschaft das Ziel, die verschiedenen Eigenschaften zu analysieren, zu vergleichen und zu klassifizieren. Eine Heilpflanze ist eine Pflanze mit einem oder mehreren Wirkstoffen, die Krankheiten verhüten, lindern oder heilen können. Manche Pflanzen, die eine Reihe von wirksamen Inhaltsstoffen besitzen, können je nach der Zubereitung ganz verschieden wirken. Z. B. können die Leinsamen in gemahlenem Zustand für Breiumschläge verwendet werden. Wegen ihres unlöslichen Pflanzenschleimes (Kohlenhydrate) quillt das Samenpulver wie Leim auf und bildet einen dicken Teig, der – wenn er erwärmt wird – hervorragend gegen Erkältungen und Schmerzen hilft. Die gleichen, einige Stunden kalt eingeweichten und regelmäßig abends eingenommenen Leinsamen stellen auch ein mildes, mechanisch wirkendes Abführmittel dar. In diesen Leinsamen sind zudem noch 30 bis 40% fettes Öl enthalten, das in kosmetischen und pharmazeutischen Präparaten verarbeitet werden kann, um z. B. den Milchschorf der Säuglinge zu heilen oder Ekzeme zu bekämpfen. Schließlich enthalten diese Leinsamen das nervenberuhigende Blausäureglykosid Linamarin, das aber in der Therapie wegen seiner Giftigkeit nicht mehr benutzt wird. Oft stammt die therapeutische Wirkung einer Pflanze von zwei Wirkstoffen. In dem Blatt des offizinellen Salbeis z. B. findet sich einmal ein charakteristisches ätherisches Öl, das antiseptische Eigenschaften besitzt, zum anderen enthält es einen adstringierend wirkenden Gerbstoff und das bitter schmeckende Picrosalvin. Der desinfizierende Effekt des Salbeitees rührt vom ätherischen Öl und vom Gerbstoff her. Wegen dieses Synergismus ist der Salbeitee als Gurgelwasser bei Halsschmerzen oder nach einer Zahnextraktion sehr wirkungsvoll. Wenn man aber einen Salbeitee trinkt, können Synergismen wirksam werden, die den Nachtschweiß nach Einnahme von Medikamenten, bei Krankheiten oder in der Genesungsperiode hemmen. Auf dem Land wird dieser Tee den jungen Müttern gegeben, um die Milchbildung beim Abstillen einzuschränken. Der Salbei enthält weiterhin, und zwar im ätherischen Öl, das toxische Thujon, eine kampferähnliche Verbindung. Große Mengen von Salbeitee oder auch kleinere Mengen regelmäßig über eine längere Zeitspanne getrunken, würden genügen, um bei der Frau menstruationsfördernde und abortive Wirkungen hervorzurufen.

Man kennt Alkaloidpflanzen wie z. B. *Ephedra*, deren Extrakte wirksamer sind als die rohe Pflanze. Dieses Beispiel zeigt, wie komplex die Wirkung der Heilpflanzen ist. Die Wirkung eines Pflanzenbestandteils ist nicht automatisch dem der ganzen getrockneten Pflanze gleichzusetzen. Systematische Forschung in der Industrie und an den Hochschulen haben auf diesem Gebiet vor allem in den letzten 10 Jahren viele neue Erkenntnisse gebracht. Die Chemiker können heute alle Wirkstoffe in reiner Form aus einer Pflanze isolieren. Damit ist man in der Lage, die chemische Zusammensetzung dieser Inhaltsstoffe, ihre Struktur, festzustellen, um sie dann aus einfachen Bausteinen künstlich herzustellen. Diese synthetischen Verbindungen sind die Grundlage für zahlreiche Medikamente geworden. Nur solche Medikamente, die sich in der klinischen Prüfung als unschädlich erwiesen haben und entweder den Allgemeinzustand des Patienten verbesserten (symptomatische Behandlung) oder die eigentliche Krankheitsursache behoben (äthiologische Behandlung), werden für den Arzneimittelhandel freigegeben. In der Therapie

muß man oft zwischen Rohdroge und dem daraus gewonnenen Reinstoff trennen. So wird der Arzt z. B. eine Lungenentzündung nicht mit Veilchen- oder Spiräentee behandeln, denn die Arzneipflanzen wirken in rohem Zustand auf den menschlichen Organismus nur langsam und schwach. In diesem Fall muß der verantwortungsbewußte Arzt zu einem rasch und sicher wirkenden Arzneimittel greifen. Andererseits gibt es Fälle wie Erkältungen, Entzündungen der Schleimhäute und Husten oder gewisse Verdauungsbeschwerden, wie Durchfall oder Verstopfung, bei denen die Pflanzen selbst ebenso nützlich und wirksam sind wie die chemischen Substanzen und zudem den Organismus weniger belasten. Bei anderen Krankheiten, wie Tuberkulose und Zuckerkrankheit, können die Pflanzen neben der vorgeschriebenen klassischen Behandlung als mineralstoffersetzende und harntreibende Mittel verabreicht werden. Allgemein ist bei giftigen Pflanzen größte Vorsicht geboten bzw. von der Verwendung und Selbstmedikation abzuraten!
Vielfach handelt es sich um Anwendungsbereiche aus vergangenen Epochen.
Nach einer schweren Krankheit hilft eine Kräutertee-Kur dem Rekonvaleszenten, den Körper zu entgiften, die letzten Spuren an pathologischen Abbauprodukten aus dem Organismus zu entfernen oder Hautentzündungen und Juckreiz zu beseitigen. Kein Hinweis in diesem Buch über die Eigenschaften und Anwendungsmöglichkeiten der Heilpflanzen kann bei schwerer Krankheit den Rat des Arztes ersetzen.
Am Ende dieser kurzen Einleitung möchten wir noch einmal auf die Wichtigkeit der Pflanzen in unserer Welt hinweisen, denn ohne sie könnten weder die Menschen noch die Tieren leben. Wir brauchen sie als Sauerstoffproduzenten und Nahrungsmittellieferanten. Heilende Eigenschaften besitzen etwa 1/7 aller Pflanzen, aber dies nur dann, wenn sie sachkundig aufbereitet werden.

Der Aufbau dieses Buches

Die Pflanzen sind nach ihren wirksamen Inhaltsstoffen zusammengefaßt; das Register am Ende des Bandes verweist auf die laufenden Nummern und Farbtafeln der Pflanzen. Die 250 Farbabbildungen befinden sich in der Mitte des Buches auf den Seiten 129 bis 167, die in [ ] stehenden Zahlen geben die entsprechende Seite der Farbtafeln an.
Die ersten drei Kapitel sind den Alkaloid-, Vitamin- und antibiotischwirkenden Pflanzen gewidmet.
Die *Alkaloidpflanzen* enthalten stickstoffhaltige organische Basen, die vielfach auf das Nerven- und Blutgefäßsystem wirken. Bei Überdosierung kann es zu Vergiftungen kommen.
Die *Vitaminpflanzen* enthalten Substanzen, deren Fehlen in der Nahrung zu Mangelkrankheiten führt.
Das Kapitel über die *Antibiotica* behandelt nicht Pilze oder Bakterien, die Penicillin und Streptomycin erzeugen, sondern einige höhere Pflanzen, deren Wirkstoffe das Wachstum gewisser Mikroorganismen hemmen oder Bakterien töten können. Die zehn Kapitel, die sich anschließen, beschäftigen sich mit

Glykosidpflanzen. Die Glykoside bestehen aus dem zuckerfreien, zumeist wirksamen Aglykon-Anteil und dem an der Wirkung nur indirekt oder nicht beteiligten Zuckeranteil. Sie besitzen die Eigentümlichkeit, daß sie auf ein oder mehrere Organe des menschlichen Körpers selektiv wirken können. Zum Beispiel wirkt die Anthracen-Gruppe nur auf den Dickdarm, während die Cardenolid-Gruppe nur am Herzen und an der Niere angreift. Die Glykosid- und Alkaloidpflanzen bilden den größten Teil der Heilpflanzen.

Die weiteren Kapitel des Buches behandeln Pflanzen, die ätherische Öle, Säuren, Kohlenhydrate und mineralische Substanzen enthalten. Die Pflanzen, die *ätherische Öle* und *Harze* enthalten, sind wegen ihres aromatischen Geruches allgemein bekannt. Nach Ansicht einiger Autoren sind diese kostbaren Essenzen nur Endprodukte des Stoffwechsels (Dissimilation), die die Pflanze in spezielle Sekreträume oder in die Luft absondert, um nicht durch Vergiftung abzusterben. Die *Harze* kann man als »oxydierte ätherische Öle« ansprechen. Sie setzen sich aus komplizierten organischen Säuren, Alkoholen oder Estern zusammen.

In dem darauffolgenden Kapitel haben wir einige Pflanzen vereinigt, die organische, aliphatische *Säuren* enthalten. Als Beispiele nennen wir die Äpfelsäure und Zitronensäure, die den unreifen Früchten einen sauren und den reifen Früchten den für sie charakteristischen Geschmack geben.

Die *Kohlenhydrate* (Zucker) sind das Produkt der Assimilation grüner Pflanzen. Bevor sie in Reservestoffe umgewandelt werden, dienen sie der Pflanze als Energiespender oder Aufbauelemente. Der Saft, der in jedem Pflanzenorgan zirkuliert, kann sich je nach Pflanze wie folgt umwandeln: in den Früchten zu Zucker, in den Samen und Wurzeln zu Stärke, in den Lamellen der Zellenwände zu Pektin und z. B. in der Familie der Korbblütler zu einer speziellen Stärke, dem Inulin. Mit Ausnahme der Fruchtzucker lösen sich diese kondensierten Pflanzenschleime nicht in Wasser, sondern sie quellen nur und können daher der Pflanze durch Gärung nicht verlorengehen. Auf der Suche nach den natürlichen Schutzstoffen dieser Pflanzen konnte man die folgenden Verbindungen isolieren: Sorbinsäure und antibiotische Substanzen wie z. B. die Usninsäure der Islandflechte.

Schließlich haben wir im letzten Kapitel die *Mineralsalze enthaltenden* Pflanzen zusammengefaßt. Diese Salze befinden sich in Spuren in allen Gewächsen, aber die Pflanzen, die wir hier behandeln wollen, sind solche, die besonders Siliciumdioxyd, Kalium, Calcium, Eisen und Mangan enthalten, Elemente, die unser Körper immer benötigt.

Jedes Kapitel beginnt mit einer kurzen Einleitung, um den Leser mit der allgemeinen Bedeutung der charakteristischen Wirkstoffe und ihrer Anwendung vertraut zu machen.

Die im Text verwendeten botanischen, therapeutischen und anatomischen Fachausdrücke sowie die in der Pharmazie gebräuchlichen Abkürzungen werden in einem Anhang erklärt. Ebenso werden in alphabetischer Reihenfolge die Krankheiten und ihre Behandlungsmöglichkeiten aufgeführt – jeweils mit Hinweis auf die entsprechenden Heilpflanzen.

Die lateinischen Drogenbezeichnungen (z. B. Baldrianwurzel = Radix Valerianae) sind nach dem Deutschen Arzneibuch (DAB 6 und DAB 7) aufgeführt.

Nachdem das DAB 7 rasch vom DAB 8 und vom Europäischen Arzneibuch (EuAB) abgelöst worden ist, ergibt sich auch eine Änderung der Nomenklatur. Doch im Fachhandel werden nach wie vor die Drogen mit älteren, historischen Bezeichnungen verkauft, so daß wir es nicht für geeignet hielten, eine gänzliche Namensänderung durchzuführen. Ein Beispiel soll zeigen, daß diese Änderung für das Verständnis nicht gravierend ist. Bei Baldrianwurzel lautet die neue Bezeichnung anstelle von Radix Valerianae → Valerianae radix.

Ernte und Anwendung der Heilpflanzen

Die großen pharmazeutischen Firmen ernten ihre selbstgezüchteten Pflanzen zum Zeitpunkt des größten Wirkstoffgehaltes. Man wählt einen heißen Tag, um das Trocknen zu erleichtern. Die ätherischen Öle enthaltenden Pflanzen werden frühmorgens geerntet und im Schatten getrocknet.
Es wird täglich nur die Menge geerntet, die sofort verarbeitet werden kann, da bei längerer Aufbewahrung der Pflanzen Veränderungen im Wirkstoffgehalt eintreten können. Zur Konservierung der wirksamen Inhaltsstoffe bereitet man aus den Pflanzen Tinkturen, flüssige oder trockene Extrakte mit definiertem Wirkstoffgehalt. In dieser Form finden sie in galenischen Präparaten, wie Sirupen, Dragées oder Zäpfchen, Anwendung. Hier folgen nun einige Richtlinien für den, der selbst Heilpflanzen ernten will:
Die Blüten müssen zu Beginn der Blütezeit geerntet werden. Sie werden auf einem sauberen Blatt Papier schnell getrocknet. Will man ihre Farbe erhalten, muß man sie an einen dunklen Ort legen. Die Blütenstände (z. B. von Kornblume, Wermut, Spiräe) werden girlandenartig in einem gelüfteten Raum aufgehängt, wenn möglich, auf dem Dachboden.
Die Blätter erntet man vor oder während der Blütezeit. Die größeren (z. B. Tabak- und Nußbaumblätter) hängt man ebenfalls zum Trocknen auf, während die kleineren auf Papier oder einem Rost ein einem gelüfteten Ort ausgebreitet werden. Dabei läßt sich nicht verhindern, daß sich solche Blätter, die Aucubine, Phenole oder Chinone enthalten (z. B. Wegerich- oder Bärentraubenblätter) braun verfärben.
Ganze Pflanzen müssen von Erde gereinigt und von verwelkten Blättern befreit werden. Das Trocknen nimmt, auch wenn die Pflanzen frei aufgehängt sind, oft mehrere Tage in Anspruch. Die Früchte benötigen zum Trocknen eine mäßige Wärme. Die Rinden und Wurzeln müssen zuerst gewaschen und von Erde gereinigt werden, bevor man sie zerkleinert. Es empfiehlt sich, junge Pflanzen auszuwählen.
Die Samen, die bereits von Natur aus mit hinreichend konservierenden Stoffen ausgestattet sind, brauchen nur einige Tage an einem trockenen Platz ausgelegt zu werden.
Gewisse Blätter sind in frischem Zustand zu verwenden. Das gilt für die Petersilie und die Wasserminze, die den größten Teil ihres Aromas beim Trocknen verlieren. Andererseits ist der Absud von frischen Brombeerblättern praktisch ohne Geschmack, wird aber trinkbar, wenn er aus getrockneten

Blättern bereitet wird. Er wird aromatisch, wenn man die frisch gepflückten Blätter der Fermentation unterwirft, bis sie so dunkel wie Tabak werden. Dies ist übrigens allgemein der Fall bei Gerbstoff enthaltenden Blättern, wie z. B. beim schwarzen Tee, dessen Aroma erst durch den Fermentationsprozeß entsteht.

Andere Pflanzen, wie z. B. die Zwiebel oder der Kohl, werden fein zerrieben in frischem Zustand zu Umschlägen gegen Entzündungen benutzt. Ein zerriebenes Fingerhutblatt z. B. kann helfen, eine tiefe Schnittwunde in einigen Stunden zu heilen. Das Zerschneiden und Zerreiben von Pflanzenteilen setzt die wirksamen Stoffe frei, so daß sie direkt zur Wirkung kommen können.

DIE TEES (Species)

Die Zusammensetzung von Tees folgt genauen Regeln. Das Rezept eines Tees besteht aus mehreren Zutaten:

1. *Der Grundarznei* (*Remedium cardinale*). Man verwendet nie mehr als 2–3 Grundarzneien,
2. *dem Unterstützungsmittel* (*Adjuvans*), das die Wirkung der Grundarznei dämpft oder verstärkt. Das Rezept enthält gewöhnlich nur ein Unterstützungsmittel, und
3. *dem Ergänzungsmittel* (*Constituens*), das manchmal hinzugefügt wird. Es stellt im allgemeinen eine Droge dar, die der Mischung ein gutes und gefälliges Aussehen geben soll.

   Lebhafte Farben bekommen die Tees durch Zusatz der folgenden Drogen:

   Blau = Blütenblätter der Kornblume (*Flores Cyani*) und Lavendelblüten (*Flores Lavandulae*)
   Gelb = Blütenblätter der Strohblume (*Flor. Stoechados citrinae*)
   Weiß = Blütenblätter der römischen Kamille (*Flor. Chamomillae romanae*)
   Orange = Blütenblätter der Ringelblume (*Flor. Calendulae*)
   Schwarz = Blütenblätter der Malve (*Flor. Malvae arboreae*)
4. Oft benutzt man einen aromatischen Bestandteil, das *Geschmackskorrigens* (*Corrigens*), um den Teegeschmack zu verbessern. Schönungsdrogen wie Kornblume u. a. sollen das Aussehen verändern.

Zubereitung

Je nach der Drogenart und den Bestandteilen, die sie enthalten, müssen die Drogen auf verschiedene Weise zubereitet werden:

1. *Infus, Aufguß* (zarte Teile der Pflanze, wie Blätter, Samen, Blüten)
2. *Abkochung* (derbe Drogenteile: Holz, Rinde, Stengel, Wurzeln)
3. *Mazeration* (Kaltwasserauszug: Eibischwurzel, Sennesblätter u. a.)

Aufbewahrung

Damit die Drogen alle ihre wertvollen Eigenschaften behalten, müssen sie schonend aufbewahrt und zubereitet werden.

Jedes Gefäß aus Eisen oder aus bloßem Metall ist nicht geeignet; es sollen nur Pfannen und Töpfe aus Halbporzellan, aus Ton oder Emaille verwendet werden.

Zubereitung und Verabreichung

Man soll die Infuse und Abkochungen möglichst nicht zuckern. Wenn notwendig, kann der Tee mit Honig gesüßt werden. Mit Zitronensaft kann man ihn etwas aromatisieren. Die Tees müssen heiß getrunken werden. Bei fieberhaften Erkrankungen empfiehlt es sich, den Tee dem Fiebergrad entsprechend abzukühlen. Der Tee wird in kleinen Mengen eingenommen. Die mittlere Tagesmenge von 3 Tassen wird wie folgt verteilt: 1 Tasse morgens nüchtern, 1 Tasse nachmittags und eine abends vor dem Zubettgehen. Es ist notwendig, einen Tee über einen längeren Zeitraum hinweg einzunehmen. Die normale Kur dauert 2–4 Wochen. Eine längere Kur ist wegen möglicher Nebenwirkungen nicht empfehlenswert.

Das Infus (*Infusum*)

Das Infus wird in einem Behälter mit gut schließendem Deckel zubereitet, um Verluste an flüchtigen ätherischen Ölen zu vermeiden. Diese Teeform wird immer ohne Aufkochen zubereitet. Das kochende Wasser wird auf die Droge gegossen, worauf man das Ganze 5 bis 15 Minuten lang ziehen läßt.
Die übliche Drogenportion beträgt 1–3 Teelöffel für eine Tasse Wasser. Es empfiehlt sich, die Infuse sofort zu verbrauchen.

Die Abkochung (*Decoctum*)

Unter Abkochung versteht man das 10–30 Minuten lange Kochen von Drogen in einem geschlossenen Gefäß. Die Kochdauer wird um so länger sein, je härter und holziger die benutzte Droge ist.
Ein allgemein verbreiteter Irrtum ist es, die Pflanzen ins kochende Wasser zu werfen. Im Gegenteil: Die Pflanzen müssen ins kalte Wasser gegeben, und das Ganze soll bis zum Sieden gerührt werden.
Die Dosis beträgt 1–3 Teelöffel pro Tasse Wasser. Die Abkochung muß wie das Infus sofort verbraucht werden, um chemische Veränderungen zu verhindern und die Wirkstoffe voll zu erhalten.

Die Mazeration (*Maceratio*)

Man erhält die Mazeration dadurch, daß man die Pflanzen einige Stunden (im allgemeinen 6–12 Stunden) oder einige Tage, ja manchmal sogar einige Wochen lang im kalten Wasser stehenläßt.

Die Mazeration-Abkochung

Liegt ein Gemisch aus zarten und harten Drogenteilen vor, so empfiehlt es sich, die Pflanzen zuerst in der Hälfte der vorgesehenen Wassermenge einzuweichen. Nach einigen Stunden gießt man die Flüssigkeit ab und kocht die Pflanzen mit der zweiten Hälfte Wasser. Wenn die Abkochung genügend abgekühlt ist, werden die zwei Zubereitungen gemischt.

EXTRAKTE (*Extractum, Extractum fluidum*)

Es handelt sich um wässrige oder alkoholische Mazerationen, die am Ende des Prozesses mehr oder weniger stark konzentriert werden.

TINKTUREN (Tinctura)

Man erhält eine Tinktur durch eine länger dauernde Mazeration einer frischen Pflanze mit Alkohol. Die Mengenverhältnisse sind im allgemeinen die folgenden: 1 Teil getrocknete, frisch pulverisierte oder zerriebene Droge für 5 Teile 70%igen Alkohol. Man läßt in einem gut schließenden Gefäß je nach Vorschrift 10 Tage bis 6 Wochen lang mazerieren, danach wird durch ein Stoff- oder Papierfilter filtriert.
Anmerkung: Die Aufbewahrungszeit der aus frischen Pflanzen zubereiteten Tinkturen ist begrenzt.

SIRUP (*Sirupus*)

Der einfache Sirup ist eine Auflösung von 150 bis 200 g Zucker in 100 g Wasser. Ihm werden die Drogenauszüge hinzugefügt.

FRISCHER SAFT (*Succus*)

Der Saft wird durch mechanisches Zerreiben der frischen Pflanzen und nachfolgendes Filtrieren der Flüssigkeit gewonnen.

BREIUMSCHLAG (Kataplasma)

Diese Umschläge stellt man z. B. aus geschroteten Leinsamen her und verwendet sie gegen Geschwüre. Man schlägt die Droge in ein Tuch ein und legt sie warm auf die erkrankte Körperstelle auf.

MEDIZINISCHE BÄDER

Man mischt den Auszug (ev. nach Filtration) mit dem Badewasser.

INHALATION

Aus Drogen mit ätherischen Ölen stellt man einen Aufguß her und inhaliert unter einem Tuch, z. B. Kamille.

Kapitel 1 Alkaloidpflanzen

Wenn sich der Boden im Frühling erwärmt, beginnt die Aktivität der Mikroorganismen und Würmer. Ihre Abfallprodukte ernähren die Pflanzen und lösen ihr Wachstum aus. Neben Salzen und Spurenelementen ist der Stickstoff einer der wichtigsten Faktoren für das Wachstum der grünen Sproßteile. Diese wieder sind für die Atmung und die Assimilation notwendig.

In den Alkaloidpflanzen ist der zur Verfügung stehende Stickstoff nicht völlig in pflanzliches Eiweiß umgewandelt, sondern er zirkuliert weiter im Säftestrom, oder er reichert sich in bestimmten Pflanzenteilen an. Er kann sich auch mit Schwefel zu den schwefelhaltigen Heterosiden verbinden, oder er erscheint gebunden in den Blausäureglykosiden. Diese Erscheinung finden wir hauptsächlich bei zweikeimblättrigen, seltener bei einkeimblättrigen Pflanzen. Auffallend ist, daß die Pflanzen in den wärmeren Gegenden alkaloidreicher sind als in den nordischen Ländern. Schon im Jahre 1925 haben R. Steiner und W. Pelikan gefunden, daß die Alkaloidpflanzen ihre spezifischen Stoffwechselsubstanzen besonders während der schnellen Wachstumsperiode bilden.

Schon sehr früh haben die Menschen entdeckt, daß einige Pflanzen »heroische« Wirkungen auf Kranke und Tiere hatten. Nur das Problem der Dosierung wurde von ihnen nicht gelöst, denn sie wußten nicht, wo die Grenze zwischen heilender und toxischer Dosis lag. Erst zu Beginn des letzten Jahrhunderts gelang es dem deutschen Apotheker Sertürner, Alkaloide rein zu isolieren, so daß die für eine therapeutische Wirkung ausreichende Dosierung genau bestimmt werden konnte. Das Morphin war das erste Alkaloid, das von ihm kristallisiert wurde. In Frankreich veröffentlichte Derosne 1803 eine brauchbare Gewinnungsmethode für dieses Alkaloid.

Eine Pflanze muß einen Mindestgehalt von 0,01% aufweisen, damit sie noch als Alkaloidpflanze bezeichnet werden kann. Dieser Gehalt konnte bei einigen Arten durch den Zusatz von Kunstdüngern erhöht (Mohn) oder auch vermindert (Tabak) werden. Bei anderen Pflanzen, die als Alkaloidproduzenten für die Industrie von Bedeutung sind, konnte man durch Kreuzungsexperimente und Zuchtwahl Varietäten mit extrem hohen Alkaloidgehalten erzielen.

Hegnauer (1963) schlägt folgende Aufteilung der Alkoloide im Sinne des Chemikers und Arztes vor:

1. Protoalkaloide, gleichbedeutend mit biogenen Aminen
2. Alkaloide im eigentlichen Sinne, die sich direkt von Aminosäuren ableiten
3. Pseudoalkaloide, zu denen stickstoffhaltige Mono-, Sesqui- und Diterpene sowie Sterine gezählt werden.

Im Gegensatz zu Sertürner, der die von ihm entdeckte Substanz Morphium nach Morpheus, dem Gott des Traumes, benannte, werden heute die Alkaloide nach der Pflanze, die sie erzeugt, benannt, z. B. Papaverin (von *Papaver*, der Mohn). Oder auch nach ihrer Wirkung, wie z. B. *Narc*otin, *Cotar*nin und *Tarco*sin (abgeleitet von »Narcose«).

Chemisch sind die Alkaloide organische Substanzen, die sich aus Kohlenstoff, Wasserstoff, Stickstoff und Sauerstoff zusammensetzen. Einige sind flüssig (Nikotin) oder amorph, aber die meisten von ihnen sind kristallisierbar. Im allgemeinen kann die reine Alkaloidbase durch organische Lösungsmittel aus der Pflanze extrahiert werden, während das Alkaloid-Salz selbst nur in Wasser löslich ist.

Der Name Alkaloid stammt von dem deutschen Apotheker MEISSNER (1792 bis 1853), denn vorher sprachen DEROSNE und SERTÜRNER noch von pflanzlichen Alkalien.

Die extrahierten Alkaloide müssen in gereinigtem Zustand vorliegen, bevor genaue chemische Reaktionen, beispielsweise Fällungs- oder Farb-Reaktionen, durchgeführt werden können. Sie lassen sich noch durch chromatographische Verfahren weiter auftrennen, denn bestimmte Pflanzen enthalten mehrere Alkaloide, die dem gleichen Prototyp angehören und Protoalkaloide genannt werden. Z. B. erzeugt der Mohn (*Papaver somniferum*) neben dem Morphin etwa fünfundzwanzig andere Alkaloide, die man sich alle vom Protopin abgeleitet denken kann.

In Alkaloidkapiteln werden oft, allerdings zu Unrecht, auch der Kaffee, der schwarze und Mate-Tee aufgeführt. Im eigentlichen Sinne des Wortes handelt es sich aber wegen der praktisch fehlenden basischen Eigenschaften nicht um Alkaloide, sondern um sogenannte Purine, die sich vom Coffein (Trimethylxanthin) ableiten. In starken Dosen können sie auch »massive« Wirkungen ausüben. Das Nikotin des Tabaks dagegen ist ein echtes Alkaloid mit einem Pyridin- und Pyrrolidinkern, das dem Alkaloid des Schierlings (Cicutin oder Coniin) sehr ähnlich ist und in starker Dosis eingenommen, eine langsame Nerven-Lähmung, ja sogar den Tod verursachen kann. PAULING meint, jede gerauchte Zigarette verkürze das Leben um 8 Minuten.

Die Natur überrascht in der Papavergruppe mit einer bemerkenswerten Ausnahme: Der Klatschmohn, der den gleichen Habitus wie der Schlafmohn hat, besitzt eine Reihe von echten Alkaloiden, die als Rhoeadin, Rhoeagenin und Rhoearubin I und II bekannt sind. Diese besitzen aber nur eine überraschend schwache, schmerzstillende Wirkung.

Die Alkaloide bleiben in der Regel auch beim Trocknen und Lagern der Pflanzen erhalten, so daß sie auch für die Giftigkeit gewisser Drogen verantwortlich sind. Nicht immer aber deckt sich die Wirkung dieser Drogen mit der der reinen, isolierten Alkaloide.

Einige Alkaloide wirken direkt auf den Herzmuskel oder führen zur Blutdruckerhöhung beziehungsweise -senkung.

Viele Drogen der Alkaloidgruppe wirken zunächst erregend und später lähmend auf das Nervensystem durch Angriff am Sympathikus- bzw. Parasympathikus-Nerv (Vagus).

Dabei können krampfstillende, mydriatische, lokal anästhesierende oder schmerzbetäubende und narkotische Wirkungen im Vordergrund stehen.

Schließlich gibt es Alkaloide, die hauptsächlich von tropischen Pflanzen stammen, wie z. B. Chinin und Emetin. Sie wirken antiparasitisch oder können als Chemotherapeutica eingesetzt werden.

Einige Alkaloide schmecken bitter (z. B. Chinin), so daß diese Drogen zu Tonicwässern und Aperitifs verwendet werden können.

1 **ACONITUM NAPELLUS L.** [130] **Ranunculaceae**
Echter Sturmhut, Blauer Eisenhut (Aconit de Napel, Casque de Jupiter / Monkshood, Aconite)

Vorkommen, Standort: Asien, Nordamerika, Europa, im Norden bis nach Schweden. In der Schweiz findet man ihn in den Alpen und im Jura. In Gebirgen bis 3000 m Höhe. Verstreut, häufig. An schattigen, feuchten Orten, auf feuchten Böden, in der Nähe von Bächen, bevorzugt die Umgebung von Ställen und Schäfereien, auf gedüngten Weiden. *Beschreibung:* krautartige, ausdauernde Pflanze; 50–150 cm hoch, karottenförmige Pfahlwurzel. Aufrechter, wenig verzweigter Stengel; gefingerte, dunkelgrüne, fünf- bis siebenfach eingeschnittene Blätter. Sehr schöne, helmförmige, blauviolette Blüten. Juni bis Anfang September. *Wirksame Inhaltsstoffe:* Alkaloide der Aconitin-Gruppe und Flavonglucoside, die sich vom Luteolin und Apigenin ableiten. *Eigenschaften:* stark wirkendes anästhesierendes Mittel gegen bestimmte Nervenschmerzen (Ischias) und Fiebermittel bei Erkältungskrankheiten. *Anwendung:* ausschließlich im ärztlichen Bereich. Für die Behandlung von Rheumatismus, Nervenschmerzen, Herzbeutelentzündungen, gewisse Parametritiden, Menstruationsbeschwerden, chronische Hautkrankheiten. *Verwendete Teile: Tubera Aconiti. Erntezeit:* August/September. *Giftigkeit, Vergiftung:* Der Eisenhut ist die giftigste Pflanze in ganz Europa. Das Aconitin steht in der Giftigkeit an zweiter Stelle hinter dem Nepalin, einem aus *Aconitum ferox* Wall. (in Nepal heimisch) extrahierten Alkaloid, das als das wirksamste pflanzliche Gift angesehen wird. Eine Dosis von 2–4 g der frischen Knollen oder 3–6 mg Aconitin stellen die tödliche Dosis für den Menschen dar. Größte Vorsicht ist bei dieser Pflanze geboten. Man soll vermeiden, sie zu pflücken, denn das Gift dringt durch die Haut ein, und die Berührung der Pflanze kann schwere Vergiftungen und Hautentzündungen hervorrufen. Die Vergiftung schreitet sehr rasch voran; die Symptome erscheinen nach einigen Minuten, der Tod tritt nach 30–45 Minuten ein. *Geschichte:* Seit dem Höhepunkt der Antike wurde der Eisenhut als Gift benutzt, mit dem Pfeil- und Speerspitzen präpariert wurden. Die Verbrecher wurden durch Verabreichung des Eisenhutes hingerichtet. Plinius d. Ä. bezeichnete diese Pflanze als »pflanzliches Arsen«. Im 18. Jahrhundert hat der Eisenhut Eingang in die Arzneibücher gefunden.

2 **ACONITUM VULPARIA Rchb.** **Ranunculaceae**
Syn. Aconitum lycoctonum
Gelber Sturmhut (Aconit jaune / Yellow Monkshood, Yellow Aconite)

Vorkommen, Standort: Europa und Asien. Gebirge, Wälder und feuchtes Untergehölz; ziemlich häufig. *Beschreibung:* ausdauernde Pflanze; ähnlichwie *Ac. napellus,* 50–150 cm hoch. Wurzel geteilt, nicht knollig wie die von *Ac. napellus.* Blaßgelbe Blüten; hellgrüne, fiedrig eingeschnittene Blätter. Juni–August. *Wirksame Inhaltsstoffe:* Die ganze Pflanze und besonders die Wurzel enthalten das Alkaloid Lycaconitin, das die gleichen Eigenschaften wie das Aconitin besitzt. *Eigenschaften:* heute keine pharmazeutische Anwendung. *Anwendung, Zubereitung:* In gewissen Landgegenden wird es benutzt zum Herstellen der Köder für schädliche Säugetiere. *Verwendeter Teil:*

Wurzel. *Erntezeit:* August/September. *Geschichte:* Früher wurde die Pflanze in Griechenland und in Rom zum Vergiften der Pfeile benutzt.

3 **AETHUSA CYNAPIUM L.** [141] **Apiaceae**
Hundspetersilie, Gartenschierling (Petite ciguë, Faux-Persil/Foll's Parsley)

Vorkommen, Standort: in ganz Europa verbreitet und häufig. Gärten, brachliegende Böden, Bahndämme. *Beschreibung:* krautartige, einjährige oder zweijährige, 10–60 cm hohe Pflanze. Der kultivierten Petersilie sehr ähnlich, unterscheidet sich aber von dieser Pflanze durch die hellgrüne, glänzende Unterseite ihrer Blätter, die bei der Petersilie matt sind. In flachen Dolden angeordnete, weiße Blüten (grünlichgelb bei der Petersilie). Die Blätter sind nicht gekräuselt und riechen unangenehm. Juni–Oktober. *Wirksame Inhaltsstoffe:* Aethusin, Aethusanol und Spuren von Coniin, einem sehr giftigen Alkaloid. *Eigenschaften:* Heute wird diese Pflanze nur noch homöopathisch für Krämpfe, die von Schwindel begleitet sind, und für nervöse Magenbeschwerden benutzt. Bei Spasmen des Pförtners beim Säugling. *Anwendung, Zubereitung:* Extrakt der blühenden Pflanze. *Verwendete Teile:* die ganze Pflanze. *Erntezeit:* Juni–September. *Giftigkeit, Vergiftung:* mit dem Schierling verwandte, giftige Pflanze. Tödliche Vergiftung durch Verwechslung der Hundspetersilie mit der Gartenpetersilie ist möglich.

4 **ANCHUSA OFFICINALIS L.** **Boraginaceae**
Rote Ochsenzunge, Albanawurzel (Buglosse officinale, Orcanette, Langue-de-bœuf / Alkanet)

Vorkommen, Standort: ganz Europa, besonders in Südeuropa. Häufig, brachliegende Plätze, Abhänge. *Beschreibung:* zweijährige, 70 cm hohe, wollige Pflanze; kräftigblau gefärbte, violette, manchmal auch weiße, nektarreiche Blüten. Die Pflanze ist mit *Anchusa italica,* die in den Gärten oft kultiviert wird, nahe verwandt. August–Oktober. *Wirksame Inhaltsstoffe:* Die Pflanze enthält die Alkaloide Cynoglossin und Consolidin, außerdem Allantoin, Cholin, Gerbstoffe und Pflanzenschleim. Die Wurzel liefert einen roten Farbstoff. *Eigenschaften:* Der Pflanzenschleim der Blüten wirkt auswurffördernd; die Wurzel und die Samen wirken als auswurfförderndes und blutreinigendes Mittel. In der Volksmedizin wird die Pflanze gegen Durchfälle verwendet. Ihr vom Griechischen abgeleiteter Name, *Anchusa,* bedeutet »malen« oder »färben«. Plinius spricht von ihrer Anwendung als Farbstoff. Galen führt sie als Schminkmittel auf.

5 **ATROPA BELLADONNA L.** [135] **Solanaceae**
Tollkirsche (Belladone / Deadly nighthade)

Vorkommen, Standort: ganz Europa. Ziemlich verbreitet auf Lichtungen, am Rand von Waldwegen, im Untergehölz. *Beschreibung:* ausdauernde, 60–180 cm hohe Pflanze; breite, ovale, gestielte Blätter. Ziemlich große, alleinstehende, purpurrote oder ins Violette übergehende Blüten. Die Frucht ist eine schwarze, glänzende Beere, die so groß wie eine kleine Kirsche ist. Mai–August. *Wirksame Inhaltsstoffe:* Die ganze Pflanze enthält mehrere Alkaloide, hauptsächlich das L-Hyoscyamin und das Atropin. Der Gehalt an wirksamen Substanzen ist je nach der Herkunft der Pflanzen sehr verschieden. *Eigenschaften:* Die Tollkirsche ist sehr giftig. Ihre Anwendung gehört nur in den medizinischen Bereich. 10–20 Beeren (0,06–0,1 g Atropin) stellen die tödliche Dosis für den Menschen dar. Sie wirkt spasmolytisch und hemmt die Drüsensekretion. *Anwendung, Zubereitung:* Die Medizin benutzt die Tollkirsche sehr oft in den verschiedensten Zubereitungsformen (Extrakte, Tinkturen, Pulver, Tabletten, Pillen, Lösungen, Zäpfchen). In der Augenheilkunde wird das Atropin als Mydriaticum benutzt. Als Antispasmodicum wird es bei spastischen Zuständen der glatten Muskulatur, bei Nierenkoliken und Bradykardien verwendet. Es schränkt die Schleimsekretionen ein und wird zur Behandlung des Parkinsonismus und in der Psychiatrie verwendet. Atropin ist ein sehr wirksames Gegengift bei vielen Vergiftungen. *Verwendete Teile:* die Blätter (*Folia Belladonnae*) und die Wurzel. *Geschichte:* Dieses Gift ist seit dem 15. Jahrhundert bekannt und erfolgreich benutzt worden. Die Tollkirsche hat eine bedeutende Rolle im mittelalterlichen Hexenkult gespielt. In Form einer »Hexenpomade« in die Haut eingerieben, verursachte es Halluzinationen und andere abnorme psychische Zustände.

6 **BERBERIS VULGARIS** L. [145] **Berberidaceae**
Berberitze, Sauerdorn (Epine-vinette / Barberry)

Vorkommen, Standort: in ganz Europa bis zum Kaukasus. Auf kalkhaltigen Böden, auf steinigen Abhängen, im Untergehölz und in hellen Eichenwäldern verbreitet. *Beschreibung:* 2–3 m hoher Strauch. Äste und Zweige mit dreiteiligen Dornen (umgebildete Blätter). Laubblätter oval, fein gesägt. Gelbe, sehr kleine, in Trauben angeordnete Blüten. Die Frucht ist eine rote, längliche Beere. Mai/Juni. *Wirksame Inhaltsstoffe:* Die Wurzel und das Holz enthalten die Alkaloide Palmatin, Columbamin und Berberin (3% Gesamt-Alkaloide), die der Rinde der Wurzel ihre gelbe Farbe geben. Die eßbaren Früchte enthalten zahlreiche organische Säuren (Vitamin C), verschiedene Zuckerarten und Pektine. *Eigenschaften:* Die Rinde der Wurzel besitzt Leber- und Galle-Wirksamkeit. *Anwendung, Zubereitung:* Heute hat man die Anwendung der Wurzelrinde (*Cortex Berberidis*) wegen ihres herben Geschmacks praktisch aufgegeben. Die Homöopathie verschreibt eine aus getrockneten Wurzeln zubereitete Tinktur zur Behandlung von Entzündungserkrankungen des Darmes, Polyarthritis rheumatica, Ischias und Pyelitis. Eine Abkochung und ein Fruchtsirup werden gegen Husten und Erkrankungen des Verdauungsapparates verwendet. Auf dem Land bereitet man Berberitzenkonfitüre. *Geschichte:* Im Mittelalter wurde diese Pflanze im Kräuterhandel häufig gebraucht.

7 **BRYONIA ALBA** L. **Cucurbitaceae**
Schwarzbeerige Zaunrübe (Bryone / Bryony)

Vorkommen, Standort: in ganz Europa, in Westasien. Ziemlich selten und vereinzelt. *Beschreibung:* der diözischen Zaunrübe ähnlich, bringt jedoch schwarze Beeren hervor. Juni/Juli. *Wirksame Inhaltsstoffe:* Die wirksamen Bestandteile und die Anwendung sind die gleichen wie bei der diözischen Zaunrübe. In Osteuropa wird die Zaunrübe als Abtreibungsmittel verwendet. Die Beeren sind sehr giftig. 40 Beeren sind für den erwachsenen Menschen und 15 für das Kind tödlich.

8 **BRYONIA DIOICA** Jacq. [135] **Cucurbitaceae**
Rotbeerige Zaunrübe, Gichtrübe (Bryone dioique, Feuardent, Vigne du diable / White bryony)

Vorkommen, Standort: sehr häufig an Hecken und Waldrändern. *Beschreibung:* ausdauernde Schlingpflanze mit einem mit Sproßranken versehenen Stengel. Die Wurzel kann die Größe eines Menschenkopfes erreichen. Matte, hellgrüne Blätter, die in ihrer Form den Efeublättern ähnlich sind. Grünliche, in losen Dolden angeordnete Blüten. Fünf dunkelgestreifte Blumenblätter. Die männlichen und die weiblichen Blüten befinden sich auf verschiedenen Pflanzen. Die Frucht ist eine rote Beere. Mai–September. *Wirksame Inhaltsstoffe:* Die Wurzel enthält ein Harz – das Bryresin – und ein sehr bitteres Glykosid – das Bryonin; der Stengel und die Blätter enthalten ein Alkaloid – das Bryonicin, und die giftigen Beeren enthalten den Carotinoid-Farbstoff Lycopin. *Eigenschaften:* Das Harz der Rotbeerigen Zaunrübe (*Resina Bryoniae*) ist ein stark wirkendes Abführmittel, das schon in geringsten Dosen starke Durchfälle verursacht, jedoch wegen der unangenehmen Nebenwirkungen nicht mehr benützt wird. Es kommen noch häufig Vergiftungen vor, da es auf dem Land als Alrauneersatz als Abtreibungsmittel verwendet wird. *Anwendung, Zubereitung:* Die Homöopathie verwendet die Rotbeerige Zaunrübe noch häufig. Die Wurzeltinktur wird zur Behandlung von Laryngitis, Tracheitis, Pleuritis, Endokarditis, Perikarditis, Muskelrheumatismus, akuter oder chronischer Polyarthritis, Bronchitis, Pneumonie, Ischias usw. angewendet. Die Rotbeerige Zaunrübe wird auch erfolgreich gegen Polyarthritis rheumatica benützt. Der auf die Haut aufgetragene Wurzelbrei wirkt beruhigend und ersetzt die Senfpflaster.

9 **BUXUS SEMPERVIRENS** L. [137] **Buxaceae**
Buchsbaum (Buis / Box)

Vorkommen, Standort: Zentral- und Westeuropa. Verbreitet auf kalkhaltigen Böden, trockenen Hügeln, in hellem Untergehölz, in Form von großen Kolonien. *Beschreibung:* immergrüner, 1–6 m hoher Strauch. Der Buchsbaum erreicht manchmal die Höhe eines kleinen Baumes. Sehr hartes Holz; glatte, gräuliche Rinde, kleine, ovale, glänzende, lederartige Blätter. Unscheinbare grün-weißliche, in den Achseln der Blätter stehende Blüten. März–Mai. *Wirksame Inhaltsstoffe:* Die ganze Pflanze, besonders aber die Blätter und die Wurzelrinde, enthalten das Hauptalkaloid Buxin und vier Nebenalkaloide, ätherisches Öl und Gerbstoff. *Eigenschaften:* Das Buxin verursacht Erbrechen und Durchfall. *Anwendung, Zubereitung:* früher offizinell angewendet; der Buchsbaum (*Folia Buxi* und *Cortex Radicis Buxis*) wurde gegen Rheumatismus und als Chinin-Ersatz zur Bekämpfung der Malaria benützt. Heute wird der Buchsbaum noch in der Homöopathie in der Form einer Tinktur gegen Rheumatismus, Fieber und Durchfall angewendet.

10 **CAPSICUM ANNUUM L.** **Solanaceae**
Paprika, Spanischer Pfeffer (Paprika, Piment/Spanish pepper, Paprika)

Vorkommen, Standort: tropisches Amerika. Die wildwachsende Art ist nicht mehr gefunden worden. Als Gemüse oder als Gewürz in allen gemäßigten und tropischen Ländern kultiviert. *Beschreibung:* Der bei uns angebaute Spanische Pfeffer ist eine einjährige Pflanze. Es existieren davon etwa 50 Gartenbau-Varietäten; im allgemeinen längliche, anfangs grüne, später in reifem Zustand rote oder gelbe Frucht. April/Mai. *Wirksame Inhaltsstoffe:* Die reifen, getrockneten und pulverisierten Früchte (*Fructus Capsici*), der Spanische Pfeffer des Handels, enthalten das für den scharfen Geschmack verantwortliche Amid Capsaicin, ferner einen roten Carotinoidfarbstoff, das Capsanthin, und schließlich mehrere Vitamine, besonders das Vitamin C. *Eigenschaften:* Das Capsaicin hat einen sehr starken Pfeffergeschmack und verursacht auch in kleiner Dosis Haut- und Schleimhaut-Reizung. Längere äußerliche Anwendung hat Dermatitiden und Blasenbildungen zur Folge. In kleinen Dosen stimuliert Paprika den Appetit und erhöht die Magensekretionen. In übermäßigen Dosen verursacht das Capsaicin Gastroenteritiden. Chronische Nierenschädigungen können die Folge eines übermäßigen Gewürzkonsums sein. *Anwendung, Zubereitung:* Die Früchte werden zur Zubereitung von Tinkturen, Pflastern und Linimenten verwendet. Bei äußerlicher Anwendung heilt der Spanische Pfeffer Rheumatismus, Arthritis, Pleuritis, Perikarditis und Angina pectoris. Bei Anginen und Pharyngitiden wird eine Tinktur dem Gurgelwasser zugesetzt. Die innerliche Anwendung der Tinktur (selten) wird gegen Dyspepsie und Magenschwäche empfohlen. Der Spanische Pfeffer ist ein billiger Lieferant von Vitamin C. Da es capsaicinarme Gartenbauarten gibt, kann man den gelben oder roten Spanischen Pfeffer (= Paprikaschoten) als Gemüse benutzen.

11 **CHELIDONIUM MAJUS L.** [140] **Papaveraceae**
Schöllkraut, Warzenkraut (Grande chélidoine, Herbe aux verrues / Greater celandine)

Vorkommen, Standort: ganz Europa. Überall sehr häufig; an Hecken, an Gemäuern, in der Nähe von Gärten. *Beschreibung:* ausdauernde, krautartige, dichte, bis 50 cm hohe Pflanze. Grüngraue, unregelmäßig gefiederte Blätter mit gezackten Lappen; kräftig hellgelb gefärbte Blüten, 1,5 cm Durchmesser. Mai–Juli. *Wirksame Inhaltsstoffe:* Der Saft (Latex) enthält 10 verschiedene Alkaloide mit Opiate-Eigenschaften. Das wichtigste davon ist das Chelidonin. Die Pflanze enthält außerdem ätherisches Öl und Enzyme. *Eigenschaften:* giftig und narkotisch, diuretisch, abführend, galletreibend. *Anwendung, Zubereitung:* Die Pflanze und die Wurzel (*Herba* und *Rhizoma Chelidonii*) werden gegen Cholecystitis und Gelbsucht, als schmerzbetäubendes Mittel und als Antispasmodicum verwendet. Die frische Wurzel wird für homöopathische Tinkturen zur Behandlung von Lebererkrankungen, Gastroenteritiden, Pneumonien, Pleuritiden, Rheumatismus und Menstruationsbeschwerden empfohlen. Der volkstümliche Gebrauch des Schöllkrautes gegen Hühneraugen, Warzen sowie andere pathologische Wucherungen ist allgemein verbreitet. *Verwendete Teile:* das Kraut und die Wurzel. *Erntezeit:* April–Juni (Pflanze);

März (vor dem Aufblühen) die Wurzel. *Geschichte:* Die Pflanze ist seit der Antike bekannt, aber wegen ihrer Giftigkeit nicht ohne Gefahr. Mehrere tödliche Vergiftungen sind bekannt.

12 **CICUTA VIROSA L.** Apiaceae
Wasserschierling, Wüterich (Ciguë aquatique / Cowbane)

Vorkommen, Standort: Gesamteuropa. Selten; Sümpfe, Gräben, Teiche. *Beschreibung:* ausdauernde, kräftige, 60–130 cm hohe, im Wasser wachsende Pflanze. Der Wasserschierling ist manchmal halbschwimmend. Hohler Stengel, 2- bis 3fach gefiederte Blätter; gezähnte Blättchen ,in großen Dolden angeordnete, weiße Blüten. Juli/August. *Wirksame Inhaltsstoffe:* Die ganze Pflanze enthält zwei giftige Polyine, das Cicutoxin und das Cicutol. Die Giftigkeit der Pflanze beruht offensichtlich nicht auf der Wirkung von Alkaloiden. *Eigenschaften:* Die giftige Pflanze verursacht starke Krämpfe und lähmt das Nervensystem. Eine einzige Wurzel kann den Tod eines Menschen nach einer Stunde herbeiführen. *Anwendung, Zubereitung:* Der Wasserschierling wird nicht mehr therapeutisch verwendet. Früher war die Wurzel (*Rad. Cicutae aquaticae*) offizinell. Eine Tinktur wird in der Homöopathie zur Behandlung von Epilepsie, Genickstarre, Krämpfen, gewissen Psychosen und Gehirnerschütterungen verwendet. Sehr selten für chronische Hauterkrankungen verschrieben. *Geschichte:* Früher wurde der Wasserschierling zu verbrecherischen Zwecken benützt.

13 **COLCHICUM AUTUMNALE L.** [141] Liliaceae
Herbstzeitlose, Herbstlilie, Wiesensafran (Colchique d'automne / Meadow saffron)

Vorkommen, Standort: Gesamteuropa. Verbreitet auf feuchten Wiesen, bis hoch im Gebirge. *Beschreibung:* ausdauernde, knollige Pflanze. Die lilarosa Blüten sind denen des Krokus ähnlich, besitzen aber 6 Staubgefäße. Die großen, lanzettförmigen, dunkelgrünen Blätter entwickeln sich im nächsten Frühling. August/September (Früchte: Mai/Juni). *Wirksame Inhaltsstoffe:* Die Pflanze enthält Colchicin, eine Substanz, die die Zellteilung hemmen kann, aber zu giftig ist, um zur Krebsbekämpfung verwendet zu werden! *Eigenschaften:* Das

Colchicin ist ein starkes Gift für die Zellen. Wegen seiner arsenähnlichen Wirkung nennt man die Herbstzeitlose »pflanzliches Arsen«. Die Herbstzeitlose ist das spezifische Mittel gegen akute Arthritis. Die Ärzte des antiken Griechenlands hatten schon diese Eigenschaft erkannt. *Anwendung, Zubereitung:* Obwohl giftig, wird sie manchmal auf dem Land gegen Nierenerkrankungen, Wassersucht und Asthma benützt; man soll sich hüten, dieses starke Gift ohne Verschreibung des Arztes zu verwenden. Die Herbstzeitlose (Knolle und Samen) ist auch ein homöopathisches Heilmittel.

14 CONIUM MACULATUM L. [149] Apiaceae
Gefleckter Schierling (Grande ciguë / Hellock)

Vorkommen, Standort: Gesamteuropa. Ziemlich verbreitet auf brachliegenden Böden, an Wegrändern. *Beschreibung:* 50 cm – 2 m hohe, einjährige Pflanze; hohle, purpurrot gefleckte Stengel. Die zerquetschte Pflanze verbreitet einen unangenehmen Geruch. 2- bis 5fach gefiederte, eingeschnittene Blätter; in großen Dolden angeordnete, weiße Blüten. Juni/Juli. *Wirksame Inhaltsstoffe:* Die ganze Pflanze enthält 5 Alkaloide, wovon das Coniin das wichtigste ist, ätherisches Öl, Flavon- und Cumarin-Glykoside. *Eigenschaften*: Der Gefleckte Schierling ist eine gefährliche Pflanze. 0,5–1 g Coniin reichen aus, um den Tod durch Atem-Lähmung herbeizuführen. *Anwendung, Zubereitung:* früher offizinell (*Herba Conii*); die Pflanze wird wegen ihrer großen Gefährlichkeit kaum mehr benutzt. Dagegen findet das reine Coniin eine gewisse therapeutische Anwendung besonders bei der Behandlung des Tetanus. Die homöopathische Tinktur wird bei Arterienverkalkung und Prostataleiden benutzt. *Geschichte:* In der Antike wurde der Gefleckte Schierling zur Hinrichtung von Verurteilten benutzt. Sokrates starb auf diese Weise 399 v. Chr. Das 1831 isolierte Coniin ist das erste pflanzliche Alkaloid, dessen Synthese (1866) gelungen ist.

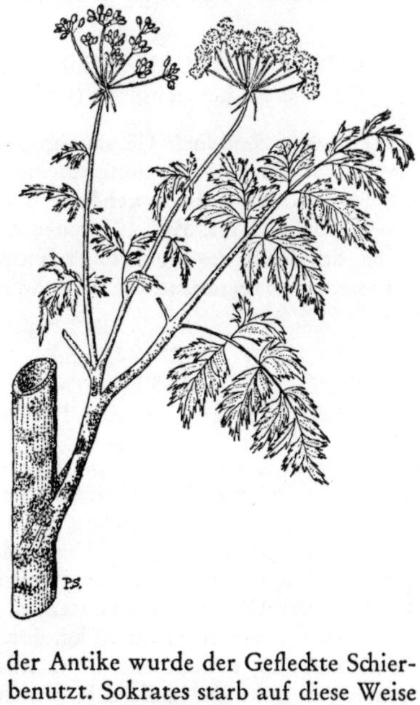

15 **CORYDALIS CAVA** (L.) Schweigger et Koerte [142] **Papaveraceae**
Hohler Lerchensporn (Corydale creuse, Corydale tubéreuse / Early Fumitory)

Vorkommen, Standort: Gesamteuropa. Stellenweise verbreitet und häufig; Hecken, Untergehölz, helle Wälder. *Beschreibung:* ausdauernde, knollige Pflanze; aufrechter, 15–30 cm hoher Stengel; weiche, eingeschnittene bläulichgrüne Blätter. Hohle Knolle; Blüten purpurrot oder rosa, selten weiß, in endständigen Trauben. April/Mai. *Wirksame Inhaltsstoffe:* Die Knolle enthält 3% Alkaloide, etwa ein Dutzend an der Zahl; das wichtigste ist das Bulbocapnin, das in der Pharmazie benutzt wird. *Eigenschaften:* Das Bulbocapnin wirkt auf das zentrale Nervensystem; es ist ein Hypnoticum und ein Spasmolyticum. *Anwendung, Zubereitung:* Dieses Alkaloid ist Bestandteil der Medikamente gegen Parkinsonismus; wegen seiner hypnotischen und beruhigenden Wirkung wird es vor und nach der Narkose medikamentös eingesetzt. Früher wurde es im Kräuterhandel als Wurmmittel benutzt.

16 **CORYDALIS SOLIDA** (L.) Swartz **Papaveraceae**
Gefingerter Lerchensporn (Corydale digitée / Solid corydalis, Fumitory)

Vorkommen, Standort: Gesamteuropa. Viel seltener als der Hohle Lerchensporn. *Beschreibung:* Er unterscheidet sich von *Corydalis cava* durch seine runde, fleischige, nicht ausgehöhlte Knolle und durch seine tiefer eingeschnittenen Blätter. April/Mai. *Wirksame Inhaltsstoffe:* Die Pflanze enthält Alkaloide, die denen des Hohlen Lerchensporns ähnlich sind. *Anwendung, Zubereitung:* keine therapeutische Anwendung.

17 **CUCURBITA PEPO** L. und **Cucurbitaceae**
CUCURBITA MAXIMA Duch.
Kürbis (Courge, Citrouille, Potiron / Pumkin)

Vorkommen, Standort: Europa. Überall kultiviert. *Beschreibung:* einjährige, sehr große Pflanze. Der kriechende Stengel kann eine Länge von 10 m erreichen. Sehr große, schwach gelappte, herzförmige, rauhe, mit stechenden Haaren bedeckte Blätter. Große, lebhaft gelb gefärbte Blüten. Im allgemeinen sehr große, hohle, mit abgeplatteten, ovalen, weißen Samen gefüllte Frucht (Kürbis, Riesenkürbis). Zahllose Gartenbauarten erzeugen Früchte jeder Form und Dimension. Gewicht bis zu 90 kg. Juni–August. *Wirksame Inhaltsstoffe:* Der Samenkeimling enthält eine Alkaloidsubstanz, die als Anthelminticum Bedeutung besitzt. Die außerdem vorhandenen Cucurbitacine (Sterine) blokkieren die Zellteilung im Stadium der Metaphase, so daß sie versuchsweise zur Krebsbekämpfung eingesetzt wurden. *Eigenschaften:* Die Frucht wird zur Ernährung und in der Konservenindustrie allgemein benutzt. Die Samen sind ein hervorragendes, nicht giftiges Wurmmittel, das von den Kindern ohne Gefahr eingenommen werden kann. In der Homöopathie verwendet man die Frucht gegen Seekrankheit und Erbrechen. *Anwendung, Zubereitung:* Pharmazeutische Präparate werden aus den Kürbissamen bereitet. *Verwendete Teile:* die Samen (*Semen Cucurbitae*).

18 CYNOGLOSSUM OFFICINALE L. [142] **Boraginaceae**

Hundszunge (Langue-de-chien / Houndstongue)

Vorkommen, Standort: Gesamteuropa. Verbreitet auf Lichtungen und steinigen Böschungen. *Beschreibung:* ausdauernde, 30–60 cm hohe Pflanze; breite, lanzettliche, flaumhaarige Blätter, die gerieben einen Mäusegeruch ausströmen; kleine, braune Blüten. Mai–August. *Wirksame Inhaltsstoffe:* Die Wurzel und die Samen enthalten ätherisches Öl, Gerbstoff und die Alkaloide Cynoglossin und Consolidin. *Eigenschaften:* Die Hundszunge ist ein Antidiarrhoicum. Das Cynoglossin ist giftig für Kaltblütler, dagegen wenig giftig für die Säugetiere und den Menschen. *Anwendung, Zubereitung:* Früher war die Pflanze offizinell; sie wird aber heute fast nur noch in der Homöopathie verwendet. *Verwendete Teile:* die Wurzel und der oberirdische Teil der Pflanze. *Erntezeit:* März/April (Wurzel) und Mai/Juni (Pflanze).

19 DATURA STRAMONIUM L. **Solanaceae**

Stechapfel (Datura, Pomme épineuse / Thorn apple)

Vorkommen, Standort: Südeuropa; heimisch in Zentralamerika, kosmopolitisch. Verbreitet, manchmal häufig auf kultivierten Plätzen, Dämmen und Schuttplätzen, wildwachsend. *Beschreibung:* kräftige, einjährige, 30–100 cm hohe, stark unangenehm riechende Pflanze. Ovale, gezähnte, gelappte Blätter; alleinstehende, weiße, trompetenförmige Blüten von 6–10 cm Durchmesser. Dornige Frucht, die der der Roßkastanie etwas ähnlich ist. Juli–Oktober. *Wirksame Inhaltsstoffe:* Die Pflanze enthält Alkaloide: das L-Hyoscyamin, das Atropin und das Scopolamin. Der Stechapfel ist ein Antispasmodicum. *Eigenschaften:* Die Pflanze ist sehr giftig. Die rohen Blätter (*Folia Stramonii*) werden selten verwendet, sind aber Bestandteil von galenischen Präparaten. Die Tinktur wird gegen Reizhusten, chronische Laryngitis und Asthma verwendet. Die Blätter werden auch zur Herstellung von Asthma-Zigaretten benützt. Der Stechapfel als Aphrodisiacum wird in Europa wenig, dagegen in Südamerika allgemein angewandt. *Verwendete Teile:* Blätter und Samen. *Erntezeit:* Juni–August. *Geschichte:* Der Stechapfel wurde im 16. Jahrhundert in Europa eingeführt.

20 **DELPHINIUM CONSOLIDA** L. [144] **Ranunculaceae**
Feld-Rittersporn, Acker-Rittersporn (Dauphinelle des champs, Pied d'alouette / Larkspur)

Vorkommen, Standort: Gesamteuropa, bis nach Skandinavien, Westasien. Verbreitet, stellenweise häufig im Flachland; als Unkraut auf Äckern und Brachland, an Wegrändern, an Abhängen und in Weinbergen. *Beschreibung:* einjährige, 20–60 cm hohe Pflanze; Pfahlwurzel, verzweigter, mehr oder weniger wollig behaarter Stengel; 3-fach gefiederte Blätter; blaue, ziemlich große, in endständigen, lockeren Trauben angeordnete Blüten mit je 5 Blütenblättern. Mai–August. *Wirksame Inhaltsstoffe:* Die Pflanze enthält ein Alkaloid der Aconitingruppe, das Calcatrippin; die Samen enthalten 1% Alkaloide, Desolin und Delcosin, zwei Farbstoffe (blau = Delphinin und gelb = Kämpferol), die früher zum Färben der Wolle verwendet wurden. *Eigenschaften:* Die Alkaloide wirken lähmend auf das Zentralnervensystem. Die Giftwirkung des Rittersporns ist der von *Aconitum* sehr ähnlich. *Anwendung, Zubereitung:* Früher war die Pflanze offizinell (*Flor. Calcatrippae*), heute wird die Pflanze kaum mehr verwendet. *Verwendete Teile:* die blühende Pflanze. *Erntezeit:* Juni-August.

21 **EPHEDRA HELVETICA** (C.-A. Mey) **Gnetaceae**
Walliser Meerträubchen (Ephèdre du Valais / Ephedra)

Vorkommen, Standort: Schweiz, Wallis. Andere Arten (*E. vulgaris* L. C. Rich., *E. distachya* L.) finden sich in Südeuropa und in Asien. Selten und auf steinige und sonnige Hänge beschränkt. *Beschreibung:* kleiner, ausdauernder Halbstrauch mit sehr dünnen Zweigen, im Aussehen einem kleinen Ginster sehr ähnlich. Die Pflanze wird nicht höher als 25 cm. *Wirksame Inhaltsstoffe:* Das Walliser Meerträubchen enthält das Alkaloid Ephedrin. *Eigenschaften:* Das Ephedrin stimuliert das sympathische Nervensystem, erweitert die Koronargefäße; es wirkt rasch und stark gegen Allergien. *Anwendung, Zubereitung:* empfohlen gegen Asthma, Heuschnupfen, Nesselsucht, gewisse Ödeme und Flechten. Auswurfförderndes Mittel gegen Husten. Aus dem Walliser Meerträubchen wird eine Tinktur (*Tinct. Ephedrae*) und ein Extrakt (*Extr. Ephedrae*) zubereitet. *Verwendete Teile:* oberirdischer Teil der Pflanze. *Erntezeit:* Frühling–Herbst. *Geschichte:* Die spezifische Wirkung des Walliser Meerträubchens gegen Asthma war den Chinesen schon vor 5000 Jahren (bereits unter der Dynastie von Ma Huang) bekannt. Das Ephedrin wurde von einem japanischen Chemiker im Jahre 1887 rein dargestellt. Die Firma Merck A. G. in Deutschland konnte seine Synthese 1926 verwirklichen.

22 **FRITILLARIA MELEAGRIS** L. [147] **Liliaceae**
Schachbrettblume, Kiebitzei (Fritillaire pintade / Fritillary)

Vorkommen, Standort: über Gesamteuropa verstreut auf sumpfigen Wiesen, in Kolonien. *Beschreibung:* ausdauernde Zwiebelpflanze. 30 cm hoher Stengel, der eine einzige, geneigte, tulpenförmige, purpurrote, mit dunkleren, schachbrettartig angeordneten Flecken versehene Blüte trägt. Schmale, grasförmige Blätter. April/Mai. *Wirksame Inhaltsstoffe:* Die Zwiebel enthält das sehr giftige Alkaloid Imperialin. Heute keine therapeutische Anwendung mehr.

23 **FUMARIA OFFICINALIS L.** [146] **Papaveraceae**
Gemeiner Erdrauch (Fumterre officinale / Fumitory)

Vorkommen, Standort: Gesamteuropa, über die ganze Erde verbreitet, in Weinbergen, Gärten, Böschungen und auf Brachland. Bildet manchmal bedeutende Kolonien. *Beschreibung:* einjährige, bald buschige, bald langgestreckte und kletternde Pflanze. Gefiederte, graue Blätter. Von weitem sehen die Erdrauchbüschel dem Rauch ähnlich, daher sein Name. Purpurrosa bis gelblichweiße, in Trauben angeordnete Blüten. Mai–Oktober. *Wirksame Inhaltsstoffe:* Die Pflanze enthält 7 verschiedene Alkoloide, von denen das Fumarin das wichtigste ist. *Eigenschaften:* Der Erdrauch wirkt gegen Flechten und andere Hautkrankheiten; er wird als appetit- und verdauungsförderndes Mittel (Stomachicum) und Abführmittel angewandt. *Anwendung, Zubereitung:* Der Erdrauch wird nur noch selten in der Allopathie, dafür aber noch im Kräuterhandel verwendet. Die getrocknete Pflanze (*Herba Fumariae*) wird als Infus zubereitet. *Verwendete Teile:* die blühende Pflanze. *Erntezeit:* Mai–September. *Geschichte:* Diese Art war schon Plinius und Dioscorides bekannt und erscheint auch in den Kräuterbüchern des Mittelalters (Avicenna).

24 **GALANTHUS NIVALIS L.** [159] **Amaryllidaceae**
Schneeglöckchen (Perce-neige / Snowdrop)

Vorkommen, Standort: Gesamteuropa. *Beschreibung:* ausdauernde, 10–20 cm hohe Zwiebelpflanze; allgemein bekannt; schmale, bläulichgrüne Blätter. Einzelne, glockenförmige, weiße Blüten. März/April. *Wirksame Inhaltsstoffe:* in der Zwiebel die Alkaloide Tazettin, Lycorin und andere Galanthamine. Im Blatt nur Tazettin. *Eigenschaften:* Brechmittel. Vorsichtig dosieren bei Poliomyelitis. Das Schneeglöckchen findet bei uns wenig therapeutische Anwendungen. In Osteuropa verwenden die Bauern eine aus der Zwiebel zubereitete Abkochung als Brechmittel.

25 **GALEGA OFFICINALIS L.** [148] **Fabaceae**
Geißraute, Geißklee (Galéga officinale / Goat's rue)

Vorkommen, Standort: Südosteuropa, Westasien, in ganz Europa kultiviert, teilweise wildwachsend. *Beschreibung:* ausdauernde Pflanze, die einen aufrechten, 1 m hohen Büschel bildet; unpaarig gefiederte Blätter. Sehr schöne, lilarosa oder weiße Blüten. Juli–September. *Wirksame Inhaltsstoffe:* Die Pflanze, und besonders die Samen, enthalten Alkaloide (z. B. das Galegin), ein Glucosid (das Galuteolin), Saponin, Gerbstoff, einen Bitterstoff und Glucochinin. *Eigenschaften:* Die Geißraute ist ein Galaktagogum, Antidiabeticum (Samen), Diureticum und Diaphoreticum. *Anwendung, Zubereitung:* heute wenig angewendet. Ein Extrakt wird aus den Zweigspitzen der getrockneten Pflanze

(*Herba Galegae*) zubereitet und als Galaktagogum verwendet. *Verwendete Teile:* die blühende Pflanze und die Samen. *Erntezeit:* Juli–September. *Geschichte:* Die Geißraute ist seit dem 16. Jahrhundert offizinell. Die Pflanze verursacht bei Schafen Vergiftungen.

26 HYOSCYAMUS NIGER L. [152] — Solanaceae
Bilsenkraut (Jusquiame noire /Henbane)

Vorkommen, Standort: Gesamteuropa. Selten; Brachland, Schutthalden, Hänge, Straßenränder. *Beschreibung:* einjährige oder zweijährige, 40–120 cm hohe Pflanze; kräftig, strömt einen unangenehmen Geruch aus; lange und gezähnte Blätter. Beige, an der Basis purpur gefärbte Blüten. Die Blütenblätter sind dunkelrot geädert. Juni–August. *Wirksame Inhaltsstoffe:* Diese giftige Pflanze enthält mehrere Alkaloide: L-Hyoscyamin, Atroscin und Scopolamin. Beim Trocknen wird das Hyoscyamin durch die Wirkung eines Enzyms (Racemase) teilweise in Atropin umgewandelt. *Eigenschaften:* Beruhigungs-, Betäubungsmittel und Narcoticum. Das Bilsenkraut ist eines der ältesten Narcotica. *Anwendung, Zubereitung:* Das Bilsenkrautöl wird aus den Blättern zubereitet und gegen Ohrenschmerzen und Rheumatismus verwendet. In der Homöopathie benutzt man eine aus der frischen Pflanze hergestellte Tinktur als Beruhigungsmittel. Das Bilsenkraut wurde von einigen Völkern als Aphrodisiacum benutzt, deshalb Hauptbestandteil früherer Liebestränke. *Geschichte:* Die alten Ägypter kannten schon seine narkotischen Eigenschaften. Dioscurides und Plinius erwähnen es, und im Mittelalter war es eine der wichtigsten im Hexenkult verwendeten Drogen.

27 LABURNUM ANAGYROIDES Medik. — Fabaceae
Goldregen (Pluie d'or, Cytise / Golden rain)

Vorkommen, Standort: Mittel- und Südeuropa. Häufig in bergigen Gegenden, hellen Wäldern, Untergehölz, in kleinen sonnigen Tälern, oft kultiviert. *Beschreibung:* bis 7 m hoher Strauch oder kleiner Baum; graugrüne Astrinde; dreigeteilte, langgestielte Blätter, unterseits wollig behaarte Blättchen; goldgelbe, in langen hängenden Trauben angeordnete Blüten; Früchte: braune Hülsen, schwarze Samen. April–Juni. *Wirksame Inhaltsstoffe:* Die Pflanze enthält die giftigen Alkaloide Cytisin und Methylcytisin. *Eigenschaften:* Die Einnahme von Goldregensamen verursacht sehr schwere Vergiftungen. *Anwendung, Zubereitung:* Früher wurde ein Goldregenextrakt (*Extr. Cytisi*) als Brechmittel und gegen Neuralgien sowie Asthma verwendet. Die Allopathie hat diese gefährliche Droge aufgegeben. Die Homöopathie verwendet noch eine aus den Blättern und frischen Blüten zubereitete Tinktur gegen Depressionszustände, Krämpfe- und Schwindelanfälle sowie spastische Zustände des Verdauungsapparats.

28 LATHYRUS CICERA L. — Fabaceae
Kichererbse (Pois chiche / Pea)

Die Kichererbse wird in großem Ausmaß in den Mittelmeerländern und in Indien kultivierte, sie kann gelegentlich wie die kultivierte Erbse »Lathyrismus« verursachen.

29 LATHYRUS SATIVUS L. **Fabaceae**
Saat-Platterbse (Pois cultivé, Gesse cultivée / Sweet pea)

Vorkommen: auf der ganzen Welt. *Beschreibung:* Die Saat-Platterbse ist eine wegen ihres großen Nährwertes als Gemüsepflanze allgemein kultivierte Pflanze. Zahlreiche Gartenbauvarietäten sind vorhanden. *Wirksame Inhaltsstoffe:* Die frischen Samen enthalten Spuren von Betain und Cholin. *Eigenschaften:* Keine dieser Substanzen ist gesundheitsschädlich, doch sind mehrere Vergiftungen in Spanien und in den warmen Ländern bekannt geworden. Die chemischen Wirkstoffe, z. B. die Aminonitrile, sind gefährliche Toxine für Menschen und Säugetiere. Diese seit langem unter dem Namen Lathyrismus bekannte Vergiftungsart verursacht schwere Störungen des Nervensystems (Krämpfe, Zittern der Glieder, Paraplegien). Der Patient hat Schwierigkeiten beim Gehen. Manchmal äußert sich der Lathyrismus in Durchfall und Magenschmerzen. *Anwendung:* In der Homöopathie verwendet man eine aus den reifen Samen zubereiteter Tinktur zur Behandlung von Rückenmarkerkrankungen, spasmodischer Wirbelsäulenlähmung, Myelitis und multipler Sklerose.

30 LEONURUS CARDIACA L. [129] **Lamiaceae**
Herzgespann (Agripaume cardiaque / Motherwort)

Vorkommen, Standort: Gesamteuropa. Ziemlich selten; Ruinen, Hänge, Wegränder, alte Mauern, Aufschüttungen. *Beschreibung:* kräftige, stark riechende, 60–120 cm hohe Pflanze. Gelappte, lang gefiederte, behaarte, dunkelgrüne Blätter. Stark behaarte, purpurrosa, in den Blattachseln den ganzen Stengel entlang angeordnete Blüten. Die Pflanze strömt einen unangenehmen Geruch aus; Juni–September. *Wirksame Inhaltsstoffe:* Die Pflanze enthält einen Bitterstoff (Leonurin), Gerbstoffe, ätherisches Öl, ein Alkaloid (das Leonurinin) und Glykoside, die den Blutdruck erniedrigen. *Eigenschaften:* beruhigendes Mittel wegen der Glykoside, Emmenagogum wegen des Alkaloids, Antidiarrhoicum wegen der Gerbstoffe. *Anwendung, Zubereitung:* Das Herzgespann (*Herba Leonuri cardiaceae*) wird wie die Baldrianwurzel angewendet. In der Volksmedizin und in der Homöopathie als Mittel gegen Angina pectoris, Amenorrhöe, Dysmenorrhöe und Anämie. *Verwendete Teile:* die blühenden Zweigspitzen. *Erntezeit:* Juni–September. *Geschichte:* Das Herzgespann wurde schon von den Alten Griechen benutzt.

31 LEUCOJUM VERNUM L. [157] **Amaryllidaceae**
Märzbecher, Frühlingsknotenblume (Nivéole de printemps / Snowflake)

Vorkommen, Standort: Gesamteuropa, Westasien. Ziemlich verbreitet, vorwiegend in schattigen Tälern und auf feuchten Wiesen. *Beschreibung:* ausdauernde Zwiebelpflanze, dem Schneeglöckchen ähnlich, aber größer und kräftiger. Glöckchenförmige, weiße, 2,5 cm große Blüten mit Blütensegmenten, die in einer grünen Spitze enden; gelblichgrüne Blätter; März/April. *Wirksame Inhaltsstoffe:* Die Zwiebel enthält das Alkaloid Leucojin. *Eigenschaften:* Das Leucojin wirkt herzstärkend und als Brechmittel. *Anwendung, Zubereitung:* der Märzbecher hat keine medizinische Anwendung.

32 **LOBELIA DORTMANNA L.** **Campanulaceae**
Wasser-Lobelie, Wasser-Spleiße, (Lobélie de Dortmann / Water lobelia)

Vorkommen, Standort: nur in Nordeuropa. Selten; in Teichen und stehenden Gewässern, nicht in kalkhaltigem Wasser. *Beschreibung:* ausdauernde, im Wasser wachsende Pflanze; dünner, hohler Stengel mit milchartigem Saft. Unter Wasser sitzende, lange und schmale, in Rosetten angeordnete Blätter. Blaßlila, in lockeren Trauben angeordnet, bis 20 cm über dem Wasser erhobene Blüten; Juli–September. *Wirksame Inhaltsstoffe:* Die Pflanze kann ein Hauptalkaloid, das Lobelin, und eine Reihe von Nebenalkaloiden enthalten, von denen das Isolobinin das wichtigste ist. *Eigenschaften:* Die Tinktur (*Tinct. Lobeliae*) wird heute aus *Lobelia inflata* zubereitet. Diese Pflanze ist offizinell (*Herba Lobeliae*) und darf nur von Ärzten verordnet werden. Früher schrieb man der Wasser-Spleiße folgende Eigenschaften zu: Antisyphiliticum, Blutreinigungsmittel, schweißtreibendes Mittel. Heute ist die Tinktur Bestandteil von Asthmapräparaten. Sie wird zum gleichen Zweck in der Homöopathie benutzt.

33 **LOLIUM PERENNE L.** **Poaceae**
Deutsches Weidelgras, Englisches Raygras
(Ray-gras anglais / Perennial rye-grass)

Vorkommen, Standort: Gesamteuropa. Sehr häufig; Wiesen, Weiden, Abhänge, Wegränder. Überall kultiviert. *Beschreibung:* ausdauerndes Kraut, das in unseren Gärten Rasen bildet, 15–45 cm hoch, schmale, glänzende, dunkelgrüne Blätter; aus einer einfachen Ähre bestehender Blütenstand; Juni–August. *Wirksame Inhaltsstoffe:* Die Pflanze enthält mehrere Alkaloide, von denen das Perlolin und das Perlolidin die wichtigsten sind. Das Englische Raygras hat keine therapeutische Anwendung, obwohl das Perlolin gegen Rheumatismus empfohlen wird.

34 **LOLIUM TEMULENTUM** L. **Poaceae**
Taumel-Lolch, Tollkraut, Schwindel-Hafer (Ivraie enivrante / Darnel)

Vorkommen, Standort: Gesamteuropa, Nordasien. Stellenweise lokalisiert, an anderen Orten zahlreich; an Ackerrändern wildwachsende Pflanze. *Beschreibung:* einjähriges Kraut, größer, kräftiger, steifer als das Englische Raygras; Juni–August. *Wirksame Inhaltsstoffe:* Die reifen Samen enthalten das giftige Alkaloid Temulin, das bei den Menschen Schläfrigkeit und Schwindel verursacht. Die Pflanze wird manchmal von einem Pilz befallen, der sie giftig macht. *Eigenschaften:* Das Temulin lähmt die Bewegungszentren und verursacht schwere Atmungsstörungen. *Anwendung, Zubereitung:* Die reifen Samen werden zur Bereitung einer Tinktur angewendet, die in der Homöopathie gegen neuralgische, rheumatische und arthritische Erkankungen, Übelkeit, Nasenbluten, Darmkoliken und Gliederzittern verwendet wird. *Verwendete Teile:* die Samen. *Erntezeit:* August.

35 **LYCOPODIUM CLAVATUM** L. **Lycopodiaceae**
Kolben-Bärlapp (Lycopode en massue / Stagshorn clubmoss)

Vorkommen, Standort: über die ganze Erde verbreitet. Auf kieselhaltige Böden beschränkt und ziemlich selten; Nadelwälder, Böschungen, Untergehölz, Heiden. *Beschreibung:* ausdauernde niedrige Pflanze, Sporangien tragende Ähren, die einer Keule sehr ähnlich sind. Kriechender, Haftwurzeln treibender, manchmal bis 1 m langer Stengel; steife, lebhaft grüne, mit einer weißlichen Spitze endende Blätter. Sporenreife von Juli–September. *Wirksame Inhaltsstoffe:* Die Pflanze enthält die drei giftigen Alkaloide Lycopodin, Clavatin und Clavotoxin. Die Sporen sind nicht giftig und enthalten Sporonin, einen Zucker und 50% fettes Öl. *Eigenschaften:* Nur die Sporen sind offizinell (*Lycopodium*). Sie werden zum Bestreuen der Pillen benutzt. In der Homöopathie verwendet man eine aus den Sporen zubereitete Tinktur zur Behandlung chronischer Erkrankungen (Lungen, Magen, Leber, Nieren und Blase). Auf dem Land wurde sie als Wundheilmittel und bei Erkrankungen des Harnsystems benutzt. *Verwendete Teile:* die Sporen. *Erntezeit:* August/September.

36 **MAHONIA AQUIFOLIUM** (Pursh) Nutt. [155]
Berberidaceae
Mahonie (Mahonia / Oregon grape)

Vorkommen, Standort: Nordamerika, in Europa eingeführt und hier zuerst kultiviert; die Pflanze ist auf Brachland, auf Ruinen und in der Nähe von Gärten zu Hause. *Beschreibung:* bis 1,30 m hoher Halbstrauch. Immergrüne, geteilte, wechselständige Blätter, deren Blättchen Stechpalmenblättern ähnlich sind. Gelbe, kleine, stark riechende, nektarreiche, in Blütenständen angeordnete Blüten. Die Früchte sind violette, fast schwarze Beeren. März–Mai. *Wirksame Inhaltsstoffe:* Die Wurzelrinde enthält die drei Alkaloide Berberin, Oxyacanthin und Berbamin. *Eigenschaften:* Das Berberin reizt Darm und Gebärmutter, die Beeren liefern ein wichtiges Blutstärkungsmittel. Die Mahonie wurde als Färberdroge benutzt, besonders, um die Wolle goldgelb zu färben. *Anwendung, Zubereitung:* In der Homöopathie verwendet man die Tinktur gegen Hauterkrankungen (Psoriasis, Ekzem, Herpes, Ptyriasis, Akne).

37 NARCISSUS EXSERTUS (Haw.) Pugsley **Amaryllidaceae**
Narzisse (Narcisse à feuilles étroites / Daffodil)

Vorkommen, Standort: verstreut in Europa. Häufig auf fruchtbaren Wiesen, in bergigen Gegenden. *Beschreibung:* ausdauernde Zwiebelpflanze. Stark riechende, weiße, segmentierte Blüten; kelchförmige, gelbe Blütenröhren mit roten Rändern. Mai. *Wirksame Inhaltsstoffe:* Die Zwiebel enthält die zwei Alkaloide Lycorin und Lycoremin sowie Spuren einer antibiotisch wirkenden Substanz. *Eigenschaften:* Die Zwiebel ruft Brechreiz hervor. Diese Narzisse hat keine therapeutische Anwendung.

38 NARCISSUS PSEUDONARCISSUS L. [152] **Amaryllidaceae**
Trompetennarzisse, Gelbe Narzisse, Osterglocke (Jonquille / Wild daffodil)

Vorkommen, Standort: in Gesamteuropa verstreut. Auf feuchten Wiesen, in hellen Laubwäldern und auf Weiden. Lokalisiert, lebt aber in großen Kolonien. *Beschreibung:* trompetenförmige, gelbe Blüten. März/April. *Wirksame Inhaltsstoffe:* Die Zwiebel enthält die beiden Alkaloide Narcissin und Lycorin, ferner einen Bitterstoff. *Eigenschaften:* Die Pflanze verursacht schwere Vergiftungen und wirkt als starkes Brechmittel (Emeticum). *Anwendung, Zubereitung:* Heute wird die Zwiebel nur noch in der Homöopathie verwendet. Die Essenz wird bei Rhinitiden, Bronchitiden und bei Keuchhusten empfohlen. *Verwendete Teile:* die Zwiebel.

39 NICOTIANA TABACUM L. [166] **Solanaceae**
Tabak (Tabac / Tobacco)

Vorkommen, Standort: Mittelamerika. In der ganzen Welt in industriellem Ausmaß kultiviert. *Beschreibung:* einjährige, bis 1,70 m hohe Pflanze; aufrechter, wenig verzweigter Stengel. Elliptische, lanzettliche Blätter, die unteren gestielt. Trompetenförmige, mit einer langen Kronröhre versehene, lachs- und karminrosa gefärbte, in Doldentrauben angeordnete Blüten. Juli/August. *Wirksame Inhaltsstoffe:* In der ganzen Pflanze, außer dem Samen, befindet sich das starke Alkaloid Nicotin. Die Blätter enthalten außerdem eine Reihe mit dem Nicotin verwandte Nebenalkaloide (Nicotein, Nicotellin, Nicotimin, Nicotoin, Nornicotin, Nicotyrin, Anabasin, Anatalbin und andere). In ihnen findet man auch Betain, Asparagin, Gerbstoffe, Harze und Enzyme. *Eigenschaften:* Das Nicotin ist ein giftiges Alkaloid. Das

Gift wirkt in gleicher Weise durch Einatmen wie durch die Haut. Früher wurde das Nicotin hauptsächlich in der Landwirtschaft als Ungeziefervernichtungsmittel benutzt. Dadurch kam es zu häufigen Todesfällen. Die für den Menschen tödliche, oral eingenommene Einzeldosis beträgt 40 bis 60 mg reines Nicotin; sie stellt die in zwei mittleren oder in einer großen Zigarre enthaltene Menge dar. Der Tabak wurde früher in Form einer Abkochung zur Parasitenbekämpfung (Läuse, Milben) und als Abtreibungsmittel benutzt. Die Frage, ob chronisches Rauchen krebsauslösend wirken kann, ist noch nicht endgültig geklärt. Andererseits gewinnt man das Vitamin PP (Nicotylamid) im wesentlichen aus dieser Pflanze.

40 **NUPHAR LUTEUM** (L.) Sm. [157] **Nymphaeaceae**
Gelbe Teichrose, Mummel (Nuphar jaune, Nénuphar jaune / Yellow water-lily)

Vorkommen, Standort: Gesamteuropa. Verbreitet; häufig in Teichen, kleinen Seen, Wasserläufen, in ruhigen, langsam fließenden Gewässern. *Beschreibung:* ausdauernde, im Wasser wachsende Pflanze; schwimmende, ovale, lederartige, 12–35 cm lange Blätter. Gelbe, im Durchmesser 5–8 cm große Blüten. Unter Wasser stehende, durchscheinende Blätter. Bauchige, grüne, glatte Früchte. Juni–September. *Wirksame Inhaltsstoffe:* Die Pflanze enthält Alkaloide, darunter das Nupharin und das Nupharidin. *Eigenschaften:* Die Homöopathie verwendet die aus dem Wurzelstock gewonnene Essenz gegen Impotenz und Diarrhoe. *Verwendeter Teil:* das Rhizom.

41 **PAPAVER RHOEAS L. [141]** **Papaveraceae**
Klatschmohn (Coquelicot / Corn poppy)

Vorkommen, Standort: Gesamteuropa. Häufig auf Brachland, an Böschungen, auf Kiesböden und in Getreidefeldern. *Beschreibung:* einjährige, allgemein bekannte Pflanze. Behaarter, 30–70 cm hoher Stengel, der einen weißen Milchsaft enthält. Gefiederte Blätter; scharlachrote Blüten von 5–8 cm Durchmesser. Mai–September. *Wirksame Inhaltsstoffe:* Der Saft (Latex) enthält die vier Alkaloide Rhoeadin, Rhoeagenin, Rhoearubin I und Rhoearubin II. Die Blüte ist reich an Schleim und enthält Anthocyane. *Eigenschaflen:* beruhigend, erweichend. *Anwendung, Zubereitung:* früher offizinell, der Blütensirup (*Sir. Rhoeados*) wird noch manchmal als erweichendes und schmerzstillendes Mittel gegen Husten verwendet.

42 **PAPAVER SOMNIFERUM** L. [159] **Papaveraceae**
Schlafmohn (Pavot somnifère / Opium poppy)

Vorkommen, Standort: Gesamteuropa. Kultiviert, vereinzelt in vielen Gegenden. *Beschreibung:* einjährige Pflanze von sehr verschiedenem Aussehen. Steifer, bis 120 cm hoher, blaugrüner Stengel. Grob gezähnte, wellige, wachsartige Blätter. Sehr große lilafarbene Blüten mit einem violettroten Fleck am Grund der Blütenblätter. Juni–August. *Wirksame Inhaltsstoffe:* Der Schlafmohn ist giftig und enthält nicht weniger als 25 verschiedene Alkaloide.

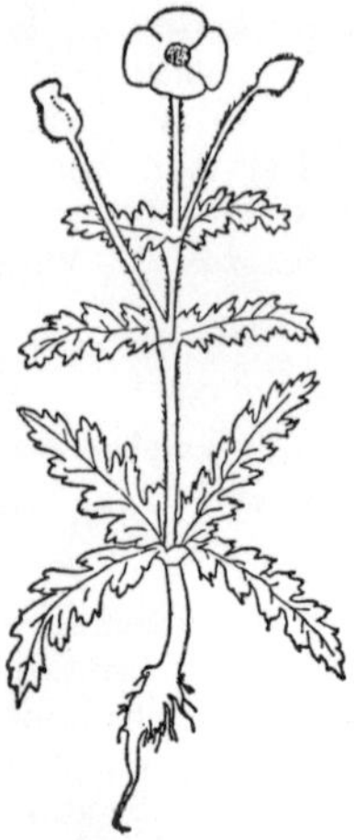

Er gehört zu den Pflanzen mit einer besonders komplexen chemischen Zusammensetzung. Das Opium (in der Luft getrockneter Milchsaft) enthält 20 bis 25% Alkaloide, von denen das Morphin und das Narcotin etwa 80% ausmachen. Die Samen, praktisch ohne giftige Substanzen, enthalten 45–60% eines sehr feinen fetten Öles, das in der Pharmazie und zum Kochen (*Ol. Papaveris*) verwendet wird. Ferner auch Lecithin und Albumin. Die Pharmakologie des Mohns ist sehr kompliziert und in mehreren Werken beschrieben. *Anwendung, Zubereitung:* Mehrere Substanzen sind offizinell. Die wichtigsten sind das Opium (*Extr. Opii*), das Morphin (*Morphinum hydrochloricum*), das Narcotin und das Codein (*Codeinum phosphoricum*). Jede dieser Verbindungen ist sehr gefährlich und darf nur durch den Arzt verschrieben werden. Opium ist ein weit verbreitetes Rauschmittel. *Geschichte:* Der Schlafmohn zählt zu den ältesten Heilpflanzen. Er ist seit 5000 Jahren bekannt.

43 PETASITES HYBRIDUS (L.) Gaertn., B. Mey. et Scherb. [138]

Asteraceae

Gemeine Pestwurz (Chapeau du diable, Pétasite hybride / Butterbur)

Vorkommen, Standort: Gesamteuropa. Aufschüttungen, Böschungen, schlammige Schwemmböden, Flußufer. Bildet große Kolonien. *Beschreibung:* ausdauernde Pflanze mit einem rhizomartigen, kriechenden Stengel. Hohler, 20–60 cm langer Stengel, der eine endständige aus rosavioletten Köpfchen bestehende Traube trägt. Die Pflanze ist zweihäusig. Die unterseits grauen, wollig behaarten Blätter können einen Durchmesser von 1 m erreichen; sie sind den Rhabarberblättern ähnlich. Blüte März–Mai, vor dem Erscheinen der Blätter. *Wirksame Inhaltsstoffe:* Die Wurzel enthält ein Alkaloid, ätherisches Öl mit Sesquiterpen der Eremophyllongruppe (Petasine), Pektine, Helianthenin, Inulin, Gerbstoff und Pflanzenschleim. *Eigenschaften:* Wundheilmittel, Diureticum, Diaphoreticum, Emmenagogum, Spasmolyticum. *Anwendung, Zubereitung: Rad. Petasitis*, die Pestwurz, wird in der Homöopathie bei Genick- und Kopfschmerzen und zur Behandlung der Urethritis verwendet. Die Volkskräuterkunde empfiehlt diese Pflanze als Wundheilmittel und bei Hautentzündungen. Der Wurzelextrakt wird als Spasmolyticum bei Dysmenorrhöe und gegen Stottern angewandt.

44 PHYSALIS ALKEKENGI L. [131] **Solanaceae**

Lampionblume, Judenkirsche (Alkékenge, Coqueret, Lanterne / Winter Cherry)

Vorkommen, Standort: Mittel- und Südeuropa, Westasien. Verstreut auf kalkhaltigen Böden, in Weinbergen, Hecken, Aufschüttungen, in Gärten kultiviert, zerstreut, teilweise eingebürgert. *Beschreibung:* ausdauernde, 50 bis 110 cm hohe Pflanze mit einem kriechenden Wurzelstock; aufrechter, steifer Stengel; gestielte, spitzovale Blätter; alleinstehende, geneigte Blüten mit einer cremeweißen Blütenkrone. Frucht: eine kugelförmige, orange bis karminrote Beere, die so groß wie eine Kirsche ist und von einem gerippten, karminroten, aufgeblasenen Fruchtkelch (Pfaffenhütchen) umhüllt ist. Blütezeit Juni/Juli. *Wirksame Inhaltsstoffe:* Die Pflanze enthält ein Alkaloid und den Bitterstoff Physalin. Die eßbare Beere enthält mehr Vitamin C als die Zitrone. *Eigenschaften:* reich an Vitamin C. Die Beere ist ein Diureticum, schweißtreibendes Mittel, Laxativum und Erfrischungsmittel. *Anwendung, Zubereitung:* Die Beeren wurden in der Pharmazie (*Bacca seu Fruct. Alkekengi*) verwendet; heute wird die Pflanze fast nur noch in der Homöopathie benutzt, die eine Tinktur aus den reifen Beeren herstellen läßt. Nach einem Volksbrauch werden die Beeren mazeriert und als Heilmittel gegen Nierenkrankheiten, Harnverhalten und Arthritis verwendet. *Erntezeit:* September/Oktober.

45 SAROTHAMNUS SCOPARIUS (L.) Link [147] **Fabaceae**
Besenginster (Genêt à balais / Broom)

Vorkommen, Standort: West- und Südeuropa. Häufig auf Heiden, Lichtungen, in Wäldern, im Untergehölz und auf sauren Böden. *Beschreibung:* kleiner Strauch. Kleine, lanzettliche oder 3-fach gefiederte Blätter. Große goldgelbe Blüten. Am Rand behaarte Hülsen. Mai/Juni. *Wirksame Inhaltsstoffe:* Die Samen und auch das Kraut enthalten mehrere Alkaloide, von denen das Spartein das wichtigste ist. *Eigenschaften:* herzstärkendes, blutdruckerhöhendes, gefäßerweiterndes Mittel und Diureticum. *Anwendung, Zubereitung:* Die verschiedenen wirksamen Substanzen werden einzeln, die Pflanze aber auch in der Form einer Essenz bei Herzschwäche verwendet. Sie ist wirkungsvoll gegen Bradykarditis und gegen Herzrhythmus-Störungen. Das reine Spartein wird bei der Geburt als Wehenmittel verwendet. Die Blüten besitzen eine diuretische Wirkung, und ihre Anwendung wird gegen Leberkrankheiten, Ödeme, Wassersucht und Nephritis empfohlen. Das Spartein ist auch als Gegengift wirkungsvoll. Die Hirten der Auvergne wissen, daß die Schafe gegen Vipernbisse immun sind, wenn sie Besenginster gefressen haben. Sparteinsulfat macht das Schlangengift unschädlich.

46 SEDUM ACRE L. [157] **Crassulaceae**
Mauerpfeffer (Sédum âcre, Orpin âcre, Poivre des murailles / Wallpepper)

Vorkommen, Standort: Gesamteuropa. Sehr häufig auf altem Gemäuer, an trockenen Abhängen. *Beschreibung:* ausdauernde, allgemein bekannte Pflanze, die Polster bildet; zahlreiche, 5 bis 12 cm hohe Stengel. Zahlreiche, kleine, fleischige, an den Stengeln entlang stehende, hellgrüne Blätter; sternförmige, hellgelbe Blüten. Die Pflanze hat einen stark pfefferartigen Geschmack. Juni/Juli. *Wirksame Inhaltsstoffe:* Die Pflanze enthält eine scharf schmeckende und stark reizende, nicht näher untersuchte Substanz, ferner die

Piperidin-Alkaloide Sedamin, Sedinon und Sedridin, das Glykosid Rutin, Gerbstoffe und mehrere organische Säuren. *Eigenschaften:* Der Scharfe Mauerpfeffer besitzt eine Wirkung gegen Hypertonie; er wirkt hautreizend und blasenbildend. *Anwendung, Zubereitung:* In der Homöopathie wird der Extrakt der frischen Pflanze bei Hämorrhoiden und Mastdarmfisteln verwendet. Auf dem Land ist er als Abtreibungsmittel bekannt. Empfohlen als gutes Heilmittel gegen Epilepsie.

47 **SENECIO JACOBAEA L.** **Asteraceae**
Jakobskraut (Séneçon Jacobée / Common Ragwort)

Vorkommen, Standort: Gesamteuropa. Sehr häufig auf Wiesen und entlang von Hecken. *Beschreibung:* zweijährige Pflanze. Im oberen Teil verzweigter, 30–120 cm hoher Stengel. Kahle, tief gefiederte und gelappte Blätter mit gezähnten Lappen. Gelbe, in lockerer und abgeflachter Doldentraube angeordnete Köpfchen. Juni–September. *Wirksame Inhaltsstoffe:* Die Pflanze (besonders die Wurzel) enthält das Hauptalkaloid Jacobin, und die zwei Nebenalkaloide Jaconin und Jacodin. Die Blätter enthalten Flavonoide. Die therapeutischen Eigenschaften sind die gleichen wie beim Gemeinen Kreuzkraut. *Verwendete Teile:* die ganze Pflanze (*Herba Senecionis Jacobaeae*). *Erntezeit:* Juni–September.

48 **SENECIO VULGARIS L.** [164] **Asteraceae**
Gemeines Kreuzkraut (Séneçon commun / Groundsel)

Vorkommen, Standort: Gesamteuropa und über die ganze Erde verbreitet. Überall sehr häufig; Unkraut auf den Äckern. *Beschreibung:* einjährige, allgemeine bekannte, 10–30 cm hohe Pflanze mit sehr unterschiedlichem Aussehen; schmale, gelappte und gefiederte Blätter. Gelbe, zylindrische, kleine, in endständigen Trauben angeordnete Köpfchen. Juni–September. *Wirksame Inhaltsstoffe:* Die Pflanze (besonders die Wurzel) enthält das Hauptalkaloid Senecionin und zwei Nebenalkaloide (Senecine). *Eigenschaften:* Das Senecionin ist ein Lebergift und führt zu Leberzirrhose. *Anwendung, Zubereitung:* Das Gemeine Kreuzkraut war offizinell (*Herba Senecionis vulgaris*). Es wurde gegen Amenorrhöe, Dysmenorrhöe und auch gegen Nasenbluten verwendet. In der Homöopathie verwendet man Extrakte der frischen Pflanzen des Gemeinen Kreuzkrautes und des Jakobskrautes. *Verwendete Teile:* die blühende Pflanze. *Erntezeit:* Juni–November.

49 **SOLANUM DULCAMARA L.** [144] **Solanaceae**
Bittersüß, Bittersüßer Nachtschatten (Douce-amère, Morelle / Bittersweet)

Vorkommen, Standort: Gesamteuropa. Verbreitet auf feuchten Böden, in Wäldern, an Flußufern. *Beschreibung:* ausdauernde, 60–150 cm hohe Pflanze; in der Nähe des Bodens holzartiger, manchmal kletternder oder liegender, flaumhaariger Stengel; gestielte, spitz-ovale, am Grund manchmal 2-fach gelappte Blätter; Blüten mit einer lebhaft purpurroten Blütenkrone; gelbe Staubbeutel, zu einer kegelförmigen Röhre verwachsen; die Frucht ist eine eiförmige Beere, die bei der Reife rot wird; Juni–September. *Wirksame Inhaltsstoffe:* Die Pflanze enthält die giftigen Alkaloide Solacein und Solanein. Die Früchte enthalten Solanin; die Stengel sind reich an Saponinen. *Eigenschaften:* Diureticum, Blutreinigungsmittel und auswurfförderndes Mittel. *Anwendung, Zubereitung:* Früher wurden die 2–3 Jahre alten Stengel offizinell in der Form von Abkochungen gegen Ekzeme, chronische Bronchitis und Asthma verwendet. In der Homöopathie wird der Extrakt der jungen Zweige bei chronischen Hauterkrankungen, Nervenlähmungen, Gelenkrheumatismen, Asthma, Enteritis und Zystitis verordnet. *Geschichte:* Der Bittersüße Nachtschatten wurde von den Botaniker-Ärzten vom 16. Jahrhundert ab verwendet.

50 **SOLANUM NIGRUM L.** [155] **Solanaceae**
Schwarzer Nachtschatten (Morelle noire / Black Nightshade)

Vorkommen, Standort: Gesamteuropa. Sehr häufig auf Aufschüttungen, an Böschungen und auf kultivierten Böden. *Beschreibung:* einjährige, 10–30 cm hohe Pflanze; schwach violett überlaufener Stengel; spitz-ovale, gezähnte Blätter mit einem purpurnen Rand; weiße Blüten mit gelben Staubbeuteln; schwarze Beeren; Juli-Oktober. *Wirksame Inhaltsstoffe:* Die grünen Teile der Pflanze enthalten das Alkaloid Solanin. Die Früchte sind frei davon. *Eigenschaften:* Der Schwarze Nachtschatten ist giftig; früher wurde er in der Medizin als schmerzstillendes Mittel benutzt. *Anwendung, Zubereitung:* Heute wird der Schwarze Nachtschatten nur in der Homöopathie gegen Verwirrtheitszustände (Krämpfe, Epilepsie) verwendet.

51 **SOLANUM TUBEROSUM L.** **Solanaceae**
Kartoffel (Pomme de terre / Potato)

Vorkommen, Standort: Südamerika, in den Anden. Auf der ganzen Welt kultiviert. Es existieren davon mehrere hundert Kartoffel-Varietäten. Juni/Juli. *Wirksame Inhaltsstoffe:* Die ganze Pflanze enthält ein Hauptalkaloid, das Solanin, und die zwei Nebenalkaloide Solanidin und Solanthren. Die grüne Frucht (Beere) enthält 1%, die Knolle (Kartoffel) enthält nur Spuren davon, das Alkaloid bildet sich aber schnell um die Keime herum und unter der Epidermis, wenn die Knolle im Licht bleibt. Die Knolle enthält 3% Gerbstoff und die Vitamine C, B_1, B_2, B_6 und auch das Nicotinamid (Vitamin PP), die Pantothensäure, organische Säuren Acetylcholin und Stärke (*Amylum Solani*). *Eigenschaften:* Der aus den Knollen gewonnene Saft wirkt spasmolytisch und gegen zu starke Säureproduktion. Die Vitamine, die in großen Mengen in der frischen Knolle enhalten sind, werden beim Kochen fast völlig zerstört. *Anwendung, Zubereitung:* Außer als Nahrungsmittel findet die Kartoffel (Knollensaft) gelegentliche Anwendung als Spasmolyticum und bei Magenübersäuerung. *Verwendete Teile:* die reifen Kartoffel-Knollen. *Erntezeit:* Sommer, Herbst. *Geschichte:* In den peruanischen und ekuadorischen Anden wurde die Kartoffel von den Indianern seit Urzeiten verzehrt, in Europa durch die Spanier kurz nach 1500, in Frankreich von Charles de L'Ecluse (Clusius) zwischen 1550 und 1558 eingeführt. Parmentier brachte sie unter Ludwig XVI. in Mode.

52 **SYMPHYTUM OFFICINALE L.** [143] **Boraginaceae**
Beinwell, Schwarzwurz (Grande consoude / Common comfrey)

Vorkommen, Standort: Gesamteuropa, Nordasien. Sehr häufig auf feuchten Wiesen. *Beschreibung:* ausdauernde, 60–100 cm hohe Pflanze; lanzettliche, borstige Blätter, glockenförmige, blaue oder violettblaue, manchmal weiße oder zartrosa Blüten; Mai–Juli. *Wirksame Inhaltsstoffe:* Die Pflanze enthält das Alkaloid Symphyto-Cynoglyssin, Spuren von Consolidin, Cholin und Gerbstoff. Der Wurzelstock ist reich an Zucker, Pflanzenschleimen, Stärke und enthält Asparagin. *Eigenschaften:* narbenbildend, beruhigend und schmerzstillend. *Anwendung, Zubereitung:* Früher war der Wurzelstock (*Radix Consolidae majoris*) offizinell, er wurde in der Form von warmen Breiumschlägen oder Salben zur Behandlung von Wunden, Brandwunden, Krampfadern, Knochenbrüchen, Knochenhautentzündungen verwendet. Man behandelt auch Pleuritis, Bronchitis, Bronchopneumonie und gewisse Rheumatismen damit. Die Wurzelstockabkochung dient als wirksames Gurgelwasser bei Pharyngitis und Angina. In Form von Injektionen ist die Schwarzwurz wirkungsvoll gegen Metritis. *Erntezeit:* März/April. *Geschichte:* Im Mittelalter wurde diese Pflanze oft zur Behandlung von Knochenbrüchen verwendet.

53 **TAMUS COMMUNIS L.** [150] **Dioscoreaceae**
Schmeerwurz (Herbe aux femmes battues, Tamier commun / Black bryony)

Vorkommen, Standort: Südeuropa. Ziemlich verbreitet an Waldrändern. *Beschreibung:* ausdauernde, diözische Schlingpflanze, Stengel ohne Klettersprossen; glänzende, herzförmige Blätter; kleine, hellgrüne, in langen und lockeren Trauben angeordnete Blüten mit 6 Blütenblättern. Die Frucht ist eine rote Beere; Mai/Juni. *Wirksame Inhaltsstoffe:* Die Beeren enthalten eine giftige Substanz: das Diosgenin. Der Wurzelstock enthält Calciumoxalat und eine Substanz, die wie Histamin wirkt. *Anwendung, Zubereitung:* In der Homöopathie wird eine Tinktur aus dem Wurzelstock gegen Sonnenbrand verwendet. Gewöhnlich besitzt diese Pflanze eine hautreizende Wirkung, und in der Volksheilkunde gilt sie als wirksam gegen Prellungen, daher der französische Name »Kraut für die geschlagenen Frauen«. Die Anwendung ist nicht ohne Gefahr.

54 **TAXUS BACCATA L.** **Taxaceae**
Eibe (If / Yew)

Vorkommen, Standort: Gesamteuropa. Ziemlich häufig in Wäldern, Schluchten und Lichtungen. *Beschreibung:* immergrüner Baum. Der meist aufgegliederte Stamm trägt einen breiten Kranz von weit ausladenden Ästen. Dunkelgrüne, glänzende Nadeln. Diese Art ist zweihäusig, d. h. es existieren Bäume mit männlichen und weiblichen Blüten. Eiförmige, fleischige, weiche, mit einer roten Haut (Arillus) umhüllte Samen. März/April. *Wirksame Inhaltsstoffe:* Jeder Teil der Pflanze, außer dem Arillus, enthält das sehr giftige Alkaloid Taxin. Die Eibe enthält außerdem noch andere Alkaloide (Milossin, Ephedrin), ein Glykosid (Taxacatin) und Farbstoffe. *Eigenschaften:* Früher wurde das Taxin anstelle von Digitalin als Antispasmodicum verwendet. Dieses starke Gift wird heute außer in der Homöopathie glücklicherweise nicht mehr benutzt. Der Blattextrakt wird gegen Rheumatismen, Arthritis, Lebererkrankungen und Störungen der Harnwege empfohlen. Die Eibe wird noch in mehreren Gegenden als Abtreibungsmittel verwendet. *Geschichte:* Die keltischen Völkerstämme verwendeten die Eibe als Mordgift und vergifteten ihre Pfeile mit dem Saft dieses Baumes (Nervengift). Bei Kindern können die Samen Todesfälle verursachen. Das rote Fruchtfleisch ist nicht gefährlich.

55 **VERATRUM ALBUM L.** **Liliaceae**
Weißer Germer (Vérâtre blanc, Varaire / White Hellebore)

Vorkommen, Standort: Mittel- und Südeuropa, Nordasien, nördliche Gegenden Nordamerikas. Bildet Kolonien, verbreitet in bergigen Gegenden, auf feuchten Wiesen und Weiden. *Beschreibung:* ausdauernde Pflanze mit einem knolligen Wurzelstock; flaumhaariger, aufrechter, 1–1,5 m hoher Stengel; große, wechselständige, ovale, in der Längsrichtung gerippte und geäderte, unterseits wollig behaarte Blätter; grünlichweiße, in Rispen angeordnete Blüte; Juni/Juli. *Wirksame Inhaltsstoffe:* Die Pflanze enthält die zwei Hauptalkaloide Protoveratrin A und B (der Wurzelstock enthält 1,6% davon) und noch mehrere andere Alkaloide: Germerin, Jervin, Pseudojervin, Veratrosin und das Glykosid Veratromin. *Eigenschaften:* Die Alkaloide des Weißen Germers stellen ein narkotisches und sehr stark reizendes Gift dar. Das inhalierte Wurzelstockpulver verursacht heftiges Niesen (Schneeberger Pulver). Bei innerlicher Anwendung beschleunigt es den Speichelfluß und verursacht Magenbrennen. *Anwendung, Zubereitung:* Da die Tinktur (*Tinct. Veratri*) den Blutdruck sehr stark erniedrigt, wird sie gegen Myosthenie und Dystrophia musculorum progressiva verabreicht. Früher wurde der Weiße Germer als Emeticum, Abführmittel und Diaphoreticum verschrieben; er wurde gegen Rheumatismus und Arthritis verwendet. *Verwendete Teile:* Wurzelstock (*Rhiz. Veratri*). *Erntezeit:* September/Oktober. *Geschichte:* Der Weiße Germer wurde schon in der Antike als Mordgift benutzt. Die Pfeilspitzen wurden damit präpariert. Er war ein Heilmittel gegen Cholera. *Giftigkeit:* Die Pflanze ist sehr giftig. Die tödliche Dosis liegt zwischen 1 und 2 g des pulverisierten Wurzelstocks.

56 **VISCUM ALBUM** L. [149] **Loranthaceae**
Mistel (Gui / Misteltoe)

Vorkommen, Standort: Gesamteuropa und Nordasien. Verbreitet auf mehreren Baumsorten (Apfelbaum, Pappel, Eiche, Tanne, Fichte). *Beschreibung:* holzartige, allgemein bekannte Pflanze; halbschmarotzerhafter Epiphyt. 30–60 cm lange, grüne Zweige. Ausdauernde, gelblichgrüne, gegenständige, längliche und lederartige Blätter. Unscheinbare grüne Blüten, die weiblichen und die männlichen auf verschiedenen Pflanzen. Beerenförmige, runde, zähe, und weiße Früchte; März–Mai. *Wirksame Inhaltsstoffe:* Die Pflanze enthält Viscotoxine, Viscisinol (Harzalkohol), β-Amyrin (früher α-Viscol) und Lupeol (früher β-Viscol), ferner Viscotoxin, ein aus 17 Aminosäuren aufgebautes Peptid, und ein Cholin-Acetylcholin-Gemisch. Kürzlich wurde von Vester ein Protein mit Tumor-hemmender Wirkung isoliert. *Eigenschaften:* Diureticum, herzstärkendes, blutdruckherabsetzendes, peripher gefäßerweiterndes Mittel. Die Mistel besitzt eine wachstumshemmende, bzw. abtötende Wirkung auf gewisse pflanzliche und tierische Tumore (Krebs). In höheren Dosen ist die Pflanze ein Herzgift. *Anwendung, Zubereitung:* Die Mistel ist Bestandteil gewisser galenischer Präparate und kann in Form von Injektionen vom Arzt verabreicht werden. *Verwendete Teile:* die ganze Pflanze. *Erntezeit:* März und September/Oktober. *Geschichte:* Seit der frühesten Antike wurde die Mistel von den germanischen Völkern als eine heilige Pflanze angesehen. Die heilige Mistel der Gallier wuchs auf Eichen und Kastanienbäumen.

Kapitel 2 Pflanzen mit Vitaminen

Die Vitamine sind Stoffe, ohne die weder Mensch noch Tier längere Zeit leben können. In der Pflanzenwelt erfüllen sie spezifische Stoffwechselfunktionen, die erst teilweise bekannt sind. Mensch und Tier sind, da sie Vitamine nicht selbst aufbauen können, von deren Zufuhr durch frische Pflanzen abhängig. Chemisch sind die Vitamine voneinander sehr verschieden.

Das *Vitamin A* (Axerophtol) kommt wahrscheinlich nicht in reinem Zustand in der Natur vor, entsteht aber aus dem Provitamin A, dem sog. β-Carotin durch Umwandlung in der Leber. Dieses β-Carotin war schon im Jahre 1831 als Farbstoff bekannt. Petersilie, Karotten und Spinat sind unsere bekanntesten Carotin-Lieferanten. Das Vitamin A ist für das normale Wachstum notwendig, es wirkt als Schutzsubstanz für die Epidermis und das Schleimhautgewebe. Seine Wirkung erstreckt sich auch auf den Hör- und Sehvorgang, indem es der Verhärtung der Hornhaut entgegen wirkt. Schließlich wirkt es vorbeugend gegen Infektionen.

Etwa zwölf Vitamine gehören zu der in der Natur sehr verbreiteten *Vitamin-B*-Gruppe (Hefe, Getreide usw.). Weil in der Medizin nur der ganze Vitamin-B-Komplex verwendet wird, sollen hier nur die Wirkungen einiger dieser Vitamine erwähnt werden.

Das Vitamin B_1 (Thiamin, Aneurin) ist vor allem für den Abbau der Kohlenhydrate notwendig (Zucker, Stärke). Es spielt auch in der Funktion des Nervensystems eine wichtige Rolle. Mangel an Vitamin B_1 führt zur Beriberi-Krankheit.

Das Vitamin B_2 wirkt ebenfalls im Energiestoffwechsel des Nervensystems.

Das Vitamin B_6 ist an der Bildung und Verwertung mehrfach ungesättigter Fettsäuren beteiligt.

Das Vitamin B_{12} (Cobalamin) ist für die Blutbildung notwendig.

Im Jahre 1939 extrahierte Prof. P. Karrer von der Universität Zürich zum ersten Mal das *Vitamin K* aus der Luzerne, einer hülsentragenden Futterpflanze. Es stellt das Blutgerinnungsvitamin dar. P. Karrer hat es als Phyllochinon (Naphtochinon) bezeichnet. Von diesem Augenblick an konnte man die Emboliegefahr während und nach chirurgischen Eingriffen wirkungsvoll bekämpfen. Dieses Vitamin befindet sich in den grünen Blättern der Cruciferen, im Spinat und besonders in der Luzerne. Es ist eines der wenigen Vitamine, die der Mensch mit Hilfe seiner Darmbakterien selbst synthetisieren kann. Wenn er genügend rohes, grünes Gemüse ißt, ist er imstande, die Gerinnungsfähigkeit seines Blutes zu erhalten.

Es wurde auch beobachtet, daß eine große Dosis dieses Vitamins den Keuchhusten lindern kann.

Das Vitamin P hat kapillarabdichtende Wirkung. Es befindet sich in den Pflanzen häufig in Begleitung des Vitamins C, dessen Wirkung es erhöht. Die Hagebutten, Zitronen, Orangen enthalten diese beiden Vitamine. Die

Flavonoide Rutin und Catechin, die im Kapitel »Flavonheteroside« behandelt werden, sind als Vertreter der Vitamin-P-Gruppe anzusehen.
Das *Vitamin PP* oder Nicotinamid (B_3) ist für die Funktion der Haut, des Nervensystems und des Verdauungsapparates notwendig. Es ist auch ein Wachstumsfaktor für Bakterien und kommt in zahlreichen Pflanzen, besonders in Getreide-Keimen und in den Bierhefen vor.
Das *Vitamin C*, auch antiskorbutisches Vitamin genannt, ist die Ascorbinsäure. Es ist in bedeutenden Mengen in den Früchten des Sanddorns und in den Hagebutten enthalten, kommt aber auch in Zitronen und schwarzen Johannisbeeren, in der Petersilie und im Paprika vor.
Das Vitamin C ist ein Konservierungsstoff für Früchte, wird aber selbst leicht durch Gärungsstoffe (Oxydgase) inaktiviert. Deshalb hält sich der Orangensaft, der relativ arm an Gärungsstoffen ist, besser als Traubensaft, der davon einen größeren Gehalt besitzt. Ebenso verlieren die Kartoffeln ihr Vitamin C durch Aktivierung der Gärungsstoffe, wenn man die Kartoffeln in einem temperierten Raum aufbewahrt. Das Vitamin C ist für die Knochenbildung notwendig. Es beschleunigt die Zellatmung, bessert die Funktion der Blutgefäße und bekämpft Infektionen (Erkältungen, Zahnfleischentzündungen usw.).
Das *Vitamin D* fehlt im Pflanzenreich. Man findet es nur in Form seiner Vorstufe in Spuren in Kakaobohnen und in der Hefe. Es reguliert die Assimilation von Kalzium und Phosphat und fördert den Einbau dieser Substanzen in die Knochen und Zähne. Der Mangel an diesem Vitamin verursacht beim Kind Skelettmißbildungen (Rachitis).
Das *Vitamin E* (Tocopherol) findet sich in den Getreidekeimen und in den grünen Teilen des Lattichs und der Kresse. Es spielt im Energiestoffwechsel des Muskels und bei der Entwicklung der Keimdrüsen eine Rolle. Es ist auch ein gutes Konservierungsmittel für Fette, solange diese keine Oxydationsmittel enthalten und in der Dunkelheit aufbewahrt werden. Chemisch gesehen ist es ein Chromanabkömmling.
Man kennt keinen direkten *Vitamin-F*-Mangel. Dieses »Pseudo-Vitamin« wird aber bei Ekzemen und Haarausfall mit Erfolg verwendet. Es wird auch zur Behandlung von Brandwunden und von Milchschorf benutzt. Eingenommen hilft es, den Cholesterinspiegel zu erniedrigen und auf diese Weise der Arterienverkalkung entgegenzuwirken.
Die Wirkung dieses »Vitamins« wird mit einigen ungesättigten Fettsäuren (Linolsäure) in Verbindung gebracht. Die kalt ausgepreßten Mais-, Oliven- und Sonnenblumenöle sowie andere Öle enthalten es. Das mit Linolsäure angereicherte Leinöl (Einheitsziffern Shepard-Linn 80 000) wird besonders als Grundsubstanz für Hautpflegeprodukte verwendet. Das »Vitamin F« muß mit dem Vitamin E kombiniert werden, um seine Wirkung zu erhöhen.

57 DAUCUS CAROTA L. ssp. SATIVA — Apiaceae
Möhre, Gelbe Rübe (Carotte commune / Wild Carrot)

Vorkommen, Standort: ganz Europa. Überall sehr verbreitet; Wegränder, trockene Wiesen. Die Gartenvarietäten besitzen knollige Wurzeln. *Beschreibung:* zweijährige Pflanze mit feingefiederten Blättern. 30–60 cm hoher Stengel; weißer, doldenförmiger Blütenstand. Blüte Juni–August. *Wirksame*

Inhaltsstoffe: Die Pflanze enthält die Vitamine C, B_1, B_2 und besonders das Provitamin A (Carotin), die Zucker Glucose und Saccharose, ferner Pektin. *Eigenschaften:* Die Möhre ist wegen ihres Pektingehaltes ein Antidiarrhoicum und reich an den Vitaminen A, B_1, B_2 und C. *Anwendung, Zubereitung:* Die zahlreichen, angebauten Möhrenvarietäten sind ein allgemein geschätztes Gemüse mit hohem Nährwert. Die Samen der wildwachsenden Möhre werden als Infus gegen Blähungen und als Diureticum verwendet. Dieser Absud empfiehlt sich bei Wassersucht, Harnverhalten und Verdaungsstörungen. Das Möhrenfruchtfleisch lindert das Hautjucken (Juckreiz) und beschleunigt die Narbenbildung bei Wunden, Verbrennungen und Geschwüren.

58 **LACTUCA SATIVA L.** **Asteraceae**
Gartensalat, Lattich (Laitue cultivée, Salade / Garden lettuce)

Vorkommen, Standort: Der Gartensalat stammt wahrscheinlich von *Lactuca scariola* L. ab und ist allgemein bekannt. Es existieren zahllose Varietäten des Kopfsalates (Anbauvar. *capitata*); er ist ein hochgeschätztes Nahrungsmittel; Juni—August. *Wirksame Inhaltsstoffe:* Jede Gartensalatvarietät enthält im Blütenstand Bitterstoffe, das Lactucopicrin in mehr oder weniger großen Mengen. In ihm konnte man auch Mineralsalze und ein flüssiges Öl finden. Die Blätter sind reich an Eisen und Vitamin B_1, B_6, C und Provitamin A. *Anwendung, Zubereitung:* Der Gartensalat gilt als ein Lieferant von Eisen und Vitaminen. In der Homöopathie wird die aus der frischen, ganzen Pflanze extrahierte Tinktur zur Behandlung von Lähmungen verwendet.

59 **LINUM USITATISSIMUM L. [153]** **Linaceae**
Flachs, Lein (Lin cultivé / Cultivated flax)

Vorkommen, Standort: ganz Europa. In manchen Gegenden kultiviert. Brachland, Böschungen, kultiviert und wildwachsend. *Beschreibung:* einjährige, aufrechte, 30 cm–1 m hohe Pflanze; lebhaft blau gefärbte Blüten von 3 cm Durchmesser. Kugelige Frucht. Verschiedene Anbauarten. Juni/Juli. *Wirksame Inhaltsstoffe:* Die Samen enthalten Pflanzenschleime, Pektin, fettes Öl (30 bis 40%). *Ol. Lini* enthält verschiedene organische Säuren (Vitamin F), das Blausäure-Glykosid Linamarin und das Enzym Linamarase. *Eigenschaften:* erweichend und lindernd. Die Samen sind mild abführend. *Anwendung, Zubereitung:* Das Leinmehl (*Sem. Lini pulv.*) bzw. die Leinsamen geschrotet werden als erweichender Breiumschlag verwendet. Die Samenabsude sind heilsam für die Entzündungen des Verdauungsapparates und der Harnwege. *Verwendete Teile:* die Samen. *Erntezeit:* Juli/August. *Geschichte:* Der Flachs ist eine der ältesten Kultur-Pflanzen. Bereits im Altertum waren die Heilwirkungen der Samen bekannt.

60 **MALVA SILVESTRIS L. [154]** **Malvaceae**
Wilde Malve (Mauve sylvestre, Grande Mauve / Common mallow)

Vorkommen, Standort: ganz Europa; Westasien. Überall sehr häufig, Ackerränder, Aufschüttungen, Böschungen. *Beschreibung:* ausdauernde Pflanze von hohem Wuchs, bis 1 m hoch. Wollig behaarte, den Efeublättern ähnliche Blätter. Purpurrosa Blüten von 3 cm Durchmesser, mit fünf schmalen Blütenblättern; Juni–August. *Wirksame Inhaltsstoffe:* Die Pflanze enthält Pflanzenschleime in allen Teilen, besonders aber in ihren Blättern und Blüten. Die Blüte ist gefärbt durch das Malvidol. Die Blätter enthalten Spuren der Vitamine A, B_1 B_2 und C. *Eigenschaften:* erweichend, reizlindernd, adstringierend, für den Magen stimulierend, in großen Mengen mild abführend. *Anwendung, Zubereitung:* innerliche Anwendung als Infus (*Flor. und Fol. Malvae*) gegen Verdauungs- und Harnerkrankungen, äußerliche Anwendung als Abkochung, Klistier und Gurgelmittel gegen Entzündungen der Schleimhäute. *Verwendete Teile:* die Blüten und Blätter. *Erntezeit:* Juni–September. *Geschichte:* Die Malve war bereits im Jahre 700 v. Chr. offizinell.

61 **MEDICAGO SATIVA** L. — **Fabaceae**

Luzerne (Luzerne cultivée / Alfalfa)

Vorkommen, Standort: auf der ganzen Welt. Kultivierte und in gemäßigten Zonen wildwachsende Futterpflanze. *Beschreibung:* ausdauernde, kahle, 30 bis 80 cm hohe Pflanze. Unterirdischer, oft holziger Stengel. Blauviolette, in Trauben angeordnete Blüten, dreiteilige, gezähnte Blätter. Es sind Zuchtformen bekannt, die sich in Größe und Farbe der Blüten unterscheiden. Juli–September. *Wirksame Inhaltsstoffe:* Die Blätter enthalten das Provitamin A (β-Carotin), die Vitamine C, D, E und K_1 sowie die Mineralsalze von Kalzium, Kalium, Eisen und Phosphor. *Eigenschaften:* wirkungsvoll gegen Anämie und Hämorrhagien, Kalklieferant. *Anwendung, Zubereitung:* Die frischen Blätter (im Frühling) können, wie Spinat, in Suppen, als Salate und Gemüse gegessen werden. In der Industrie extrahiert man aus der Luzerne das Chlorophyll, Carotin und besonders das Vitamin K_1. Die Pflanze ist Bestandteil von wundheilenden Salben. *Erntezeit:* Da die Pflanze schnell wächst, sind mehrere Ernten möglich. *Geschichte:* alte Futterpflanze, die von den Arabern zur Aufzucht ihrer Vollblutpferde schon immer benutzt wurde. In der Viehzucht wird sie allgemein verwendet. Therapeutische Anwendung im Anfangsstadium erst seit 1940–1950.

62 **NASTURTIUM OFFICINALE** R. Br. [142] — **Brassicaceae**

Brunnenkresse (Cresson des fontaines / Watercress)
Syn. *Rorippa nasturtium aquaticum* (L.) Hayek

Vorkommen, Standort: ganz Europa. Häufig in Bächen, Quellen, Sümpfen. Kultiviert. *Beschreibung:* ausdauernde, im Wasser wachsende, allgemein bekannte Pflanze, die als Salat gegessen wird. Kriechender, 10–30 cm hoher

Stengel von unterschiedlicher Länge; immergrüne, kahle, gelappte und eingeschnittene Blätter; weiße, kleine Blüten. Juni–September. *Wirksame Inhaltsstoffe:* Die Brunnenkresse enthält Glyconasturtiin, Jod, einen Bitterstoff und die Vitamine C und E. *Eigenschaften:* stimulierend, anregend, harntreibend und hustenstillend. *Anwendung, Zubereitung:* Früher offizinell, wird die Brunnenkresse heute nur mehr in der Volksmedizin verwendet als Stomachicum, um Bronchitis zu lindern und gewisse Hauterkrankungen zu behandeln. *Verwendete Teile:* junge Sprosse (der frischen Pflanze). *Erntezeit:* April–September.

63 **PETROSELINUM CRISPUM** (Miller) Turill **Apiaceae**
Petersilie (Persil cultivé / Parsley)

Vorkommen, Standort: stammt aus Europa, wird überall kultiviert. *Beschreibung:* zweijährige Pflanze mit charakteristischem Aussehen: kräftiger, 10 bis 50 cm hoher Stengel; 3-fach gefiederte, glänzende, dunkelgrüne, manchmal sehr gekräuselte Blätter. Grünlichgelbe, in Dolden angeordnete Blüten. Die Pflanze strömt einen anregenden Geruch aus. Juni–August. *Wirksame Inhaltsstoffe:* Die ganze Pflanze (besonders die Samen) enthält ein ätherisches Öl mit Apiol und Myristicin als Hauptkomponenten. Sie enthält außerdem Flavone, das Apiin, ferner Pinen, Vitamin C und Provitamin A. *Eigenschaften:* Die Petersilie ist ein Gewürz ersten Ranges, das allgemein verwendet wird. Sie ist ein Diureticum, Stomachicum, Emmenagogum, Expectorans und Aphrodisiacum. *Anwendung, Zubereitung:* Der aus den Samen und Blättern zubereitete Absud und auch der frische Saft werden bei Wassersucht, Gelbsucht, Husten, Asthma, Amenorrhöen und Dysmenorrhöen verwendet. Die Anwendung des Saftes war wirkungsvoll bei Konjunktivitis- und Blepharitisfällen. *Geschichte:* Die Petersilie ist seit der Antike bekannt. Plinius d. Ä. und Dioscurides erwähnen sie in ihren Werken.

64 **RIBES NIGRUM** L. [139] **Saxifragaceae**
Schwarze Johannisbeere (Cassis, Groseillier noir / Black current)

Vorkommen, Standort: Zentral- und Westeuropa. Überall kultiviert, manchmal wildwachsend. *Beschreibung:* bis 130 cm hoher Strauch; abfallende, aromatische, etwas klebrige, gelappte, stumpf gezähnte Blätter. Sehr kleine, grüne, in weiten und hängenden Trauben angeordnete Blüten. Kugelige, schwarze Früchte; April/Mai. *Wirksame Inhaltsstoffe:* Die Blätter enthalten ein ätherisches Öl, Gerbstoff und Chinasäure. Die schmackhaften Früchte enthalten Säuren und die Vitamine C und P. Man hat 1959 bis 218 mg Vitamin C pro 100 g Früchte und verschiedene Mineralsalze gefunden; ferner Flavonoide- und Anthocyane, Pektin, Zucker und ein komplex zusammengesetzes ätherisches Öl. *Eigenschaften:* Die Blätter wirken als Diureticum, Diaphoreticum und Antidiarrhoicum. Die Früchte besitzen eine stärkende Wirkung und einen hohen Nährwert. *Anwendung, Zubereitung:* Die Blätter werden als Infus bei chronischem Rheumatismus und Harnbeschwerden verwendet. Die Früchte werden frisch oder gekocht gegessen; aus ihnen bereitet man Konfitüre und Sirup. Die schwarze Johannisbeere wird zur Herstellung von ausgezeichneten Likören verwendet. Ihr Heilwert besteht darin, daß sie die Sehfähigkeit erhöht und Gefäßstörungen vorbeugt. *Erntezeit:* Mai/Juni (Früchte); Juli/August (Blätter). *Geschichte:* Die schwarze Johannisbeere wird seit Anfang des 18. Jahrhunderts kultiviert.

65 ROSA CANINA L. [145] **Rosaceae**
Heckenrose, Hundsrose, Hagrose (Rosier des chiens, Eglantier / Dog rose)

Vorkommen, Standort: Gesamteuropa. Sehr häufig an Hecken, auf Lichtungen, an Waldrändern, an buschigen Hängen. *Beschreibung:* 1–3 m hoher Strauch; gekrümmter, mit gebogenen Stacheln versehener Stengel. Gezähnte Fiederblättchen. Eiförmige, kahle, zur Reifezeit rote Scheinfrüchte (Hagebutten). Große, blaßrosa gefärbte, duftende Blüten. Er ist der variabelste von allen in Europa vorkommenden wilden Rosensträuchern. Die Scheinfrüchte bestehen aus fleischig gewordenen Teilen des Blütenbodens und der Blütenachse. Juni/Juli. *Wirksame Inhaltsstoffe:* Die Früchte sind sehr reich an Vitamin C und enthalten organische Säuren, Gerbstoff, Flavonod- (Vitamin P) und Carotinoid-Pigmente (Provitamin A). *Eigenschaften:* Die Hagebutten stellen ausgezeichnete Stärkungs- und Anregungsmittel dar. Die Samen werden als Diureticum, die Früchte als Antidiarrhoicum und Adstringens verwendet. *Anwendung, Zubereitung:* Aus den Früchten bereitet man Gelee, Sirup, Marmelade und auch Arzneigetränke. *Verwendete Teile:* Früchte (fleischige Hülle) und Samen. *Erntezeit:* August/September.

66 SOLANUM LYCOPERSICUM L. **Solanaceae**
Tomate (Tomate / Tomato)

Vorkommen, Standort: Südamerika. In allen Ländern der Welt kultiviert. *Beschreibung:* einjährige, allgemein bekannte Pflanze, die überall in sehr zahlreichen Anbauvarietäten kultiviert wird. Juni–Oktober. *Wirksame Inhaltsstoffe:* Die ganze Pflanze enthält ein wirksames Alkaloid, das Solanin. Dagegen enthält die Frucht nur Spuren davon (0,007%). Das Fruchtfleisch ist reich an Saponin, es enthält auch die Farbstoffe Lycopin und Carotin, eine bedeutende Menge Vitamin C, Äpfelsäure und einige organische Säuren, fettes Öl und Histamin. Die Frucht enthält das Antibioticum Tomatin. *Eigenschaften:* Bei manchen empfindlichen Personen verursacht die Tomate eine Sensibilisierung des Magentraktes, für die das Solanin und das Histamin verantwortlich sind. Die Tomate besitzt wegen ihres hohen Wassergehaltes (94%) einen sehr geringen Nährwert. Dennoch stellt die Tomate ein interessantes Nahrungsmittel als Lieferant von Vitamin C (25 mg pro 100 g frische Tomaten) und von Carotin (Provitamin A = 3,3 mg pro 100 g) dar. *Anwendung, Zubereitung:* Die Tomate wird nicht in der Pharmazie verwendet. In der Homöopathie verwendet man eine aus der grünen (unreifen) Pflanze extrahierte Tinktur gegen heftige Kopfschmerzen und Rheumatismus. *Verwendete Teile:* die reifen Früchte. *Geschichte:* Zur Zeit der spanischen Eroberung wurden schon zahlreiche Anbauvarietäten von den peruanischen und mexikanischen

Indianern kultiviert. Die Pflanze ist in einem belgischen Kräuterbuch aus dem Jahre 1557 erwähnt. In Europa wurde die Tomate lange als giftig angesehen und als Nahrungspflanze erst am Ende des 18. Jahrhunderts verwendet.

67 SORBUS ARIA (L.) Crantz [130] Rosaceae
Mehlbeerbaum (Alisier, Allier, Alouchier / White Beam)

Vorkommen, Standort: in ganz Europa verstreut. Ziemlich häufig, besonders in den Bergen; Laubwälder; im Untergehölz, besonders auf kalkhaltigen Böden. *Beschreibung:* Baum von mittlerer Höhe und von wechselndem Aussehen; gezähnte, unten silbrig behaarte Blätter. Weiße, in Doldentrauben angeordnete Blüten. Rote Beeren von verschiedenen Formen. Mai/Juni. Die wirksamen Substanzen und die Anwendung des Mehlbeerbaumes sind die gleichen wie bei der Eberesche (*Sorbus aucuparia* L.).

68 SORBUS AUCUPARIA L. [164] Rosaceae
Eberesche, Vogelbeerbaum (Sorbier des oiseleurs / Rowan)

Vorkommen, Standort: ganz Europa. Ziemlich häufig in Wäldern, auch im Gebirge. *Beschreibung:* bis 8 m hoher, kleiner Baum. Glatte, graue Rinde; sehr große, gefiederte, wechselständige, lanzettliche, gezähnte Blättchen; weiße, kleine, in abgeflachten Doldentrauben stehende, unangenehm riechende Blüten; kleine rote oder orangefarbene Beeren. Mai/Juni. *Wirksame Inhaltsstoffe:* Die Früchte enthalten Parasorbinsäure, Äpfelsäure, Zucker (besonders die Sorbose), Sorbitansäure, Pektin, ein Carotinoid und Vitamin C. *Eigenschaften:* Die Sorbose wird als Ersatz für Zucker in der Diät der Diabetiker verwendet. Die Früchte der Eberesche wirken diuretisch, mild abführend und menstruationsfördernd. *Anwendung, Zubereitung:* Die Beeren sind reich an Vitamin C. Aus ihnen bereitet man einen Sirup und einen Extrakt. Auf dem Land kannten die Leute schon seit langem die antiskorbutischen Eigenschaften der Eberesche. Die Sorbose wird intravenös verabreicht, um den Augeninnendruck bei Glaukom zu erniedrigen.

69 SPINACIA OLERACEA L. Chenopodiaceae
Spinat (Épinard / Spinach)

Vorkommen, Standort: Kosmopolitisch. In gemäßigten Gegenden überall als wertvolle Gemüsepflanze kultiviert. Manchmal auch verwildert. *Beschreibung:* einjährige, diözische Pflanze, die wegen ihrer großen, pfeilförmigen Blätter kultiviert wird. Zahlreiche Anbauvarietäten wurden herausgezüchtet. Kleine, grünliche Blüten. Mai–September. *Wirksame Inhaltsstoffe:* Die Pflanze enthält Saponin, besonders in der Wurzel. Die Blätter enthalten Jod, Eisen und Chlorophyll, Flavonoide und sind reich an Kalzium, Vitamin C und K_1, Folsäure und Provitamin A. *Eigenschaften:* Wegen seines Saponingehaltes soll der Spinat einen günstigen Einfluß auf die Verdauung haben. Der hohe Gehalt an Eisen, Chorophyll und Vitaminen verstärkt noch den Nährwert dieser Gemüsepflanze. Die Folsäure hat eine Wirkung gegen Anämie. *Anwendung, Zubereitung:* Der Spinat empfiehlt sich besonders in der Diätetik für Kranke, Säuglinge und Kinder.

70 **TRIGONELLA FOENUM GRAECUM** L. **Fabaceae**
Bockshornklee, Griechisch-Heu (Trigonelle fenugrec, Fenugrec / Fenugreek)

Vorkommen, Standort: Südwestasien, mittlerer Osten. In Kleinasien, im mittleren Osten und in den Mittelmeergegenden kultiviert. *Wirksame Inhaltsstoffe:* Die Samen des Bockshornklees (*Sem. Foenugraeci*) enthalten 30% Pflanzenschleime (Mannogalaktan), ein Steroidsaponin, Cholin, ein stark nach Bock riechendes, flüchtiges Öl, ein fettes Öl und 27% Proteine. Das Trigonellin (ein Nicotinsäurederivat) kann sich in Nicotinamid = Vitamin PP umwandeln. *Anwendung, Zubereitung:* Die pulverisierten Samen werden als Breiumschläge gegen Furunkulose, Phlegmone und gewisse Lymphknotenentzündungen verwendet. Bei innerlicher Anwendung wird der Bockshornklee (dessen unangenehmer Geschmack mit Zitronenextrakten oder Menthol verbessert werden kann) in hohen Dosen als Stärkungsmittel bei Skrofulose, Tuberkulose und Osteomyelitis verabreicht. Die Bauern verwenden ihn zur Behandlung von Katarrh und manchmal als Aphrodisiacum. Er wirkt auch blutzuckersenkend. *Geschichte:* Der Bockshornklee ist eine der ältesten bekannten Heilpflanzen. Hippokrates legte großen Wert auf ihn. Dieses Heilkraut wurde anfangs des 9. Jahrhunderts in Zentraleuropa eingeführt.

Kapitel 3 Pflanzen mit antibiotischer Wirkung

Der Ausdruck »antibiotisch« wurde von dem Biologen Vuillemin 1889 geprägt (aus dem Griechischen: anti = gegen, bios = Leben). Er definierte damit die Fähigkeit gewisser Substanzen, Mikroorganismen, wie Bakterien, Protozoen und Viren, im Wachstum zu hemmen oder abzutöten. Pasteur dachte schon an diese Möglichkeit, als er sagte: »Das Leben zerstört das Leben!« Es ist das biologische Gegenteil der Symbiose.
Diese Antibiotica haben seit 1939 Eingang in die Medizin gefunden, wenngleich einige Heilkundige diese Produkte schon in der Antike und im Mittelalter empirisch benutzten. So wird berichtet, daß ein römischer Militärarzt namens Gajus Xanthus zur Heilung von Infektionen eine Salbe benutzte, die er sich durch Extraktion wirksamer Inhaltsstoffe aus dem Schimmel selbst herstellte. Man konnte diese Salbe auch bei Augeninfektionen verwenden. Die Statue dieses Gajus Xanthus befindet sich noch heute in einem Museum in Rom.
Im 12. Jahrhundert verordnete die Äbtissin Hildegard von Bingen verschiedene Flechten, die auf Buchen und Nußbäumen wuchsen. Gegen Kopfschmerzen wurden die Flechten des Birnbaumes und gegen Wechselfieber die von Stroh- oder Holzdächern angewandt.
Die von den Ärzten heute verwendeten Antibiotica werden in erster Linie von Bodenpilzen gewonnen und in großen Tanks mit flüssigen Nährmedien kultiviert. Bis heute hat sich nur die chemische Synthese des Chloramphenicols, eines Antibioticums aus *Streptomyces venezuelae*, als ertragreich erwiesen.
Neben den vielen von Mikroorganismen stammenden Antibiotica gibt es auch solche von höheren Pflanzen. Kennzeichnend für diese ist, daß sie zumeist wesentlich schwächer wirksam sind als die Antibiotica aus Mikroorganismen. Zu ihnen zählen die bakteriostatisch und fungizid wirkenden Säuren der Flechten, die Protoanemonine der *Ranunculaceen*, die Schwefelderivate der *Liliaceen* (Allicin), der *Brassicaceen* und *Tropaeolaceen*, die Antibiotica-Substanzen der Asteraceen, die Benzochinone und Naphtochinone. Die naphtochinonhaltigen Pflanzenvertreter, z. B. der Sonnentau (*Drosera*), die Strandgrasnelke (*Armeria*) und die Bleiwurz (*Plumbago*) enthalten Plumbagin.
Das Plumbagin (aromatisches Diketon) ist ein sehr starkes Oxydationsmittel, das die Haut bis zur Blasenbildung angreift. Auf den ersten Blick würden diese Tatsachen genügen, um Pflanzen, die solche Substanzen enthalten, von der Therapie auszuschalten, wenn sie nicht über antibiotische Eigenschaften verfügten. Verbindungen aus diesen Pflanzen können das Wachstum der Kugel-Bakterien wie Pneumokokken, Streptokokken und Staphylokokken (alle Gram-positiv) hemmen.
Die bakteriostatischen und fungiziden Säuren des Isländischen Mooses, von Stoll und seinen Mitarbeitern (Sandoz A. G., Basel) untersucht, sind in der Tuberkulosebehandlung von Bedeutung. Aber die schlechte Wasserlöslichkeit dieser Säuren erlaubt ihre Anwendung nur in Form von Wundheilpulvern.

Die Protoanemonine der Ranunculaceen sind chemisch Lactone (innere Ester von Alkohol- und Phenolsäuren), aber man kann sie kaum als Antibiotica empfehlen, denn die dafür notwendige Dosis wäre schon giftig. Ihre Beschreibung findet sich in Kapitel 9.
Bei den Schwefelderivaten der Liliengewächse ist das antibiotische Prinzip das Diallylsulfid Allicin, das beim Zerreiben des Knoblauchs entsteht. Dagegen ist bei den Cruciferen (*Lepidium*) und Tropaeolaceen (Kapuzinerkresse) die wirksame Substanz das Benzylsenföl. Dieses entsteht ebenfalls erst bei der Aufarbeitung der Pflanze auf enzymatischem Wege.

71 **ARMERIA MARITIMA** (Mill.) Willdenow [132] **Plumbaginaceae**
Strandgrasnelke (Arméria maritime, oeillet marin / Thrift)

Vorkommen, Standort: Nordeuropa; ziemlich häufig auf Felsen und Rasenflächen am Meer, selten im Gebirge (außer im Harz). *Beschreibung:* ausdauernde Pflanze, die mit ihren langen und schmalen, einfach geäderten Blättern Kissen bildet. Die rosa Blüten bilden einen abgerundeten Kopf; 5–25 cm langer Stiel. April–August. *Wirksame Inhaltsstoffe:* Die Pflanze enthält Jod, Fluor, Brom, Salz und Plumbagin, das starke, lokale Entzündungen verursachen kann und für die antibiotische Wirkung verantwortlich ist. *Anwendung:* In der Volksheilkunde wurde diese Pflanze gegen Epilepsie und Fettleibigkeit verwendet.

72 **CARLINA ACAULIS L.** **Asteraceae**
Silberdistel, Eberwurz (Carline sans tige / Stemless Caroline, Carline Thistle)

Vorkommen, Standort: Zentraleuropa, im Gebirge auf mageren Weiden. *Beschreibung:* zweijährige, dornige, einer Distel ähnliche Pflanze. Steifer, bis 20 cm hoher Stengel. Tief eingeschnittene, stechende Blätter. Cremeweißes Köpfchen von 8–10 cm Durchmesser; seine silbrig-weißen Hüllkelchblätter (Brakteen) sind wie Randblüten ausgebildet. Pfahlwurzel. Juli–September. *Wirksame Inhaltsstoffe:* in der Wurzel ein angenehm riechendes, ätherisches Öl, Harz und Inulin. *Eigenschaften:* Diureticum, Herzstärkungsmittel, Stomachicum, Antirheumaticum, Antibioticum. *Anwendung, Zubereitung:* Eine aus der Wurzel zubereitete Abkochung wird bei Wassersucht, Bronchitis oder Prostatitis verabreicht. Die Bauern verwenden das Wurzelpulver wegen seiner ap-

petitanregenden Wirkung, um das Vieh zu mästen oder brünstig zu machen. *Erntezeit der Wurzel:* April und Oktober. *Geschichte:* Die Silberdistel (*Carlina*) verdankt ihren Namen Karl d. Großen, der zum Erstaunen seiner Umgebung vor dieser Pflanze niedergekniet sein soll. Diese Geste blieb in der Legende erhalten, und man schrieb dann der Pflanze Wundereigenschaften zu, so daß sie im Mittelalter gegen Pest verwendet wurde.

73 **CETRARIA ISLANDICA** L. Achar. [156] **Parmeliaceae**
Isländisches Moos (Mousse d'Islande / Icelandic moss)

Vorkommen, Standort: ganz Europa, Nordasien, Nordamerika, arktische Gegenden. An kühlen und feuchten Orten verbreitete Flechte, besonders im Gebirge, in Torfmooren, auf Wiesen (zwischen Gras). *Beschreibung:* bis 10 cm hohe Flechte. Aufrechter, manchmal verbreiteter, sehr verzweigter, lederartiger Thallus. Wechselnd olivgrüne bis gräulichweiße, manchmal rot gefleckte Färbung. *Wirksame Inhaltsstoffe:* Die Pflanze ist reich an Pflanzenschleimen, besonders an Lichenin (64%), an Isolichenin, und enthält mehrere andere Verbindungen wie Cetrarsäure, Lichesterinsäure und Usneinsäure, die eine antibiotische Wirkung haben. *Eigenschaften:* bitteres Tonicum, Antivomitivum, Aperitivum, hustenstillendes Mittel. *Anwendung, Zubereitung:* Bei innerlicher Anwendung wird das Isländische Moos als Infus gegen Katarrh der Atmungswege und bei Gastroenteritis, ferner als Magenbitter gegen Anorexie verabreicht. Die Landleute verwenden es gegen Keuchhusten, Asthma, Lungentuberkulose, Nieren- und Harnstörungen und bei Erschöpfungszuständen. Im Gebirge und in den nordischen Ländern ißt die Landbevölkerung dieses »Moos« nach langem Kochen. Es verliert so seinen bitteren Geschmack und stellt ein stärkendes Nahrungsmittel dar. *Geschichte:* Das Isländische Moos wurde von den Lappen seit ewigen Zeiten gegessen. Charles Linné empfahl seine offizinelle Anwendung im 18. Jahrhundert.

74 **DROSERA ROTUNDIFOLIA** L. [162] **Droseraceae**
Rundblättriger Sonnentau (Drosèra, Rossolis à feuilles rondes / Common sundew)

Vorkommen, Standort: ganz Europa, lokalisiert. Diese Art ist im allgemeinen selten, stellenweise jedoch recht häufig. Findet sich an den feuchtesten Stellen der Moore. *Beschreibung:* kleine, ausdauernde Pflanze. Die zarten Blütenstengel sind nicht länger als 10 cm; gestielte, rosettenartige, mit roten, drüsenartigen Haaren bedeckte Blätter, die sich bis zu ihrer Mitte biegen können, um die Insekten zu fangen und dann zu verdauen. In Trauben angeordnete Blüten. Juni–August. *Wirksame Inhaltsstoffe:* Die Pflanze enthält Naphtochinone (Plumbagin), Gerbstoff, organische Säuren, Quercetin (Flavonoid) und einen Anthocyan-Farbstoff. *Eigenschaften:* Sie ist ein auswurfförderndes Mittel und ein Antispasmodicum. Das Plumbagin ist ein Antibioticum, das wirksam ist gegen Streptokokken, Staphylokokken und Pneumokokken. *Anwendung, Zubereitung:* Die Pflanze (*Herba Droserae rotundifoliae*) ist offizinell. Flüssige Extrakte werden gegen Erkrankungen der Atmungswege (Asthma, Keuchhusten, usw.) verwendet. In der Homöopathie lindert eine Tinktur die rheumatischen Schmerzen; sie wird auch bei Lungentuberkulose verwendet. Die Bauern benutzen den Saft gegen Warzen und innerlich als Diureticum, Antispasmodicum und Aphrodisiacum. *Erntezeit:* Mai–September.

75 **HIERACIUM PILOSELLA L.** **Asteraceae**
Langhaariges Habichtskraut (Epervière piloselle, Piloselle / Mouse-Ear Hawkweed

Vorkommen, Standort: Europa. An Abhängen, entlang von Eisenbahnlinien und auf trockenen Wiesen. *Beschreibung:* ausdauernde Pflanze, die am Grund mit einer Rosette von ungeteilten, graugrünen, auf den beiden Seiten mit langen und weißen Haaren bedeckten Blättern versehen ist. Auf einem behaarten, 15 cm langen Stiel einzelstehendes, schwefelgelbes Köpfchen. Juni–September. *Wirksame Inhaltsstoffe:* Cumarine, antibiotisch wirksame Substanzen, ätherisches Öl, Gerbstoff, Flavone. *Eigenschaften:* Diureticum, Cholagogum, adstringierendes Mittel. *Anwendung, Zubereitung:* Antibioticum gegen Maltafieber (Bang'sche Krankheit) und bei gewissen, schweren Diarrhöen, wird auch als Gurgelwasser (Infus) und in Form eines Pulvers, das man gegen Nasenbluten schnupfen kann, verwendet. *Erntezeit:* Juni–Oktober; die oberirdischen Teiles.

76 **LEPIDIUM SATIVUM L.** **Brassicaceae**
Gartenkresse (Cresson alénois / Garden cress)

Vorkommen, Standort: überall kultiviert, manchmal wildwachsend; Brachland in der Nähe von angebauten Feldern. *Beschreibung:* einjährige oder zweijährige, als Gemüse (Salat) allgemein bekannte Pflanze. Die Pflanze strömt einen charakteristischen Geruch aus. Gefiederte, kahle Blätter; sehr kleine Blüten mit weißen Blütenblättern. Juni–August. *Wirksame Inhaltsstoffe:* Die Pflanze enthält ein ätherisches Öl und ein Glykosid, das nach Hydrolyse das antibiotisch wirkende »Benzylsenföl« liefert (wie *Tropaeolum majus,* die Kapuzinerkresse). *Eigenschaften:* Die Gartenkresse wird als Salat wie die Brunnenkresse gegessen, jedoch nur in frischem Zustand.

77 **PLUMBAGO EUROPAEA L.** **Plumbaginaceae**
Bleiwurz (Dentelaire d'Europe / Headwort, Toothwort)

Vorkommen, Standort: Südeuropa, Kaukasus. Auf steinigen, kalkhaltigen Böden. *Beschreibung:* ausdauernde, wollig behaarte Pflanze; ovale, gestielte, gezähnte Blätter; kleine, blauviolette, in Doldentrauben angeordnete Blüten, lang behaarte Kelchblätter. Juli–Oktober. *Wirksame Inhaltsstoffe:* Die Pflanze enthält wie *Armeria* Plumbagin, das die Haut angreift und wegen des Vorhandenseins von Naphtochinon und Gerbstoff gelbbraun färbt. *Eigenschaften:* Das blasenziehende Plumbagin verursacht starke, lokale Entzündungen. Es wurden antibiotische Wirkungen gegen Strepto-, Staphylo- und Pneumokokken gefunden. *Anwendung, Zubereitung:* Die Bleiwurz wird nicht in der Pharmazie verwendet, aber in manchen Gegenden benutzen sie die Landleute gegen Epilepsie und Krätze. Die getrocknete Wurzel wird manchmal gekaut oder als adstringierendes Mittel verwendet.

78 VERSCHIEDENE POLYTRICHUM- UND HYPNUM-ARTEN [156] **Polytrichaceae**
Moos (Mousse commune / Moss)

Vorkommen, Standort: in allen Klimazonen. Pflanzen, die sich auf Algen, Flechten sowie auf jedem feuchten Untergrund festsetzen, sei es Erde oder Stein. *Beschreibung:* kleine Pflanze ohne Wurzel und Blüte; sie bildet dicke Polster. An Stelle von Blüten erscheinen braune Sporangien. *Wirksame Inhaltsstoffe:* organische Säuren. *Eigenschaften:* adstringierend, diuretisch, antibiotisch. *Anwendung, Zubereitung:* Früher wurde das Moos bei allen möglichen Leiden verwendet. Alte Pflanzenbücher, wie z. B. das Buch der Heiligen Hildegard von Bingen, empfehlen es als Abkochung zur Bekämpfung des Fiebers, zur Stärkung der Nerven und als Vorbeugungsmittel gegen Magenkrankheiten. Bis Anfang des 19. Jahrhunderts verwendete man das Moos, um Wunden zu verbinden, da die Watte noch nicht bekannt war.

79 TROPAEOLUM MAJUS L. [137] **Tropaeolaceae**
Kapuzinerkresse (Capucine / Large Indian cress)

Vorkommen, Standort: Südamerika. Als Zierpflanze überall kultiviert. *Beschreibung:* Diese einjährige, allgemein bekannte Pflanze existiert in zahlreichen Varietäten mit großen roten, orangefarbenen und gelben Blüten. Juni–September. *Wirksamer Inhaltsstoff:* ein Glykosid, das Glucotropaeolin, das, wie bei *Lepidium sativum* (Gartenkresse), nach Hydrolyse antibiotisch wirkende Schwefelderivate bildet. *Eigenschaften:* Die Volksheilkunde verwendet manchmal die Kapuzinerkresse als Reizmittel bei skrofulösen Erkrankungen. Die heutige Medizin interessiert sich für die Pflanze als Harn-, Grippe- und Hautdesinfektionsmittel. *Anwendung, Zubereitung:* Früher wurden die Blütenknospen in Essig aufbewahrt und als Gewürz gebraucht wie Kapern, deren Geschmack sehr ähnlich ist. Die blühenden, dem Salat beigefügten Blüten, sind ein Excitans. *Verwendete Teile:* Blütenknospen, Blüten und Früchte.

80 **USNEA BARBATA** Hoffm. **Usneaceae**
Bart-Flechte (Barbe de capucin / Barbed usnea, barbed lichen)

Vorkommen, Standort: kosmopolitisch. Diese Flechte, deren lange Girlanden im Gebirge an den Koniferenästen hängen, ist allgemein bekannt. Vor kurzem entdeckte man, daß sie ein starkes Antibioticum enthält: die Usneinsäure, die eine tuberkulostatische Wirkung besitzt. Eine gewisse Anzahl anderer Flechten enthält schleimige, antibiotisch oder tuberkulostatisch wirkende Substanzen. Wegen ihrer schwachen Wasserlöslichkeit und ihrer Giftigkeit werden diese Pflanzen jedoch nicht zu therapeutischen Zwecken verwendet.

Kapitel 4 Pflanzen mit schwefelhaltigen Heterosiden (Senföle)

In den zehn folgenden Kapiteln behandeln wir die Gruppe der Heterosidpflanzen, bei denen die wirksame Substanz mit einem oder mehreren Zukkern verbunden ist. Diese bestehen aus Kohlenstoff, Sauerstoff und Wasserstoff. Die zuckerfreie wirksame Substanz (Aglykon) wird Genin genannt. Sie kann eine Alkohol, Phenol, Stickstoff oder Schwefel enthaltende Substanz sein. Was hier allein interessiert, ist dieses Genin, denn die Zucker sind an der therapeutischen Wirkung nicht oder wenig beteiligt.
Unter den Zuckern finden wir z. B. die Galactose und die Rhamnose. Die Verbindungen, die sie enthalten, werden dann Galaktoside und Rhamnoside genannt. Im internationalen Sprachgebrauch benutzt man den Ausdruck »Heteroside« oder »Glykoside«.
Die Unterteilung in die verschiedenen Gruppen erfolgt nach der Eigenschaft des Genins. Die Heteroside befinden sich in allen Teilen der Pflanze, manchmal auch besonders angereichert in den Blättern oder Blüten, oder auch in den Wurzeln. Im allgemeinen bilden die Vertreter der gleichen botanischen Familie Genine der gleichen chemischen Art. Z. B. sind die *Brassicaceen* reich an Schwefelheterosiden, die *Rosaceen* an Blausäure-Glykosiden. Um das Genin vom Zuckeranteil zu trennen, wird die Pflanze pulverisiert und das Pulver durch Anfeuchten mit warmem Wasser der Fermentation unterworfen. Das gleiche Ergebnis erreicht man durch Alkali- oder Säurebehandlung: durch die Hydrolyse wird das Heterosid in Zucker und Genin aufgespalten. Die meisten Heteroside, die Saponine ausgenommen, sind vor dieser Hydrolyse unwirksam.
Nehmen wir das Beispiel des schwarzen Senfs, der in bestimmten Zellen ein Enzym (Ferment), die Myrosinase, enthält. Durch Zerreiben des Senfkornes kommt das Glykosid mit dem Enzym in Kontakt, und das Genin, das Senföl oder Allylisothiocyanat, wird in Freiheit gesetzt. Dieses Senföl besitzt die antibiotische Wirksamkeit. Als Breiumschlag angewendet, verursacht es ein leichtes Brennen der Haut. Wenn man den Brei 10 bis 15 Minuten einwirken läßt, kann es sogar zur Hautrötung und Blasenbildung kommen.

Beispiel:	*Heterosid* +	*Ferment* →	*Genin*	+ *Zucker*
Schwarzer Senf *Brassica nigra*	Sinigrosid (Sinigrin) +	Myrosinase → Wasser	Allylisothiocyanat (*Senföl*) + Kaliumbisulfat	+ Glucose
	Sinigrosid (Sinigrin)	*ohne* Ferment	Allylcyanat giftig	+ Glucose
Weißer Senf *Sinapis alba*	Sinalbosid (Sinalbin) +	Myrosinase → Wasser	Hydroxybenzyl- isothiocyanat + Sinapinsulfat	+ Glucose
→ wandelt sich um in				

Die Aktivität der Fermente hängt stark von der Temperatur ab: z. B. darf man das Senfmehl weder mit kaltem Wasser in Verbindung bringen, wodurch die Fermente inaktiv bleiben, noch mit wärmerem Wasser als 45 °, da hierdurch Inaktivierung der Fermente eintreten würde. In beiden Fällen können sich giftige Nitrile bilden, die nicht ungefährlich sind. Leider wird dieser Fehler ziemlich häufig gemacht. Ein sorgfältig bereiteter Breiumschlag beschleunigt dagegen durch die stärkere Durchblutung die Heilung von Erkältungen und die Beseitigung von rheumatischen oder neuralgischen Schmerzen.
Der Tafelsenf stimuliert die Verdauung. Er wird aus einer Mischung von weißem und schwarzem Senf zubereitet. Die Senfkörner werden gemahlen, mit weißem Wein oder mit Essig mazeriert und dann Salz, Gewürze und ein Öl hinzugefügt. Der Senf enthält noch eine weitere Substanz, die als »Brassica-Faktor« bezeichnet wird und zusammen mit dem Jod für das Verschwinden des Kropfes in den zivilisierten Ländern verantwortlich ist. Die ganzen Samen des weißen Senfs werden manchmal als mechanisches Abführmittel empfohlen, da der Schleim, die Samenschale und Fettsubstanzen unverdaut bleiben.
Bei der Gartenkresse und der Kapuzinerkresse, die im Kapitel Antibiotica erwähnt wurden, entsteht aus dem Heterosid unter Einwirkung des Fermentes Tropaeolinase ein antibiotisch wirksames Genin, das Benzylisothiocyanat. Wird das Ferment nicht aktiviert, so entsteht eine giftige Substanz. Daher nicht vergessen, die Blätter fein zu zerschneiden und das Ganze 10 Minuten vor dem Gebrauch in warmem Wasser stehenzulassen!

Heteroside der Tropaeolaceen

Beispiel:	*Heterosid*	+	*Ferment*	→	*Genin*	+	*Zucker*
Kapuzinerkresse *Tropaeolum majus*	Glucotropaeolin		Tropaeolinase	→	Benzylcyanat	+	Glucose
			ohne Ferment	→	Nitril der Phenylessigsäure	+	Glucose

→ wandelt sich um in

Unter den Pflanzen der Liliengewächse wird der Knoblauch am längsten angewandt, denn seine antiseptische Wirkung auf den Magen und seine Verwendung als Wurmmittel war schon in der Antike bekannt. Er wurde als Vorbeugungsmittel gegen Thyphus- und Cholera-Epidemien verwendet. Die Überlebenden dieser Seuchen zollten dieser Knolle große Dankbarkeit und in Ägypten wurde sie in den Rang einer Gottheit erhoben.
Unter Einwirkung seines Ferments, der Alliinase, entsteht der charakteristische Knoblauchgeruch sobald die Zwiebel geschnitten wird. Der Knoblauch wird heute vor allem als blutdrucksenkendes Mittel gebraucht. Das Ferment wird zur Herstellung pharmazeutischer Präparate inaktiviert, damit die Kapseln und Dragees geruchlos bleiben.

Heteroside der Liliaceen

Beispiel:	*Heterosid* +	*Ferment*	→ *Genin*	
Knoblauch *Allium sativum*	Alliin	Alliinase + Wasser	→ Allicin instabil	+ Benztraubensäure + Ammoniak
Allylcystein-sulfoxyd		Alliinase	→ Allyl- und Propyldisulfid und Allyltrisulfid	nach Destillation Knoblauchöl stabil

→ wandelt sich um in

81 **ALLIARIA PETIOLATA** (M. B.) Cav.e Grande [130] **Brassicaceae**
Knoblauchsrauke, Knoblauchhederich (Alliaire officinale / Hedge Garlic)

Vorkommen, Standort: ganz Europa. Böschungen, Untergehölz, Hecken, weit verbreitet und sehr häufig. *Beschreibung:* krautartige, ein- oder zweijährige, 30–90 cm hohe Pflanze. Wenig oder nicht verzweigter Stengel. Die Pflanze ist dem Senf ähnlich. Kleine, weiße Blüten; aufrechte Schote. Wenn sie zerdrückt wird, entsteht ein starker knoblauchartiger Geruch. April–Juni. *Wirksame Inhaltsstoffe:* ein Glykosid, das Sinigrin, und ätherische Öle. *Eigenschaften:* In der Volksmedizin wird die Knoblauchsrauke im Frühjahr als Diureticum zur Behandlung von Rheumatismus, Asthma und Gicht verwendet. Früher wurden ihre wurmwidrigen, anregenden und antiskorbutischen Eigenschaften gelobt. *Anwendung, Zubereitung:* äußerliche Anwendung – die zerriebene, frische Pflanze als Breiumschlag auf die Haut. In der Homöopathie wird eine aus der frischen Pflanze hergestellte Tinktur verwendet. *Verwendete Teile:* der ganze oberirdische Teil der Pflanze. *Erntezeit:* Mai/Juni.

82 **ALLIUM ASCALONICUM L.** **Liliaceae**
Schalotte (Échalotte / Shalott)

Vorkommen, Standort: Europa, Mittlerer Osten, Asien. Auf der ganzen Welt kultiviert. *Beschreibung:* Jeder kennt diese kleine Zwiebel mit ihrer rundlichen Knolle und der braunroten Schale. Die Schalotte wird vorwiegend als Gemüse gebraucht. Juni/Juli. *Wirksame Inhaltsstoffe:* Das flüchtige und zu Tränen reizende Öl enthält Allyldisulfid und noch mehrere Allylpolysulfide, verschiedene Fermente und Flavone. *Eigenschaften:* herzstärkend, die Magentätigkeit anregend und choleretisch. Wie alle Vertreter der *Allium*-Gruppe senkt diese Pflanze den Blutdruck und wirkt wie ein starkes Diureticum. *Verwendete Teile:* die Knolle. *Erntezeit:* Ende des Sommers.

83 **ALLIUM CEPA L.** **Liliaceae**
Speisezwiebel (Oignon / Onion)

Vorkommen, Standort: stammt aus dem Mittleren Osten (Iran, Belutschistan). Über die ganze Welt verbreitet. Als Gemüse überall kultiviert. *Beschreibung:* Unsere Speisezwiebel wird in zahlreichen Varietäten kultiviert.

Juni–August. *Wirksame Inhaltsstoffe:* flüchtiges, zu Tränen reizendes Öl mit verschiedenen Sulfiden, darunter das Allylpropyldisulfid. Ferner Flavone und Fermente, die Vitamine A, B und C. *Eigenschaften:* Im frischen Zustand wirkt der Zwiebelsaft bakteriostatisch und choleretisch, stimuliert die Verdauungstätigkeit, senkt den Blutdruck und hilft bei der Regeneration des Blutes in Fällen schwerer Anämie. Äußerliche Anwendung: zur Anregung des Haarwuchses. *Anwendung, Zubereitung:* wie der Knoblauch. Sie wird als Diureticum und Expectorans verwendet. In der Homöopathie wird sie als bakterienabtötendes Mittel bei Magen-Darmstörungen verabreicht. Sie wird bei Rhinitis und Gesichtsneuralgien verwendet. In der Volksmedizin findet der Zwiebelsaft bei Angina und Pharyngitis Anwendung. *Verwendete Teile:* die Knolle (*Bulbus Cepae*), aus der der Saft ausgepreßt wird. *Erntezeit:* hauptsächlich September/Oktober. *Geschichte:* Die Geschichte der Zwiebel ist sehr alt. Schon in den ältesten Zivilisationen (Ägypten, China) war die Zwiebel ein beliebtes Gemüse.

84 **ALLIUM PORRUM L.** **Liliaceae**
Lauch, Porree (Poireau / Leek)

Vorkommen, Standort: Zentral- und Südeuropa. Als Gemüse überall kultiviert. *Blütezeit:* Juni–August. *Wirksame Inhaltsstoffe:* Methyl- und Cycloalliin. *Eigenschaften:* diuretisch, ähnlich der Wirkung der Zwiebel. *Verwendete Teile:* die Blätter. *Erntezeit:* Sommer-Herbst. *Geschichte:* Im ersten Jahrhundert sahen die Römer die ägyptische Lauchsorte als die beste an. In diesem Land war der Lauch schon in den Anfängen der biblischen Geschichte bekannt. In Amerika wird der Lauch erst seit 1775 kultiviert.

85 **ALLIUM SATIVUM L.** **Liliaceae**
Knoblauch (Ail / Garlic)

Vorkommen, Standort: stammt aus dem Orient (Indien, Zentralasien). Der Knoblauch wird auf der ganzen Welt kultiviert. *Beschreibung:* knollige, ausdauernde Pflanze, die einen aufrechten, bis 70 cm hohen Blütenschaft bildet. Juli/August. *Wirksame Inhaltsstoffe:* Die ganze Pflanze enthält ein stark riechendes, ätherisches Öl, das aus Allicin, Diallyldisulfid und anderen Sulfiden, einem Enzym, der Alliinase, verschiedenen Fermenten, den Vitaminen A, B_1, B_2 und Nicotinamid besteht. *Eigenschaften:* Der Extrakt hat eine anregende Wirkung auf die Haut und die Magenschleimhäute. Der Knoblauch ist ein Stomachicum, Antispasmodicum, Carminativum, ein auf den Magen wirkendes Antisepticum, ein Prophylacticum gegen Amöbendysenterie, Typhus und andere Infektionskrankheiten; Choleretіcum, Cholagogum, Diureticum und Expectorans. Der Knoblauch ist auch ein Fiebermittel und wirkt günstig bei erhöhtem Blutdruck, weshalb er auch vorbeugend gegen Arterienverkalkung angewendet wird. Er ist ein wirkungsvoller »Biokatalysator«. *Anwendung, Zubereitung:* Der Knoblauch wird in verschiedenen Formen verwendet, als Öl (*Ol. Allii sativi*), Extrakt, Mazerat, Dragees usw. In der Homöopathie bereitet man eine Tinktur aus der frischen Knolle. Sie ist ein vielseitiges, in der Volksmedizin sehr geschätztes Heilmittel. Die kulinarischen Eigenschaften des Knoblauchs sind allgemein bekannt. Arzneispezialitäten enthalten Zusätze, die den Knoblauch geruchlos machen. Die Ausatmungsluft nimmt aber bald nach Einnahme den unangenehmen Knoblauchgeruch an, da das Öl resorbiert und teilweise durch Lunge und Haut ausgeschieden wird. *Verwendete Teile:* die Zehen oder Knollen (*Bulbus Allii sativi*). *Geschichte:* Der Knoblauch ist ein seit dem frühesten Altertum bekanntes Nahrungsmittel. Die Erbauer der Pyramide von Gizeh (unter Cheops, Pharao der IV. Dynastie) aßen viel Knoblauch. Dieses Liliengewächs wurde in den Rang einer Gottheit erhoben. Die Hebräer führten den Knoblauch in Palästina ein, die Griechen und die Römer machten viel von ihm Gebrauch, und die Kreuzfahrer brachten ihn nach Frankreich.

86 ALLIUM SCHOENOPRASUM L. [141] — Liliaceae

Schnittlauch (Ciboulette, Civette / Chives)

Vorkommen, Standort: Gesamteuropa. Auf frischen und feuchten Wiesen, am Ufer der Bäche, am Rand der Wälder. Überall kultiviert. *Beschreibung:* 20–30 cm hoch, sehr kleine Knolle; zylindrische, hohle, binsenähnliche Blätter. Blütenstand ist ein kompaktes, rundliches Köpfchen; purpurrosa Blüten. Juni–August. *Wirksame Inhaltsstoffe:* Der Schnittlauch enthält Substanzen, die denen des Knoblauchs und der Zwiebel ähnlich sind. Er wird therapeutisch nicht verwendet, ist aber wegen seines äußerst feinen Geschmacks (feiner als der der Zwiebel) als Gewürz allgemein beliebt.

87 ALLIUM URSINUM L. — Liliaceae

Bärlauch, Wilder Knoblauch, Waldknoblauch (Ail des ours / Ramsons)

Vorkommen, Standort: über ganz Europa verbreitet. Örtlich reichlich vertreten: in schattigen Wäldern, Schluchten, Untergehölz, wo er bedeutende Kolonien bildet. *Beschreibung:* Der Bärlauch unterscheidet sich von den anderen Arten der Gattung durch seine breiten Blätter, die denen des Maiglöckchens ähnlich sind. Die ganze Pflanze strömt einen knoblauchartigen Geruch aus. Die weiße Dolde wird von einem dreieckigen, bis 30 cm hohen Schaft getragen. April–Juni. *Wirksame Inhaltsstoffe:* Die ganze Pflanze enthält ein ätherisches Öl, das aus einem Glykosid, aus Sulfiden, Allylpolysulfiden und einem Aldehyd besteht, ferner Vitamin C. *Eigenschaften:* wie der kultivierte Knoblauch. *Verwendete Teile:* oberirdischer Teil der Pflanze (*Herba Allii ursini*).

88 **BRASSICA NAPUS L.** **Brassicaceae**
Raps (Navette, Colza / Rape)

Vorkommen, Standort: in ganz Europa wildwachsend. Als Ölpflanze überall kultiviert. *Beschreibung:* ein- oder zweijährige, über 1 m hohe Pflanze. Kahle oder wenig behaarte, blaugrüne, vor der Blüte welkende Blätter. Schwefelgelbe Blüten. Blütezeit ist je nach Saatzeit verschieden. *Wirksame Inhaltsstoffe:* Die Samen enthalten das Glykosid Gluconapin, Erucasäure, ätherisches Öl und eine bedeutende Menge fettes Öl (40%). Der Raps wird wegen seiner Samen, die ein sehr feines Öl liefern, kultiviert. Rapsöl wird zum Einreiben verwendet und ist Bestandteil in einigen Rheumamitteln.

89 **BRASSICA NIGRA** (L.) Koch [155] **Brassicaceae**
Schwarzer Senf (Moutarde noire / Black mustard)

Vorkommen, Standort: Europa; Asien. Heute wird die Art auf der ganzen Erde kultiviert. Auf Brachland, umgegrabenen Böden, Aufschüttungen, an Abhängen, Dämmen ziemlich verbreitet und häufig. *Beschreibung:* einjährige, 60–100 cm hohe Pflanze mit einem aufrechten Stengel. Alle Blätter sind gestielt, in der Form verschieden, die unteren grob gefiedert und behaart, die oberen lanzettlich und kahl. Gelbe Blüten. Mai–September. *Wirksame Inhaltsstoffe:* Die Pflanze enthält das Glykosid Sinigrin, das nach Fermentation das Allylsenföl liefert, das Cholinderivat Sinapin, Enzyme, 30% fettes Öl und Albumine. Die Blüte enthält das Xanthophyll Violaxanthin. *Eigenschaften:* Das Senföl wirkt hautreizend, erregend und stimulierend. Der Senf aktiviert sehr stark die Magensäfte. Äußerlich angewendet ist er ein starkes ableitendes Mittel. Das flüchtige Senföl reizt stark die Schleimhäute und die Augen. Es durchdringt schnell die Haut. *Anwendung, Zubereitung:* Außer der Verwendung als Gewürz wird der Senf (Senfmehl) in der Form von warmen Breiumschlägen und Senfpflastern äußerlich verwendet. Er wird gegen Rheumatismus, Ischias, Muskelschmerzen, Hyperämie, Erkrankungen der Atmungswege, Gelenkentzündungen und Hauterkrankungen empfohlen. Es ist gefährlich, die Breiumschläge zu lange auf der Haut liegenzulassen. *Verwendete Teile:* Die Samen (*Semen Sinapis*). *Geschichte:* Der Schwarze Senf wird bereits seit dem Altertum als bewährtes Heilmittel und als Gewürz verwendet.

90 **BRASSICA RAPA** L. **Brassicaceae**
Rüben-Kohl, Rübsen (Rave, Navet / Turnip)

Vorkommen, Standort: kosmopolitisch. Überall kultiviert. *Beschreibung:* Der Rüben-Kohl ist eine Abart des Land-Kohls *Brassica campestris* L. 30 bis 100 cm hoch; charakteristisch ist seine weiße, bauchige und fleischige, am Ende stumpfe Wurzel. April–Juni. *Wirksame Inhaltsstoffe:* Der Rübenkohl enthält ein ätherisches Öl und ein Glykosid. Der Rüben-Kohl wird als Nahrungspflanze kultiviert, aber man spricht ihm keine therapeutische Bedeutung zu.

91 **CARDAMINE AMARA L.** [138] **Brassicaceae**
Bitteres Schaumkraut (Cardamine amère / Large bittercress)

Vorkommen, Standort: Zentraleuropa; selten in den Mittelmeergegenden und in Westeuropa. Auf feuchten Wiesen, in der Nähe von Quellen, ebenso in der Ebene wie im Gebirge verbreitet. *Beschreibung:* Das Bittere Schaumkraut ist der nächsten Art ähnlich, bildet aber dickere Büschel. Es hat Blätter, die der der Brunnkresse ähnlich sind; stets weiße Blüten, leuchtendviolette Staubbeutel. Mai/Juni. *Wirksame Inhaltsstoffe:* Wie die folgende Art enthält die Pflanze Glucocochlearin, einen Bitterstoff, und Vitamin C. *Eigenschaften:* wirkt als Stomachicum. *Anwendung, Zubereitung:* früher offizinell (*Herba Nasturtii majoris*), wird heute noch wie die Brunnenkresse wegen seiner magenstärkenden Wirkung verwendet. *Verwendete Teile:* die blühende Pflanze. *Erntezeit:* Mai/Juni.

92 **CARDAMINE PRATENSIS L.** [138] **Brassicaceae**
Wiesenschaumkraut (Cardamine des prés, Cresson des preś / Lady's smock)

Vorkommen, Standort: ganz Europa. Sehr häufig auf frischen Wiesen, auf Lichtungen und in lichten Wäldern, bis in die subalpine Region. *Beschreibung:* ausdauernde, sehr grazile Pflanze mit einfachem, aufrechtem, 20–40 cm hohem Stengel. An der Basis in Rosetten angeordnete Blätter; große dunkellilafarbene, manchmal sehr helle, fast weiße Blüten; gelbe Staubbeutel. Die Blätter der Pflanze sind von Ort zu Ort sehr verschieden. April–Juni. *Wirksame Inhaltsstoffe:* Die Pflanze enthält das Glykosid Glucocochlearin und Vitamin C. *Eigenschaften:* stärkend, antiskorbutisch, auswurffördernd. *Anwendung, Zubereitung:* keine. Die Bauern essen manchmal das Wiesenschaumkraut, dessen junge Blätter zu den besten der bekannten wildwachsenden Salate gehören. Sie werden wie die Kresse mit Öl zubereitet oder in Suppen gekocht.

93 **CHEIRANTHUS CHEIRI L.** [149] **Brassicaceae**
Goldlack (Giroflée, Violier, Carafée /Wallflower)

Vorkommen, Standort: südliche Gegenden Europas; Frankreich; in der Schweiz wächst die Art im Wallis. In der Nähe von Häusern, Gemäuern und Felsen. *Beschreibung:* zweijährige, als Gartenschmuck allgemein bekannte Pflanze. In der Natur ist der Goldlack ausdauernd, bis zu 50 cm hoch, bildet Büsche. Schmal-lanzettliche Blätter; gelbe, orangefarbene oder rotbraune, stark duftende Blüten von 2,5 cm Durchmesser. März–Juni. *Wirksame Inhaltsstoffe:* Die Pflanze enthält das Schwefelheterosid Glucocheirolin, ein ätherisches Öl, und kleine Mengen von herzstärkenden Heterosiden: Cheirotoxin, dessen Genin das Strophanthidin ist, und das Cheirosid A. *Eigenschaften:* Die Blüten und die Samen des Goldlacks wirken diuretisch und herzstärkend. *Anwendung, Zubereitung:* keine. Die Bauern verwenden ihn als Purgativum, gegen Lebererkrankungen und als Emmenagogum.

94 **COCHLEARIA OFFICINALIS L. Brassicaceae**
Echtes Löffelkraut (Cochléaria officinal, Cranson officinal, Herbe à la cuillère / Common scurvy grass)

Vorkommen, Standort: Westeuropa, verstreut. Im Gebirge, am Ufer der Bäche (ssp. *alpina*); ziemlich selten; an der Küste des Ärmelkanals und des Atlantischen Ozeans. *Beschreibung:* ausdauernde, 10–25 cm hohe Pflanze; kahle, ganzrandige, lang gestielte, dunkelgrüne, fleischige, nieren- oder herzförmige Blätter. Diese Pflanze ist sehr veränderlich und kreuzt sich in Küstennähe mit anderen Varietäten der *Cochlearia*-Gruppe. April-August. *Wirksame Inhaltsstoffe:* Die Pflanze enthält das Glykosid Glucocochlearin, Bitterstoffe, Mineralstoffe, Gerbstoffe und Vitamin C. *Eigenschaften:* antiskorbutisch, magenstärkend und diuretisch. *Anwendung, Zubereitung:* früher in Mundwässern offizinell, heute kaum mehr in der Phytotherapie. In der Homöopathie und Volksmedizin in frischem Zustand zu Frühjahrskuren und als Diureticum verwendet.

95 **RAPHANUS RAPHANISTRUM L. [162] Brassicaceae**
Acker-Rettich, Hederich (Radis ravenelle / Wild radish

Vorkommen, Standort: ganz Europa; Asien. Überall sehr häufig; als Unkraut in Kulturen. *Beschreibung:* einjährige Pflanze; gelappte Blätter; Blüten mit weißen, rosa geäderten Blütenblättern. Mai–September. *Wirksame Inhaltsstoffe:* Die Samen enthalten das aus Sinapin, Glucose und Sinalbinsenföl zusammengesetzte Sinalbin, aus dem durch die Wirkung des Ferments Myrosinase das Senföl freigesetzt wird. *Eigenschaften:* hautreizend, stimulierend, anregend. In der Homöopathie wie der weiße Senf verwendet.

96 **RAPHANUS SATIVUS L. Brassicaceae**
Rettich, Radieschen (Radis cultivé / Garden radish)

Vorkommen, Standort: ganz Europa; kultiviert; genaue Herkunft unbekannt. In der Nähe von Dörfern manchmal wildwachsend. *Beschreibung:* einjährige Pflanze, die als Gemüse in sehr zahlreichen Varietäten kultiviert wird. Weiße Blüten. Die Blütezeit ist verschieden je nach der Anbauart. *Wirksame Inhaltsstoffe:* Die Pflanze und die Samen enthalten das Glykosid Glucobrassicin, das durch Hydrolyse das antimikrobiell wirkende Sulforaphen liefert. *Eigenschaften:* choleretisch, besonders die schwarze Varietät. *Anwendung, Zubereitung:* In der Homöopathie wird die frische Wurzel des Radieschens zur Bereitung einer Tinktur gegen Neuralgien, Schlaflosigkeit, chronische Diarrhöe und Lebererkrankungen verwendet. Der Wurzelsaft ist ein altes Volksheilmittel gegen Husten, Gallenbeschwerden und Gelenkrheumatismus.

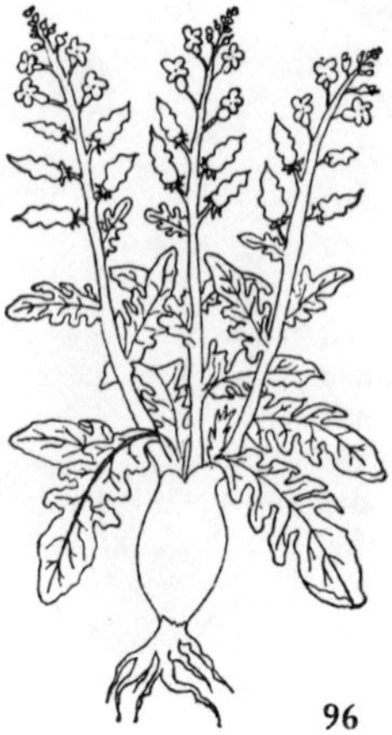

96

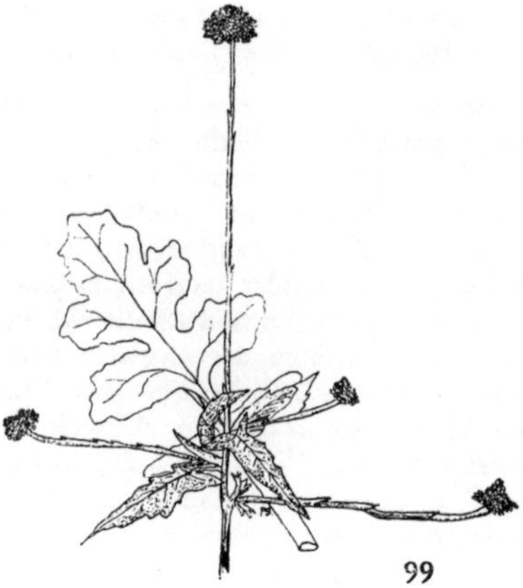

99

97 **SINAPIS ALBA L.** **Brassicaceae**
Weißer Senf (Moutarde blanche / White mustard)

Vorkommen, Standort: ganz Europa. Auf kalkhaltigen Böden sehr häufig. In einigen Gegenden kultiviert. Als Unkraut wildwachsend in Kulturen. *Beschreibung:* einjährige, 20–50 cm hohe Pflanze. Gestielte, gefiederte und gelappte hellgrüne Blätter, die tiefer eingeschnitten sind als die von *Sinapis arvensis* L.; gelbe Blüten. Mai–August. *Wirksame Inhaltsstoffe:* Die Samen enthalten Sinalbin, das nach Myrosinasehydrolyse ätherisches Öl bildet; ein fettes Öl und Pflanzenschleime. *Eigenschaften:* wegen der Pflanzenschleime abführend, wegen des Öles hautreizend. *Anwendung, Zubereitung:* Die ganzen Samen werden als Abführmittel verwendet. Aus diesen Samen wird der Tafelsenf zubereitet, dessen Gebrauch schon bei den Alten Griechen bekannt war. *Verwendete Teile:* die Samen. *Erntezeit:* Juli/August.

98 **SINAPIS ARVENSIS L.** [164] **Brassicaceae**
Ackersenf (Sénevé, Ravenelle / Charlock

Vorkommen, Standort: ganz Europa. Sehr verbreitet und häufig. Als Unkraut in Kulturen. *Beschreibung:* einjährige, allgemein bekannte Pflanze. 10–40 cm hoher Stengel; die unteren Blätter sind rauh, gelappt und gestielt, die oberen sind gezähnt und ungestielt. Gelbe Blüten. Mai–September. *Wirksame Inhaltsstoffe:* Die Pflanze enthält nur ein Drittel der wirksamen Inhaltstoffe des Weißen Senfs. *Anwendung, Zubereitung:* Die Blätter und die Samen werden nicht verwendet.

99 **SISYMBRIUM OFFICINALE** (L.) Scopoli **Brassicaceae**
Weg-Rauke, Wilder Senf (Herbe aux chantres, Vélar / Hedge mustard)

Vorkommen, Standort: ganz Europa. Sehr häufig auf Brachland und in der Nähe von Wohngebieten. *Beschreibung:* einjährige, dem Senf ähnliche Pflanze. Steifer, 25–65 cm hoher Stengel; die unteren Blätter sind gefiedert und besitzen breite und gezähnte Lappen, der endständige Lappen ist größer als die seitlichen; die oberen Blätter sind kleiner und weniger gelappt. Gelbe, sehr kleine Blüten. Mai–September. *Wirksame Inhaltsstoffe:* Die Pflanze enthält Schwefelderivate und in den Samen Cardenolide. *Eigenschaften:* diuretisch und magenstärkend. Wegen des Gehaltes an Cardenoliden hat sie auch eine schwache Herzwirksamkeit. *Anwendung, Zubereitung:* früher offizinell, heute nur noch auf dem Land bei der »Frühjahrskur« gegen Heiserkeit und als auswurfförderndes und hustenstillendes Mittel verwendet. *Verwendete Teile:* die ganze Pflanze. *Erntezeit:* März–Mai.

100 **THLASPI ARVENSE** L. [166] **Brassicaceae**
Feld-Täschelkraut, Acker-Hellerkraut (Tabouret des champs, Herbe aux écus / Common penny-grass)

Vorkommen, Standort: ganz Europa; Westasien. Häufig in Kulturen, Aufschüttungen, Brachland. *Beschreibung:* einjährige Pflanze, 20–50 cm hoher Stengel, dem Hirtentäschelkraut ähnlich. Hellgrüne, glänzende, gezähnte Blätter, weiße Blüten. Frucht in Form einer geflügelten Scheibe von mehr als 1 cm Durchmesser. Mai–September. *Wirksame Inhaltsstoffe:* Die Stengel und die Blätter enthalten das Glykosid Sinigrin und ein fettes Öl, das früher für die Öllampen verwendet wurde. *Eigenschaften:* hautreizend, anregend. *Anwendung, Zubereitung:* Das Feldtäschelkraut hat heute weder therapeutische noch technische Anwendung.

Kapitel 5 Pflanzen mit Blausäure-Glykosiden

Bei den Pflanzen mit Blausäure-Glykosiden ist der Stickstoff in Form der Blausäure in dem Genin enthalten. Im Laboratorium kann man diese Säure gewinnen, indem man Kohlenoxyd und Ammoniak in Gegenwart von Aktivkohle oder eines anderen Katalysators auf 600° erhitzt.

Kohlenmonoxyd	+ Ammoniak	→ Blausäure	+ Wasser
CO	+ NH_3	→ HCN	+ H_2O
Gas	+ Gas	→ Gas	+ Flüssigkeit

(→: wandelt sich um in ...)

Für die gleiche Umwandlung benutzen die Pflanzen die Sonnenenergie und Enzyme. Die freie Säure ist in Blättern und Blüten, besonders aber in Samen und Früchten enthalten.
Die Blausäure zählt zu den giftigsten Säuren, die in der Natur vorkommen. Weshalb bestimmte Pflanzenfamilien wie die Rosaceen, Caprifoliaceen oder Linaceen bevorzugt diese Substanzen bilden, wissen wir nicht.
In diesem Kapitel werden wir nur die Rosaceen behandeln. In den Mandeln ist die wirksame Verbindung das Amygdalosid, in den Pflaumen das Prunasin und in den Blättern des Kirschlorbeerbaumes das Prulaurasin. Sie haben eine schmerzbetäubende und antispasmodische Wirkung und können auch den Blutdruck herabsetzen.
Nehmen wir als Beispiel die bittere Mandel. Beim Vorhandensein des Fermentes Amygdalase oder Emulsins und in Gegenwart von Wasser entsteht aus dem Amygdalin durch Hydrolyse in zwei Stufen Traubenzucker, Benzaldehyd und Blausäure.

Beispiel:	*Heterosid*	*+ Ferment*	*→ Genin*	*+ Zucker*
Bittermandel (*Prunus amygdalus* var. *amara*)	Amygdalin	Amygdalase + Wasser (Emulsin)	Amygdonitril (Nitril der Phenylglycolsäure) + Benzaldehyd (Bittermandelgeruch) + Blausäure (ohne Geruch) giftig	+ 2 Dextrosen

(→: wandelt sich um in ...)

Wenn man eine Mandel ißt, bemerkt man zunächst einen leicht bitteren Geschmack. Später werden dann das Aroma und die Zucker durch das Kauen freigesetzt. Dieser Effekt wird von den Süßwarenfabrikanten ausgenutzt.

Diese Heteroside stimulieren nämlich die Atmung, regen die Verdauung an und verursachen dadurch ein gewisses Wohlbefinden. Nicht ohne Grund werden Desserts nach dem Essen serviert. Der Gebrauch von Mandeln muß aber in Grenzen bleiben, denn jede Mandel enthält 1 mg der giftigen Blausäure. Wenn ein etwa 20 kg schweres Kind 20 davon auf einmal äße, würde es sich vergiften. Die gleiche Dosis auf 24 Stunden verteilt, wäre dagegen nicht schädlich. Eine gut gekaute Mandel genügt, um den Schluckauf zu hemmen.

Es ist interessant, daß in den aus Pflaumen und Kirschen durch Destillation gewonnenen Spirituosen die Blausäure und der nach Bittermandeln riechende Benzaldehyd völlig erhalten sind. Bei übermäßigem Genuß dieser Getränke sind sie doppelt gefährlich, denn sie enthalten bis zu 40 mg Blausäure pro Liter. Tatsächlich lähmt die Blausäure das Atmungsferment, verursacht Schwindel und Hitzewallungen, die das Gesicht stark verfärben. Nach einer kurzen Erregung wird dann das ganze zentrale Nervensystem blockiert und es tritt Tod durch Atemlähmung ein. Dennoch ist unser Körper dazu fähig, Spuren dieser Blausäure zu eliminieren, aber nur, wenn es sich um kleine Mengen handelt.

Diese giftige Säure kommt auch in bestimmten Pilzen vor und verursacht dadurch manche Unfälle. Die Leinsamen enthalten auch etwas von dieser Säure. Es käme zu Vergiftungen, würde man mehr als 100 g davon auf einmal essen.

In Zentralamerika kochen die Indianer-Frauen den Maniok und verwerfen das Kochwasser, bevor sie ihn zubereiten können, da das Mehl ein Blausäurederivat enthält. Bei uns wird manchmal das Vieh unpäßlich, nachdem es große Mengen von Bohnenstauden, Bovisten oder Klee gefressen hat, da diese Pflanzen in feuchten Jahren Nitrilalkohole enthalten können.

101 **PRUNUS AMYGDALUS** Batsch **Rosaceae**
Syn. *Amygdalus communis* L.
Echte Mandel (Amandier / Almond)

Vorkommen, Standort: Zentral- und Westasien. In den Mittelmeerländern und in einigen Gegenden Zentraleuropas. *Beschreibung:* kleiner Baum oder 3–5 m hoher Strauch; schmale, lanzettliche, fein gezähnte Blätter, rosa gefärbte, auf den Zweigen des vorigen Jahres paarig sitzende Blüten. Ovale, längliche, wollig behaarte, silbergraue Frucht. Jede Frucht enthält 1–2 Samen (Mandeln). Es existieren mehrere Gartenbauvarietäten der süßen Mandel (var. *dulcis*). März/April. *Wirksame Inhaltsstoffe:* Die Samen der wildwachsenden Form (Bittermandeln) enthalten 2–4% Amygdalin. Dieses Glykosid ist sehr giftig. 50–60 Bittermandeln genügen, um einen erwachsenen Menschen zu töten. Die Samen enthalten außerdem ein sehr feines, fettes und ungiftiges Öl (*Ol. Amygdalarum*). Die Bittermandel enthält bis zu 50% Öl, die süße Mandel bis zu 65%, sie ist auch reich an Vitamin E. *Anwendung, Zubereitung:* Das fette Öl ist offizinell und wird in Zubereitungen in Form von Emulsionen verwendet. Das Bittermandelwasser (*Aqua Amygdalarum amarum*) wird als Geschmackskorrigens für manche galenischen Präparate verwendet.

102 **PRUNUS AVIUM L.** [139] **Rosaceae**
Vogelkirsche, Süßkirsche (Merisier vrai / Wild cherry)

Vorkommen, Standort: ganz Europa. Häufig in den Laubwäldern als wilder Baum oder in den Obstgärten gepfropft. *Beschreibung:* hoher, allgemein bekannter Baum. Glatte, braunrote Rinde, ovale, gezähnte, zarte Blätter, die sich im Herbst rot oder rosa färben. Weiße, in lockeren Büscheln angeordnete Blüten. Süße oder bittere Früchte, die auf dem wilden Baum kleiner als Kirschen sind. April/Mai. *Wirksame Inhaltsstoffe:* organische Säuren und eine bittere Substanz. Die Frucht wird weitgehend in der Konservenindustrie verwendet. Sie dient der Bereitung von Kirschsirup und von Likören, wie z. B. von Cherry-Brandy oder Liqueur de Nantes und Kirsch. Der Kern enthält das Heterosid Amygdalin, das für seinen charakteristischen Geruch verantwortlich ist.

103 **PRUNUS CERASUS L.** **Rosaceae**
Sauerkirsche (Griottier / Morello cherry)

Vorkommen, Standort: in ganz Europa überall kultiviert. Hecken, Wälder, in der Nähe von Dörfern, an manchen Stellen wildwachsend, kultiviert und veredelt. *Beschreibung:* Schößlinge treibender, bis 3 m hoher Strauch. Die Blätter sind denen des Süßkirschbaumes ähnlich, aber von einer dunkleren, grünen Farbe und dicker; kleine; weiße Blüten. Bittere Früchte. Mai. Die Früchte dienen zur Herstellung des offizinellen Sirups (*Sirupus Cerasi*). Sie werden außerdem als Geschmackskorrigens und als Aromatisierungsmittel für zahlreiche pharmazeutische Präparate verwendet. Die getrockneten, an Gerbstoff reichen Stiele der Früchte (*Stipetes Cerasorum*) werden wegen des Gehaltes an Kaliumsalzen und Flavonoiden als Diureticum und adstringierendes Mittel verwendet.

104 **PRUNUS LAUROCERASUS L.** **Rosaceae**
Kirschlorbeer (Laurier-cerise, Laurelle / Cherry-Laurel)

Vorkommen, Standort: Zentral- und Westasien; Südosteuropa. Als Zierstrauch überall kultiviert. *Beschreibung:* Charakteristisch für den 3–4 m hohen Strauch sind große, ovale, glänzende, lederartige und schön dunkelgrün gefärbte Blätter. Die schwarzen Beeren sind kleinen Kirschen ähnlich. April/Mai. *Wirksame Inhaltsstoffe:* Die Blätter enthalten die beiden giftigen Glykoside Prulaurasin und Prunasin. Der Samen enthält Amygdalin. *Eigenschaften:* Die giftigen Blätter haben einen Geschmack, der an Bittermandeln erinnert. Sie können die gleichen Vergiftungen wie die Blausäure verursachen. Sie dürfen nicht beim Kochen als Aromatisierungsmittel verwendet werden. *Anwendung, Zubereitung:* Man bereitet ein Kirschlorbeerwasser (*Aqua Laurocerasi*), das ein Antispasmodicum und ein Stimulans für die Atmung darstellt. In der Homöopathie wird eine aus den Blättern gefertigte Tinktur als Beruhigungsmittel, als Antispasmodicum und als anästhesierendes Mittel verwendet. Äußerlich, in Form von Breiumschlägen, wirkt Kirschlorbeer als Beruhigungsmittel.

105 **PRUNUS PADUS L.** Rosaceae
Traubenkirsche (Merisier à grappes / Bird cherry)

Vorkommen, Standort: Europa. Verbreitet auf sauren Böden, in feuchtem Gehölz. *Beschreibung:* kleiner Baum, manchmal Strauch; zarte, flaumhaarige Blätter; duftende, in langen, lockeren Trauben angeordnete Blüten und schwarze, scharf schmeckende Früchte, die die Größe einer großen Erbse erreichen. Mai/Juni. *Wirkame Inhaltsstoffe:* Die Rinde enthält das Glykosid Isoamygdalin. *Eigenschaften:* In der Homöopathie wird der aus der Rinde gewonnene Extrakt bei Kopfschmerzen, Herz- und Magenstörungen als schmerzstillendes und stärkendes Mittel verwendet. *Verwendete Teile:* die Rinde. *Erntezeit:* April/Mai.

106 **PRUNUS SPINOSA L.** [160] Rosaceae
Schwarzdorn, Schlehe (Prunellier, Epine-noir / Blackthorn)

Vorkommen, Standort: ganz Europa. Sehr häufig in Hecken, an Waldrändern und Lichtungen; er bildet sehr dichtes Untergehölz. *Beschreibung:* 1–4 m hoher, ausladender, dorniger Strauch; braunschwarze Rinde; zarte, kleine, ovale Blätter; schneeweiße, kleine, sehr zahlreiche Blüten vor Entfaltung der Blätter. April/Mai. *Wirksame Inhaltsstoffe:* Die Blüten enthalten das Glykosid Amygdalin, das beim Trocknen der Droge verschwindet, außerdem Kämpferolglykoside. *Eigenschaften:* Die Blüten wirken diuretisch und schwach abführend; die Vitamin C enthaltende Frucht ist ein Stärkungsmittel für den Magen und die Harnblase. *Anwendung, Zubereitung:* Die Blüten (*Flor. Pruni spinosae*) werden in der Homöopathie verwendet. *Verwendete Teile:* Blüten und Früchte.

Kapitel 6 Pflanzen mit einfachen, phenolischen Heterosiden

In der Chemie weiß man, daß die Hydroxyl-(OH)-Gruppen von Alkalien basisch reagieren, von Alkoholen neutral und von Phenolen, die zu den Benzolabkömmlingen gehören, sauer. Die Anknüpfung einer OH-Gruppe an einen Benzolkern führt zur Dissoziation des Wasserstoffs, wodurch dem Phenol seine charakteristische, leicht saure Eigenschaft verliehen wird.
Das einfache Phenol hat eine ätzende Wirkung. Im Saft junger Triebe einiger Pflanzen, von denen die bekannteste der Teestrauch ist, trifft man es in Spuren an. Die Weiden und Pappeln sind die einzigen Pflanzen, die es auch in der ganzen Rinde enthalten. Im allgemeinen liegen die Phenole in der Natur in Form von Zimt-, p-Hydroxybenzoe- und Hydroxygentisin-Säure-Estern vor. Eine große Anzahl dieser Verbindungen gehören zur Klasse der ätherischen Öle. Etwa 100 von ihnen haben eine phenolische Funktion. In diesem Kapitel werden nur die Heteroside behandelt, deren Genine einfache Phenole (C_6) sind, wie Arbutin und die Salicylsäurederivate.
Die in den Pflanzen aufgefundenen *zusammengesetzten* Phenolverbindungen werden in eigenen Kapiteln behandelt; es sind die

Flavonoide (C_6–C_3–C_6)
Cumarine (C_6–C_3)
Anthracene (C_{14})
Tannine (C_6 oder C_6–C_3–C_6)

(Die Formelschreibweisen wurden stark vereinfacht.)

Leroux entdeckte im Jahre 1830 die ersten Heterosid-Verbindungen und isolierte als erstes Genin das Saligenin.

Beispiel:	*Heterosid*	*Ferment*	*+ Wasser →*	*Genin*	*+ Zucker*
Weide	Salicin	Glucosidase	→	Saligenin (Salicyl-Alkohol)	+ Glucose
Wintergrün	Monotropitosid	Glucosidase	→	Methylsalicylsäure	+ Glucose
Erica	Arbutin	Glucosidase	→	Hydrochinon	+ Glucose

(→: wandelt sich um in ...)

Die Gruppe der Salicylsäure-Verbindungen gliedert sich in die Salicoside, die in den Salicaceen vorkommen, und in die Monotropitoside, die in den Rosaceen (*Spiraea monotropa*) und in den Pirolaceen (*Pirola*) enthalten sind. Aus diesen Heterosiden bildet sich die Salicylsäure. Diese Substanz wirkt auf

das Wärmezentrum und die Kapillargefäße und findet daher als Fieber- und als schweißtreibendes Mittel Verwendung.
In den Heidekrautgewächsen und im Birnbaum (*Rosaceae*) kommen Arbutin und Methylarbutin vor, die zunächst im Körper unverändert bleiben, aber im Urin hydrolysiert werden, wenn pathogene Bakterien den Urin in der Harnblase leicht alkalisch machen. Das Arbutin liefert Hydrochinon und wirkt dadurch desinfizierend.
Arbutinhaltige Aufgüsse (Bärentraube, Wolfsbeere) werden durch kalte Mazeration zubereitet und dürfen nicht länger als 15 Tage lang eingenommen werden, um die Leber nicht zu belasten. Die harntreibende Wirkung dieser Pflanzengruppe rührt von den Flavonoiden her, die sich neben den Phenolen in den Pflanzen finden.

107 **ANDROMEDA POLIFOLIA** L. [130] **Ericaceae**
Rosmarinheide, Poleiblättrige Grändke, Lavendel-Grändke (Andromède a feuilles de polium / Bog Rosemary)

Vorkommen, Standort: Gesamteuropa; im Gebirge; Nordasien. Torfmoore, Torfmoos (*Sphagnum*); ziemlich selten. *Beschreibung:* kahler Halbstrauch, nicht höher als 30 cm; immergrünes Laub; elliptische, lineare, grüngraue, auf der Oberseite glänzende, auf der Unterseite weiße Blätter. Sehr kleine, weiße oder rosafarbene, glockenförmige Blüten; Mai–August. *Wirksame Inhaltsstoffe:* Die Blätter und die Blüten enthalten das giftige Glykosid Andromedotoxin. *Eigenschaften:* Das Andromedotoxin besitzt ähnlich wie das Veratrin blutdrucksenkende Wirkung. *Anwendung, Zubereitung:* Heute wird die Pflanze noch nicht zu therapeutischen Zwecken verwendet. Wir erwähnen sie hier, da mehrere Vergiftungsfälle bekannt geworden sind; in der Tat haben manchmal Kräutersammler die Blätter der Rosmarinheide mit denen des Rosmarins verwechselt. Die Pollenkörner dieser Pflanze sind giftig. Vergiftungen, die durch Rosmarinheide-Honig verursacht wurden, sind in Kleinasien seit Xenophon bekannt.

108 **ARCTOSTAPHYLOS UVA-URSI** (L.) Sprenger [137] **Ericaceae**
Bärentraube (Raisin d'ours, Busserolle / Bearberry)

Vorkommen, Standort: Europa, Nordasien, Grönland, Nordamerika. Ziemlich häufig im Gebirge, an steinigen Hängen, auf Geröllhalden. *Beschreibung:* liegender, rasenbildender Halbstrauch mit immergrünem Laub, der mit seinen langen, kriechenden Trieben Teppiche bildet. Kleine, fleischige, dunkelgrüne Blätter; kleine, kugelförmige, weiße oder rosafarbene, in Trauben angeordnete Blüten. Die Frucht ist eine rote, glänzende Beere. Sie ist der Preiselbeere ähnlich. April/Mai. *Wirksame Inhaltsstoffe:* Die Blätter enthalten die zwei Glykoside Arbutin und Methylarbutin. Der Gehalt an Glykosiden ist je nach der Herkunft und der Erntezeit der Droge verschieden. Die anderen wirksamen Inhaltsstoffe sind Gerbstoffe der Catechin-Gruppe und Flavone. *Eigenschaften:* Desinfektionsmittel der Harnwege. Auszüge der Bärentraube sind aber nur wirksam, wenn der Urin alkalisch ist. Es empfiehlt sich, Natriumbikarbonat einzunehmen, um die Wirkung bei Koli-Infektion zu verstärken oder um sauren Urin zu alkalisieren. *Anwendung, Zubereitung:* Man verwendet die kalt mazerierten Blätter (*Folia Uvae ursi*). Im Handel existieren mehrere aus Bärentrauben zubereitete Präparate. In der Homöopathie wird eine aus frischen Blättern zubereitete Tinktur gegen Cystitis, chronische Pyelitis, Urethritis und Harngrieß verwendet. *Geschichte:* Die Bärentraube als offizinelle Pflanze wird erstmals im 12. Jahrhundert erwähnt.

109 DIPSACUS SILVESTER Hudson [138] Dipsacaceae
Syn. *Dipsacus fullonum* L.
Wilde Karde (Cardère sauvage, Cardère à foulon / Wild teasel)

Vorkommen, Standort: ganz Europa. Sehr häufig an Böschungen, Wegrändern und Hecken, auf Weiden. *Beschreibung:* zweijährige, bis 180 cm hohe Pflanze; die Stengel und die Blätter sind mit Stacheln versehen. Konischer, stacheliger, 6–10 cm langer Blütenstand. Rosalila Blüten. Juli/August. *Wirksame Inhaltsstoffe:* Die Pflanze enthält das Glykosid Scabiosid. *Anwendung, Zubereitung:* In der Homöopathie wird eine aus der blühenden, frischen Pflanze zubereitete Tinktur zur Behandlung von Hautkrankheiten, von Tuberkulose und Fisteln des Afters verwendet. *Verwendete Teile:* die blühende Pflanze. *Erntezeit:* Juli/August.

110 FILIPENDULA ULMARIA (L.) Max. [161] Rosaceae
Echtes Mädesüß, Wiesenkönigin, Moorspierstaude (Reine des prés, Ulmaire / Meadows weet)

Vorkommen, Standort: Gesamteuropa. Feuchte Wiesen; sehr häufig. *Beschreibung:* ausdauernde, 60–130 cm hohe Pflanze mit steifen Stengeln; gefiederte, auf der Oberseite grüne, auf der Unterseite leicht silbrige Blätter. Kleine, cremeweiße, duftende, in aufrechten Doldentrauben angeordnete Blüten. Juli/August. *Wirksame Inhaltsstoffe:* Die Pflanze enthält das Phenol-Glykosid Monotropitosid, das sich in Methylsalicylsäure und Primverose aufspaltet. *Eigenschaften:* wirkungsvolles Antirheumaticum und starkes Diureticum; Diaphoreticum. *Anwendung, Zubereitung:* Das Echte Mädesüß (*Flor. Spiraeae*) wird allgemein als das »pflanzliche Salizylsäurepräparat« angesehen. Man benützt es in Form eines Absuds. Das Echte Mädesüß ist wirkungsvoll gegen Gelenkrheumatimus, Arthritis, Gliederödem, Unterleibswassersucht. Es wird bei Erkrankungen der Harnwege verwendet.

111 LEDUM PALUSTRE L. Ericaceae
Sumpfporst, Porst (Lédon des marais, Romarin sauvage / Marsh cistus)

Vorkommen, Standort: Nord- und Mitteleuropa; Nordasien, Nordamerika. Verbreitet, oft häufig in den Torfmooren des Nordens. Als Zierpflanze manchmal kultiviert. *Beschreibung:* 50–90 cm hoher, aufrechter, immergrüner Halbstrauch. Wollig behaarte Zweige; wechselständige, immergrüne, lineare, lederartige, auf der Oberseite grüne und kahle, auf der Unterseite mit rostroten Haaren versehene Blätter; kurze Stiele, Weiße, in endständigen

Dolden angeordnete Blüten. Mai–Juli. *Wirksame Inhaltsstoffe:* Die ganze Pflanze enthält ätherisches Öl, dessen wichtigster Bestandteil das Ledol ist. Andere Substanzen, wie die Glykoside Arbutin und Ericolin, spielen eine untergeordnete Rolle. *Eigenschaften:* nerven- und magenreizend. Der Sumpfporst ist giftig. *Anwendung, Zubereitung:* Früher wurde er (*Herba Ledi palustri*) häufig als Läuse-, Krätze- und Grind-Mittel benützt. Heute findet diese Pflanze noch als Diureticum, Diaphoreticum, zur Behandlung von Rheumatismus, Arthritis und Arthrosis deformans Verwendung. Auf dem Land wird manchmal der Sumpfporst als Abtreibungsmittel benützt.

112 **POPULUS NIGRA L.** [161] **Salicaceae**
Schwarzpappel (Peuplier noir / Black poplar)

Vorkommen, Standort: ganz Europa; oft kultiviert. Sehr häufig in feuchten Wäldern, in manchen Gegenden angepflanzt. *Beschreibung:* gedrungener, ausladender Wuchs; waagrechte oder nach unten gebogene Äste; abfallende, ziemlich breite, wechselständige und lang gestielte Blätter. Kleine Blüten in Form hängender Kätzchen. März. *Wirksame Inhaltsstoffe:* Die Blütenknospen enthalten das Glykosid Populin (Monobenzoylsalicin), Salicylpopulin und Flavonderivate. *Eigenschaften:* Diureticum, Diaphoreticum, Balsam und Expectorans. Die Schwarzpappelsalbe ist wundheilend und antihämorrhoidal wirksam. In der Kosmetik wird sie für die Hautpflege verwendet. *Anwendung, Zubereitung:* Die Knospen der Schwarzpappel (*Gemmae Populi*) werden gegen Polyarthritis verwendet. In den Arzneibüchern werden die Knospen bei Erkrankungen der Harnwege, bei Bronchitiden, Arthritiden, Rheumatismus vorgeschrieben. Äußerlich ist die Schwarzpappelsalbe ein Wundheilmittel. *Verwendete Teile:* die Knospen. *Erntezeit:* März/April. *Geschichte:* Die therapeutische Verwendung der Schwarzpappel ist uralt.

113 **POPULUS TREMULA L.** **Salicaceae**
Zitterpappel, Espe (Tremble, Peuplier tremble / Aspen)

Vorkommen, Standort: Gesamteuropa. Häufig in hellen Wäldern, in Ebenen und im Gebirge. *Beschreibung:* kleiner Baum; Stamm mit grauer Rinde; am Grund zahlreiche Wurzelschößlinge; abfallende, mehr oder weniger grüngraue, unten hellere, abgerundete, lang gestielte Blätter. Sie zittern beim leichtesten Lufthauch. März/April. *Wirksame Inhaltsstoffe:* gleiche Inhaltsstoffe und Anwendung wie bei der Schwarzpappel. In der Homöopathie wird eine aus den frischen Blättern und dem Splintholz zubereitete Tinktur verwendet.

114 **PYROLA ROTUNDIFOLIA L** **Pyrolaceae**
Rundblättriges Wintergrün (Pirola a feuilles rondes / Wintergreen)

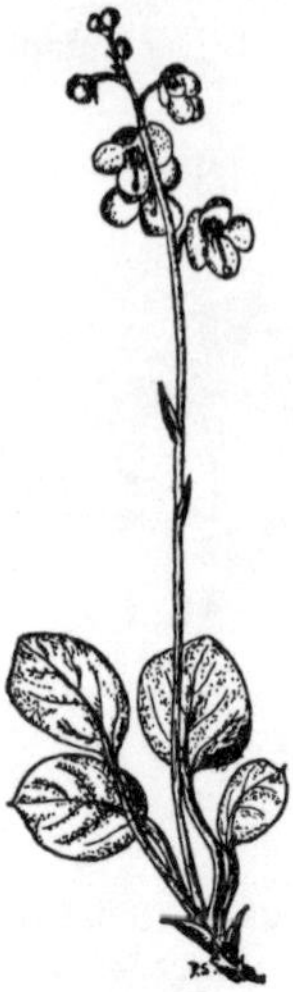

Vorkommen, Standort: Europa, Zentral- und Nordasien, Nordamerika. Verbreitet, manchmal häufig in Nadelwäldern, auf Heiden, im Untergehölz. *Beschreibung:* ausdauernde, 20–30 cm hohe Pflanze, Ausläufer treibender Wurzelstock; traubiger Blütenstand mit weißen, flachglockigen Blüten. Annähernd kreisförmige, rosettenartige, wintergrüne Blätter. Die Pflanze ist dem Maiglöckchen ähnlich. Mai–September. *Wirksame Inhaltsstoffe:* Die Blätter enthalten das Glykosid Arbutin, ferner Gerbstoffe und Flavone. *Eigenschaften:* Das Arbutin wirkt adstringierend, als Harndesinfiziens und wundheilend. *Anwendung, Zubereitung:* Die getrockneten Blätter (*Herba Pirolae*) sind als Infus zubereitet wirksam gegen Cystitis, als Diureticum und als Desinfektionsmittel der Harnwege. In der Pharmazie wird ein flüssiger Extrakt (*Extract. fluid. Pirolae*) verwendet.

115 **PYRUS COMMUNIS L.** Rosaceae
Birnbaum (Poirier sauvage / Peartree)

Vorkommen, Standort: Gesamteuropa, Nordasien. Ziemlich häufig in hellen Wäldern. *Beschreibung:* ovale, kahle, lang gestielte Blätter; weiße, zu Büscheln angeordnete Blüten. Kleine, grüne oder bräunliche Birnen. *April/ Mai. Wirksame Inhaltsstoffe:* Die Blätter enthalten Arbutin und die Wurzelrinde das Glykosid Phloridzin. Die Frucht ist reich an Pektin. Keine therapeutische Anwendung.

116 SALIX ALBA L. [163] **Salicaceae**
Silberweide (Saule blanc / White willow)

Vorkommen, Standort: ganz Europa. Häufig in feuchten Wäldern, an den Küsten, am Rand von Gewässern. *Beschreibung:* Baum mit aufrechten Ästen; silbrigweißes Laub; längliche, schmale, fein gezähnte, an ihrer Spitze asymmetrische Blätter. Es existieren zahlreiche Anbauarten. April/Mai. *Wirksame Inhaltsstoffe:* Die Rinde und die Blätter enthalten das Glykosid Salicin (Salicosid) und Gerbstoffe. *Eigenschaften:* Tonicum, Fiebermittel, Antirheumaticum. *Anwendung, Zubereitung:* Früher war die Rinde der Silberweide und auch anderer Arten der Gattung *Salix* offizinell (*Cort. Salicis*). Heute hat die Acetylsalicylsäure die Silberweide verdrängt. *Verwendete Teile:* die Rinde. *Erntezeit:* April/Mai. *Geschichte:* In der Medizin des antiken Griechenlands bereits wurde die Rinde der Silberweiden gegen Fieber verwendet.

Kapitel 7 Flavonoid-Pflanzen

Seit mehr als 150 Jahren verwendet die Farbstoffindustrie bestimmte pflanzliche Phenolverbindungen (natürliche Polyphenole), um Wolle, Seide und Baumwolle gelb zu färben. Wegen der Farbe, die sie erzeugen, nannte man sie Flavone (lateinisch: »flavus« = gelb). Nach ihrer chemischen Struktur kann man sie in verschiedene Gruppen einteilen.

Die Flavonoide werden aufgegliedert in

Flavone	z. B. Apigenin
	Luteolin
Flavonole	z. B. Kämpferol
	Quercetin
Flavanone	z. B. Eriodictyol
Isoflavone	z. B. Genistein
Chalkone	z. B. Butein
Aurone	z. B. Sulfuretin

Nachdem man einige Flavone mehr als ein Jahrhundert lang nur als Farbstoff verwendet hatte, entdeckte man durch Zufall, daß sie in Verbindung mit dem Vitamin C auch eine therapeutische Wirkung besitzen.
Dem im Jahre 1842 ebenfalls als Farbstoff verwendeten Rutin, einem Quercetin-Rhamnoglykosid, das aus *Ruta graveolens* (übelriechende Raute) isoliert worden war, erkannte man sogar Vitamincharakter (Vitamin P) zu. Die Bezeichnung Vitamin P ist aber nicht gerechtfertigt, da bis heute keine echte Vitamin P-Mangelerkrankung bekannt geworden ist.
Die pharmakologische Wirkung des Rutins und anderer Quercetinabkömmlinge läßt sich weniger in Tierversuchen (weiße Mäuse, Meerschweinchen) als im klinischen Test nachweisen. Flavone sind im allgemeinen geschmacklos, nur einige, wie z. B. jene aus Zitrusfrüchten besitzen einen stark bitteren Geschmack. Die Flavonoide der Schlüsselblume (Primelgewächse) z. B. sind in Öl löslich, während die meisten anderen mehr wasserlöslich sind. Zur industriellen Gewinnung von »Vitamin P« werden die Flavonole durch Kochen mit Äthanol (Äthylalkohol) aus der Pflanze extrahiert und nach einer ersten Konzentrierung die Fette und das Chlorophyll durch Filtration abgeschieden. Nach einer zweiten Konzentrierung und Abkühlen bleibt eine rohe Masse, ein gelb-orangefarbener Rückstand, der nach Umkristallisation Rutin liefert. Versuche mit reinen Flavonoiden haben gezeigt, daß einige herz- und kreislaufwirksam sind. Sie vermindern auch die Brüchigkeit der Kapillargefäße. Im übrigen werden sie vor allem als Spasmolytica und Diuretica verwendet, Eigenschaften, die man seit langem z. B. den Auszügen des Gänsefingerkrautes, des Hirtentäschelkrautes, der Kamille, den Birkenblättern und der weißen Taubnessel zuerkannte. Einige flavonhaltige Pflanzen, wie z. B. die Mariendistel, besitzen eine bedeutende Leberwirksamkeit.

Zwischen der Leber- und Gallewirksamkeit einer Pflanze und der gelben Farbe ihrer Blütenblätter besteht aber kein direkter Zusammenhang.
Interessanterweise enthalten Früchte mit hohem Vitamin C-Gehalt auch reichlich Flavonoide, z. B. der Sanddorn, die Hagebutte und die Eberesche, die als hervorragende Vitamin-C-Lieferanten bekannt sind.
Die Anthocyanheteroside (Anthocyane), die z. B. in den blauen Blüten (Kornblume, Veilchen, Malve) und in den schwarzen Kirschen die farbgebenden Komponenten darstellen, werden in diesem Buch nicht in einem besonderen Kapitel behandelt. In saurer Lösung werden diese Farbstoffe rot, in alkalischer Lösung blau. Sie sind ebenfalls Phenolverbindungen, von der allgemeinen Struktur C_6–C_3–C_6. Die bekanntesten Anthocyane sind Glykoside des Cyanidins, enthalten in der Kornblume, des Delphinidins, enthalten im Rittersporn, des Pelargonidins, enthalten in den Pelargonien (Geranien). Eine spezifische therapeutische Wirkung kommt ihnen nicht zu.

117 **ANTHRISCUS CEREFOLIUM** (L.) Hoffm. **Apiaceae**
Garten-Kerbel, Kerbel (Cerfeuil cultivé / Parsley, Chervil)

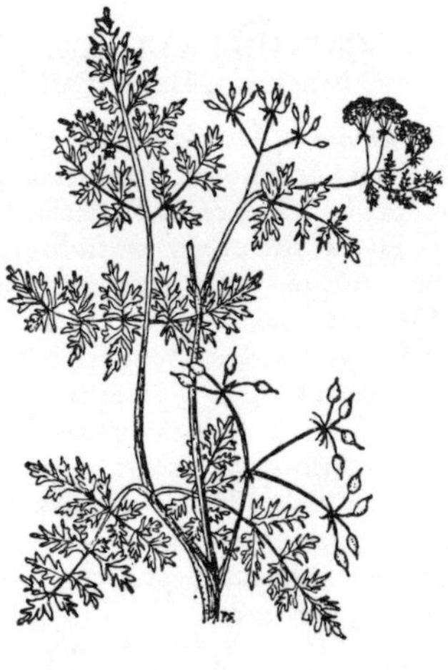

Vorkommen, Standort: in Südeuropa und in den Mittelmeergegenden. Als Gewürz in ganz Europa kultiviert. *Beschreibung:* einjährige Pflanze, 50–90 cm hoch. Gefiederte, stark aromatisch riechende Blätter; kleine, weiße, in dichten Dolden stehende Blüten. Mai/Juni. *Wirksame Inhaltsstoffe:* Die Pflanze (*Herba Cerefolii*) enthält ein ätherisches Öl mit Methylchavicol als Hauptkomponente. Die Blätter enthalten außerdem das Flavonglykosid Apiin. *Eigenschaften:* Der Kerbel wirkt stimulierend, leicht diuretisch und blutreinigend. Er besitzt eine gute Wirkung gegen gewisse Ophtalmien. *Anwendung, Zubereitung:* Als blutdrucksenkendes Mittel wird der Kerbel nur in der Volksmedizin als Infus oder destilliert verwendet. Er stellt ein hochwertiges Kochgewürz dar und ist Hauptbestandteil der »fines herbes«. *Verwendete Teile:* die blühenden Pflanze. *Erntezeit:* Mai/Juni. Bei der Ernte von wildwachsenden Kräutern wurde diese Pflanze oft mit anderen Doldenblütern verwechselt, wodurch schwere Vergiftungen verursacht worden sind.

118 **ANTHRISCUS SYLVESTRIS** (L.) Hoffm. **Apiaceae**
Waldkerbel (Anthrisque sauvage / Cow Parsley)

Vorkommen, Standort: ganz Europa. Sehr häufig auf feuchten und fetten Wiesen, in Obstgärten, Weiden, Hecken, Untergehölz, in der Ebene und im Gebirge. *Beschreibung:* ausdauernde, 60–120 cm hohe Pflanze mit großen,

gefiederten, hellgrünen Blättern. Die Blätter erscheinen schon Anfang des Winters. Im allgemeinen hohler und wenig behaarter Stengel; Blütenstand: weiße Dolden. April–Juni. *Wirksame Inhaltsstoffe:* Die Wurzel enthält giftige phenolische Substanzen, aliphatische Säuren und eine kleine Menge eines ätherischen Öls. *Eigenschaften:* Im Tierversuch hatte der Waldkerbel eine starke Wirkung auf die Gebärmutter. Er ist ein sehr starkes Abtreibungsmittel, dessen Dosierung nicht genau bekannt ist. *Anwendung, Zubereitung*: keine therapeutische Anwendung.

119 **CALLUNA VULGARIS** (L.) Hull [138] **Ericaceae**
Heidekraut, Heide (Calline fausse-bruyère, Brande / Ling)

Vorkommen, Standort: ganz Europa. Sehr häufig auf mageren, sauren Böden; Heiden, Torfmoore. *Beschreibung:* Halbstrauch, 15–50 cm hoch; sehr zahlreiche, in 2 Reihen dachziegelartig angeordnete, mattgrüne, manchmal graue, im Herbst sich purpurrot färbende Blätter; sehr kleine, in verzweigten Rispen angeordnete, purpurrosa gefärbte, selten weiße Blüten. August/September. *Wirksame Inhaltsstoffe:* Die Pflanze enthält die Flavonglykoside Quercitrin und Myricitrin, in Spuren auch Arbutin und Gerbstoff. *Eigenschaften:* Das Heidekraut wirkt diuretisch und antiseptisch, ist Bestandteil mehrerer blutreinigender und expectorierender Teemischungen. *Anwendung, Zubereitung: Herba Ericae* war früher offizinell und wurde in der Homöopathie (Tinktur aus den blühenden Zweigen) zur Behandlung von Nieren- und Harnwegerkrankungen verwendet. *Verwendete Teile:* die blühenden Sproßspitzen. *Erntezeit:* August/September. *Geschichte:* Das Heidekraut wird seit dem Mittelalter verwendet.

120 **CAPSELLA BURSA-PASTORIS** (L.) Medikus [136] **Brassicaceae**
Hirtentäschelkraut, Taschenkraut (Bourse à Pasteur, Capselle / Shepherd's purse)

Vorkommen, Standort: über ganz Europa und die Erde verbreitet. Überall sehr häufig; auf Brachböden und Aufschüttungen, als Unkraut in Kulturen. *Beschreibung:* einjährige Pflanze, deren aufrechte Stengel eine Höhe von 50 cm erreichen. Kleine, graugrüne, sehr unterschiedlich aussehende Blätter. Weiße, kleine Blüten. Den dreieckig verkehrt-herzförmigen Früchten verdankt die Pflanze ihren Namen. Januar–Dezember. *Wirksame Inhaltsstoffe:* Die Pflanze enthält die Aminoalkohole Cholin und Acetylcholin, ferner Aminophenol, Tyramin und auch mehrere Flavonoide. *Eigenschaften:* Das Hirtentäschelkraut ist wegen seiner hämostypischen Eigenschaften berühmt. Das Tyramin wirkt sympathomimetisch und blutdruckerhöhend. *Anwendung, Zubereitung:* Man verwendet entweder das Infus der getrockneten Pflanze oder einen flüssigen Extrakt. Es ist ein wirkungsvolles Heilmittel gegen Menorrhagien, Dysmenorrhöe und Metrorrhagien. Die homöopathische Tinktur wird bei Nasenbluten und innerlichen Blutungen, ferner bei Cystitis oder Lithiasis der Harnwege empfohlen. *Verwendete Teile:* die ganze Pflanze (*Herba Bursae pastoris*); sie darf nicht länger als ein Jahr aufbewahrt werden. *Geschichte:* Das Hirtentäschelkraut ist seit der Antike bekannt und wurde im Mittelalter ziemlich häufig verwendet.

121 CRATAEGUS MONOGYNA Jacquin [132] Rosaceae
Eingriffliger Weißdorn (Aubépine à un style / Hawthorn)

Vorkommen, Standort: Gesamteuropa; Nordasien. Gewöhnlich in lichten Wäldern, Eichenwäldern. *Beschreibung:* mittelgroßer Strauch oder kleiner, selten bis 8 m hoher, dorniger Baum; breiteiförmige, dunkelgrüne, 3–7-lappige, oft tief eingeschnittene Blätter. Weiße, stark duftende Blüten in lockeren Doldenrispen; nur ein Griffel; runde, rote Scheinfrucht mit einem Nüßchen. Mai/Juni. *Wirksame Inhaltsstoffe:* Der Eingrifflige Weißdorn enthält die gleichen flavonoiden Inhaltsstoffe wie der Zweigrifflige Weißdorn: Hyperosid, Quercetin, Vitexin, und Vitexinrhamnosid. Die Blüten sind reicher an Lactonen als die der anderen Art. *Eigenschaften und Anwendung:* die gleichen wie beim Zweigriffligen Weißdorn, die Blüten und Früchte beider Sorten sind im Handel.

122 CRATAEGUS OXYACANTHA L. [133] Rosaceae
Zweigriffliger Weißdorn (Aubépine épineuse / Hawthorn)

Vorkommen, Standort: Gesamteuropa. Gewöhnlich in lichten Wäldern und Hecken. *Beschreibung:* dorniger Strauch, ziemlich dicht. Kleine Blätter, glänzend, wenig gelappt. Weiße Blüten mit runden Blütenblättern, 2 oder 3 Griffel. Jede rote Scheinfrucht umschließt 2 oder 3 Nüßchen. April–Juni. *Wirksame Inhaltsstoffe:* Blätter, Blüten und Früchte enthalten Flavonoide, Leucoanthocyanidine und Triterpenderivate: Crataeguslacton besteht aus Crataegolsäure, Ursolsäure und Oleanolsäure. *Eigenschaften:* Der Weißdorn wirkt cardiotonisch, er vermag die Hypo- und Hypertension zu korrigieren, die Tachycardie und die Arythmie. Er wirkt antispasmodisch und beruhigend, heilsam bei Schlaflosigkeit nervöser Genese (»Baldrian des Herzens«). *Anwendung, Zubereitung:* Man bereitet ein Infus aus den Blüten (*Flores Crataegi*), 2 Eßlöffel Blüten auf eine Tasse kochenden Wassers. Die Kur besteht aus 2–3 Tassen täglich einen Monat lang. Der Weißdorn beugt gegen Arteriosklerose vor, seine Wirkung auf die Gefäße ist bedeutend. Der Fluidextrakt ist angezeigt bei Angina pectoris. *Verwendete Teile:* die kurz vor dem Verwelken gepflückten Blüten und die Früchte. *Geschichte*: Der therapeutische Wert des Weißdorns wurde erst Ende des vergangenen Jahrhunderts von amerikanischen Ärzten entdeckt. Dioscurides hatte ihn bereits erwähnt.

123 EQUISETUM ARVENSE L. [161] — Equisetaceae
Ackerschachtelhalm, Katzenschwanz (Prêle des champs, Queue de chat / Common horsetail)

Vorkommen, Standort: Gesamteuropa. Äcker, Böschungen, Wegränder an steinigen und trockenen Orten. *Beschreibung:* kräftige Pflanze mit aufrechten 10–30 cm hohen Wedeln mit dünnen, hellgrünen Zweigquirlen, mit schwarzen Zähnen an der Spitze. Die Pflanze bringt unfruchtbare und fruchtbare Sprosse hervor. Die fruchtbaren Sprosse erscheinen früher als die anderen und tragen einen 3 cm langen Sporophyllstand. *Wirksame Inhaltsstoffe:* Die Pflanze ist reich an Kieselsäure. Sie enthält Flavonoide (das Isoquercitrin, das Luteolin und das Kämpferol), ferner das Equisetonin, ein Saponin und Spuren von Alkaloiden (Nicotin). *Eigenschaften:* harntreibend, blutstillend, bindegewebskräftigend. *Anwendung, Zubereitung:* Die Pflanze (*Herba Equiseti*) wird als Abkochung zur Tuberkulose-Therapie sowie als harntreibendes Mittel verwendet. In der Homöopathie wird eine aus frischen Pflanzen hergestellte Tinktur bei Cystitis, Anurese und Lungentuberkulose verwendet. In der Volksheilkunde wird die Pflanze als Gurgelmittel und Mundspülwasser gegen Munderkrankungen ferner zur Blutstillung bei Nasenbluten und inneren Blutungen benutzt. *Geschichte:* seit dem 16. Jahrhundert offizinell.

124 FAGOPYRUM ESCULENTUM Mœnch — Polygonaceae
Buchweizen, Heidekorn (Sarrasin, Blé nior / Buckwheat)

Vorkommen, Standort: Nordasien, nach Europa eingeführt. Kultiviert und wildwachsend an Stellen, wo sie bereits früher angebaut wurde; auf kieselsäurehaltigen Böden. *Beschreibung:* einjährige, 35–80 cm hohe Pflanze; rote, wenig verzweigte Stengel. Breite, pfeilförmige Blätter. Rosaweiße, in langen, verzweigten Blütenständen angeordnete Blüten. Juli–September. *Wirksame Inhaltsstoffe:* Die Pflanze enthält Rutin und das rot fluoreszierende Fagopyrin (ein Anthracenabkömmling), das als Photosensibilisator wirkt und bei Mensch und Tier eine starke Lichtempfindlichkeit auslöst. Der Samen und das Mehl, das man aus der Pflanze gewinnt, enthalten keine dieser Substanzen. *Eigenschaften:* Der Buchweizen ist vor allem eine Nahrungspflanze. Die gemahlenen Samen ergeben ein Mehl, aus dem man nahrhafte Kuchen und Nudeln herstellt. *Anwendung, Zubereitung:* Die Homöopathie verwendet eine aus der Pflanze zubereitete Tinktur (bei der Samenreife) gegen Ekzem, Juckreiz und Leberschwellung. *Erntezeit:* September/Oktober.

125 GENISTA TINCTORIA L. [147] — Fabaceae
Färber-Ginster (Genêt des teinturiers / Dyer's greenweed)

Vorkommen, Standort: Gesamteuropa. Häufig auf Hügeln, an sonnigen Hängen, Waldrändern. *Beschreibung:* verzweigter Halbstrauch mit aufrechten Ästen, 30–60 cm hoch. Leicht behaarte Zweige, lanzettliche Blätter; schön gelb gefärbte Blüten; Juni–August. *Wirksame Inhaltsstoffe:* Die Pflanze enthält die zwei Alkaloide Cytisin und Methylcytisin, das früher zum Färben benützte Luteolin sowie das Isoflavon Genistein. *Eigenschaften:* diuretisch und mild abführend. *Anwendung, Zubereitung:* »Färber-Ginster« früher auch offizinell (*Herba Genistae tinctoriae*). Heute wird diese Pflanze kaum mehr verwendet.

126 HELIANTHUS ANNUUS L. Asteraceae
Sonnenblume (Tournesol / Sunflower)

Vorkommen, Standort: Zentralamerika, Mexiko. Seit dem 16. Jahrhundert in Europa kultiviert. *Beschreibung:* Riesin unter den einjährigen Pflanzen. Es existieren zahlreiche Anbauvarietäten. Die Sonnenblume wurde zuerst als Zierpflanze und dann im industriellen Ausmaß zur Gewinnung von Speiseöl kultiviert. Juli–September. *Wirksame Inhaltsstoffe:* Die Blüte enthält das Flavonol-Glykosid Quercimeritrin, ferner ungefähr zehn andere chemische Verbindungen, darunter das Histidin. Die Samen enthalten 30% eines fetten Öles, Albumine, Cholin, Lecithin, Betain und Gerbstoffe. Sie stellt die histidinreichste Pflanze dar. *Pharmakologische Wirkung:* Das kalt ausgepreßte Öl wird als Vorbeugungsmittel gegen Arterienverkalkung empfohlen. *Anwendung, Zubereitung:* Das Sonnenblumenöl gewinnt für die Ernährung immer mehr an Bedeutung. Aus den frischen Blüten gewonnener Extrakt wurde früher gegen Malaria, in Fällen, bei denen Chinin wirkungslos blieb, ferner zur Bekämpfung fieberhafter Zustände bei Tuberkulosekranken verwendet. In der Homöopathie wird eine Tinktur aus den reifen Samen hergestellt. Sie soll sehr wirksam gegen Obstipation und Nesselsucht sein. Äußerlich wird die Tinktur, wie Arnika, bei Prellungen und Wunden verwendet.

127 HIPPOPHAË RHAMNOIDES L. [132] Elaeagnaceae
Sanddorn (Argousier / Sea-buckthorn)

Vorkommen, Standort: in ganz Europa verstreut. Küsten, Dünen, in der Nähe des Meeres; entlang von Wasserläufen verbreitet. Er bildet Dickichte. *Beschreibung:* dorniger, 1–3 m hoher Strauch; hellbrauner Stamm und hellbraune Äste; schmale, lanzettliche, auf der Oberseite silbrige, auf der Unterseite braune Blätter. Eingeschlechtige, grüne, sehr kleine Blüten. Die Frucht ist eine orangefarbene Beere. April/Mai. *Wirksame Inhaltstoffe:* Die Beeren enthalten ein Glykosid des Quercetins und Isorhamnetins, Provitamin A und viel Vitamin C sowie mehrere organische Säuren. *Eigenschaften:* hervorragender Vitamin C-Lieferant. *Anwendung,* Zubereitung: Man bereitet einen konzentrierten, flüssigen Extrakt, der in der Homöopathie und in der modernen Diätetik verwendet wird. *Verwendete Teile:* die reifen Beeren. *Erntezeit:* August/September.

128 LAMIUM ALBUM L. [158] Lamiaceae
Weiße Taubnessel (Lamier blanc, Ortie blanche / White dead-nettle)

Vorkommen, Standort: ganz Europa. Häufig in Obstgärten, unter Hecken, an Wegrändern, in Lichtungen. *Beschreibung:* ausdauernde Pflanze mit kriechendem Sproß; steife, viereckige, 15–30 cm hohe Stengel; dicht behaarte, herzförmige, gezähnte, kreuzgegenständige Blätter, die den Brennesselblättern im Aussehen ähnlich sind; weiße, in achselständigen Wirteln angeordnete Blüten.

April–September. *Wirksame Inhaltsstoffe:* Die Pflanze enthält Pflanzenschleim, Gerbstoff und die Flavonole Isoquercitrin und Kämpferol sowie Histamin und Tyramin. *Eigenschaften:* stärkend, adstringierend, expectorierend. *Anwendung, Zubereitung:* Das aus den Blüten (*Flores Lamii*) zubereitete Infus wird bei Leukorrhöen, Metrorrhagie und Prostatitis empfohlen. In der Homöopathie wird eine Tinktur gegen Infektionen der Atmungswege, bei Tuberkulose und Dysmenorrhöe verwendet. *Geschichte:* therapeutische Anwendung schon im Mittelalter.

129 **LINARIA VULGARIS** Miller [153] **Scrophulariaceae**
Gemeines Leinkraut, Frauenflachs (Linaire commune / Common toadflax)

Vorkommen, Standort: Europa, Westasien. Sehr häufig; trockene Äcker, dürre Böden. *Beschreibung:* ausdauernde, 25–60 cm hohe Pflanze; lineale, kahle, blaugrüne Blätter. Gelbe Blüten mit einem orangefarbenen Sporn. Juli–September. *Wirksame Inhaltsstoffe:* Die Pflanze (und besonders die Blüten) enthalten u. a. die Flavonglykoside Linarin und Pectolinarin. *Eigenschaften:* diuretisch. *Anwendung, Zubereitung:* früher offizinell (*Herba Linariae*), wird heute das Gemeine Leinkraut nur noch in der Volksmedizin als Blutreinigungsmittel und als Diureticum verwendet. *Verwendete Teile:* die blühende Pflanze. *Erntezeit:* Juni–September. *Geschichte:* Das Gemeine Leinkraut ist eine alte offizinelle Pflanze, die aber jede Bedeutung verloren hat.

130 **POLYGONUM AVICULARE** L. [162] **Polygonaceae**
Vogelknöterich (Renouée des oiseaux / Knotgrass)

Vorkommen, Standort: über Europa und die ganze Erde verbreitet. Sehr häufig auf trockenen Böden. *Beschreibung:* einjährige, niedrigwachsende, teils liegende Pflanze; im Aussehen sehr verschieden. Der Stengel erreicht eine Länge von 40 cm. Wechselständige, lanzettliche, an ihrer Basis mit einer silbrigen Hülle umgebene Blätter. Weiße oder rötliche, sehr kleine, am ganzen Stengel verstreute Blüten. Juni–November. *Wirksame Inhaltsstoffe:* Die Pflanze enthält viel Kieselsäure, Gerbstoff, Pflanzenschleim und das Flavonolglykosid Avicularin, ein Quercetin-arabinosid. *Eigenschaften:* adstringierend, antidiarrhöisch, diuretisch, hämostatisch und wundheilend. *Anwendung, Zubereitung:* Die Abkochung der Pflanze (*Herba Polygoni*) wird gegen Enteritiden, Diarrhöen, Dysenterie empfohlen und bei Bronchitis, Lungentuberkulose, ferner wegen ihrer hämostatischen Eigenschaften verwendet. *Verwendete Teile:* die blühende Pflanze. *Erntezeit:* Juni–September. *Geschichte:* Die Pflanze ist seit der Antike offizinell.

131 **POTENTILLA ANSERINA** L. [160] **Rosaceae**
Gänse-Fingerkraut, Fingerkraut (Potentille des oies, Ansérine / Silverweed)

Vorkommen, Standort: Gesamteuropa. Sehr häufig auf trockenen Böden. *Beschreibung:* ausdauernde Pflanze mit kriechenden Stengeln. Gefiederte, gezähnte, auf der Unterseite oder manchmal beiderseitig silbrig behaarte

Blättchen. Einzelständige gelbe Blüten von 2 cm Durchmesser, mit 5 Blütenblättern. Lange und dünne Blütenstiele; Mai–August. *Wirksame Inhaltsstoffe:* Die Pflanze enthält Gerbstoffe, Flavone und Tormentosid. *Eigenschaften:* wirksames Antispasmodicum, adstringierendes Mittel, Antidiarrhoicum. *Anwendung, Zubereitung:* früher offizinell (*Herba Anserinae*), wird heute das Gänse-Fingerkraut in der Homöopathie als Antispasmodicum bei Dysmenorrhöen und Gastritiden verwendet.

132 RESEDA LUTEOLA L. — Resedaceae

Färber-Wau, Färber-Reseda (Réséda des teinturiers, Gaude / Weld)

Vorkommen, Standort: Gesamteuropa; kultiviert; häufig auf Aufschüttungen und Trümmern, in der Nähe bewohnter Orte. *Beschreibung:* zweijährige, bis zu 1,20 m hohe Pflanze. Steife, wenig verzweigte Stengel; lanzettliche, schmale, dunkelgrüne, kahle Blätter. Gelblichgrüne, schmale, in länglichen Trauben angeordnete Blüten; Juni-September. *Wirksame Inhaltsstoffe:* Die Pflanze enthält das Flavon Luteolin. *Eigenschaften:* Der Färber-Wau diente früher dazu, die Stoffe gelb zu färben. *Anwendung, Zubereitung:* Diese Pflanze wird heute nicht mehr medizinisch verwendet.

133 RUTA GRAVEOLENS L. — Rutaceae

Gartenraute, Raute (Rue / Rie, Herb-of-Grace)

Vorkommen, Standort: Mittelmeergebiet; Nordafrika. In Südfrankreich verbreitet; vielfach angebaut; Gartenflüchtling, stellenweise eingebürgert. *Beschreibung:* ausdauernde, 40–60 cm hohe Pflanze; verzweigter, aufrechter Stengel; grünblaue, zusammengesetzte Blätter; ovale, stumpfe Blättchen; kleine, gelbe Blüten; Juni. *Wirksame Inhaltsstoffe:* Die Pflanze enthält ein ätherisches Öl (*Ol. Rutae*), das aus ungefähr 10 Substanzen besteht (Ketone, Alkohole, Ester, Terpen-KW). Außerdem enthält die Raute ein Glykosid, das Rutin, das mit Vitamin P gleichbedeutend ist. *Eigenschaften:* Der Raute-Extrakt ruft lokale Entzündungen hervor. Das Rutin wird zur Behandlung der Blutgefäßbrüchigkeit, als Spasmolyticum und als Mittel, den arteriellen Druck zu erniedrigen, verwendet. *Anwendung, Zubereitung:* In der Homöopathie verwendet man den Extrakt der frischen Pflanze, um die Augen zu stärken, ferner bei Rheumatismus, Neuralgien und Menorrhagien. Auf dem Land verwendet man noch die Raute als Gurgelwasser, Infus, und als Stomachicum, Carminativum, Antispasmodicum und Diaphoreticum, besonders aber als Emmenagogum und Abortivum. In Italien wird sie als Kochgewürz verwendet.

134 SAMBUCUS NIGRA L. **Caprifoliaceae**
Schwarzer Holunder (Sureau noir / Elder)

Vorkommen, Standort: Gesamteuropa. Verbreitet, manchmal häufig; Waldränder, Schluchten; manchmal in der Nähe von Dörfern gepflanzt. *Beschreibung:* kleiner, sehr bekannter Baum. Die Stammrinde ist hell, rissig und hat weiße Lentizellen. Große, mattgrüne Blätter mit 5 lanzettlichen, gezähnten Blättchen. Kleine, cremeweiße, stark riechende, in weiten Trugdolden angeordnete Blüten. Die Früchte sind kleine, schwarze Beeren; Juni/Juli. *Wirksame Inhaltsstoffe:* Die Blüten *(Flor. Sambuci)* enthalten ein ätherisches Öl, ferner Rutin und Quercetin, Pflanzenschleime und Gerbstoffe. Die Früchte sind reich an Vitamin C. *Eigenschaften:* Die Blüten des Schwarzen Holunders sind pflanzenschleimhaltig und wirken diaphoretisch und antispasmodisch. *Anwendung, Zubereitung:* Das Infus der Blüten ist ein hervorragendes Diaphoreticum, besonders bei Erkältungen und fieberhaften Zuständen, und ein schwaches Diureticum. Als Gurgelwasser heilt das Infus die Pharyngitis, Angina und Stomatitis. Der Schwarze Holunder ist ein Adjuvans der mild abführenden Getränke. Man ißt die gekochten Früchte und bereitet aus ihnen Konfitüre. *Geschichte:* Der Schwarze Holunder ist eine der seltenen Pflanzen, die seit der frühesten Antike bekannt sind und noch heute verwendet werden. Die Völker der Jungsteinzeit aßen die Beeren, und die Alten Griechen kannten die therapeutischen Eigenschaften der Blüten und Früchte.

Kapitel 8 Pflanzen mit Cumarin-Heterosiden

Die Cumarine sind innere Ester (Lactone) von o-Hydroxy-Zimtsäuren, die in Pflanzen meistens als phenolische Verbindungen vorliegen.
Der Name Cumarin stammt von einem südamerikanischen Baum, *Dipterix odorata*, der die Tonka-Bohne liefert und von den Eingeborenen Coumarouna genannt wird.
Der Geruch, der an den frischen Heus erinnert, wird in der Parfümerie als Anregungs- und Fixier-Mittel verwendet.
In der Chemie war das Cumarin der erste Parfümgrundstoff. Es wurde von dem Londoner W. H. PERKIN 1868 aus Teer gewonnen.

Die natürlichen Cumarine kommen frei oder in Form ihrer Heteroside in verschiedenen Strukturvarianten vor:

Hydroxycumarine und Methoxycumarine:

Cichoriin	(Zichorie oder Endivie, Esche)
Daphnin	(Seidelbast)
Aesculin	(Rosskastanie)
Fraxin	(Esche)
Herniarin	(Bruchkraut)
Umbelliferon	(Apiaceen)
Scopolin	(Tollkirsche und Gelsemium)

Furanocumarine:

Angelicin	(Engelwurz)
Bergapten	(Petersilie)
Imperatorin	(Meisterwurzel)
Isobergapten	(Bibernelle)
Pimpinellin	(Bibernelle)
Psoralen	(Asphalt-Klee)
Xanthotoxin	(Raute)
Xanthotoxol	(Engelwurz)

Pyranocumarine:

Samidin	(Ammi visnaga)
Visnadin	(Ammi visnaga)

Dicumarole: Sie entstehen durch Gärung des Steinklees.

Das einfachste Beispiel für die Bildung eines Cumarins aus einem Glykosid ist das Asperulosid des Waldmeisters.

Unter Einwirkung des Ferments β-Glucosidase in Gegenwart von Wasser entsteht aus dem Asperulosid Dextrose und Cumarinsäure, die sich ihrerseits wieder in Cumarin umwandelt.

Beispiel:	*Heterosid* +	*Ferment*	→ *Genin*	+ *Zucker*
Waldmeister	Asperulosid +	Glucosidase	→ Cumarin-säure	+ Dextrose
Asperula odorata		+ Wasser	↓	
			Cumarin kristallisierbar	

(→: wandelt sich um in ...)

Das Cumarin ist in vielen Pflanzen enthalten und tritt in mehr als 100 verschiedenen Formen auf. Manche Arzneipflanzen enthalten es nur in Spuren. In Liliaceen z. B. kommen Cumarine nicht vor, während die Gramineen und die Apiaceen besonders reich an ihnen sind. Sie finden sich in Blättern, Früchten, Samen und Wurzeln. Nach dem Trocknen einer Pflanze, z. B. von Lavendel, Steinklee, Waldmeister und Tabak, lassen sie sich durch ihren angenehmen Geruch nachweisen.

In der Gruppe der Apiaceen kommen häufig die sogenannten Umbelliferone vor. Daneben trifft man auch Furanocumarine und Pyranocumarine, von denen die letzteren eine beachtliche vasodilatorische (blutgefäßerweiternde) Wirkung besitzen.

Unter den Cumarinderivaten gibt es Substanzen wie das Methoxypsoralen des Beilkrautes, die aus dem Sonnenlicht den ultravioletten Strahlenanteil B herausfiltern und auf diese Weise eine bessere Bräunung der Haut ermöglichen. Umgekehrt wird die Haut durch das bloße Einreiben mit anderen Cumarinen gegenüber Sonneneinstrahlung empfindlicher: Das ist z. B. der Fall bei den Blättern des Selleries, des Feigenbaums und der Bergamotte.

Cumarine zeigen in gelöstem Zustand unter der Wirkung von ultraviolettem Licht eine starke Fluoreszenz. Diese kann von grünblau bis blauviolett und sogar bis zu rosa variieren. Die bakteriostatische Wirkung der Cumarine wurde von DUQUÉNOIS untersucht. Er fand, daß der Ziegenbang durch die Cumarine des Habichtskrautes, einem Körbchenblütler, geheilt werden kann.

Obwohl die Cumarine im allgemeinen interessante und wertvolle Eigenschaften besitzen, können einige, wie die Ranunculoside des folgenden Kapitels, auch giftig sein. Es würde z. B. genügen, in einen Teich oder ein Aquarium einige Furanocumarine zu geben, um die Fische schwer zu schädigen, sogar zu töten. Die gefährlichste Cumarinsubstanz ist jedoch das Dicumarol des fermentierten Steinklees. Man benützt es z. B. zum Töten von Mäusen und Ratten, denn es hemmt, wie viele Cumarine, als sogenanntes Antivitamin K die Blutgerinnung. Andererseits kann es bei richtiger Dosierung zur Verhütung von Thrombose eingesetzt werden.

135 **ASPERULA ODORATA** L. [133] **Rubiaceae**
Syn. *Galium odoratum*
Waldmeister (Aspérule odorante, Belle-étoile / Wood-ward)

Vorkommen, Standort: ganz Europa, Nordasien. Sehr häufig in den Laubwäldern, besonders in Buchenwäldern, wo er manchmal bedeutende Kolonien bildet. *Beschreibung:* ausdauernde, aufrechte, 20–30 cm hohe Pflanze; lanzettliche, in Blattwirteln angeordnete, zu sechst bis acht stehende, fast kahle, wenig glänzende, mit sehr kurzen Stacheln besetzte Blätter. Weiße, kleine, röhrenförmige, stark duftende ,in endständigen Doldentrauben angeordnete Blüten; April–Juni. *Wirksame Inhaltsstoffe:* Die Pflanze enthält Asperulosid (das einen cumarinähnlichen, beim Trocknen der Pflanze angenehmen Geruch ergibt) und Gerbstoffe. *Eigenschaften:* Der Waldmeister wirkt antispasmodisch, anregend und diuretisch. *Anwendung, Zubereitung:* Die frische ganze Pflanze (*Herba Asperulae*) dient zur Bereitung einer Tinktur, die in der Homöopathie gegen Metritis verwendet wird. Die Volksmedizin schreibt ihr antispasmodische Eigenschaften zu und verabreicht sie bei Lebererkrankungen und Gelbsucht. Als Infus wirkt sie als Digestivum, Tonicum und Diureticum. *Verwendete Teile:* die ganze Pflanze in der Blütezeit. *Geschichte:* Schon im Jahre 1500 stellten Elsässer und Deutsche den berühmten »Maitrank« her, ein alkoholisches, mit Waldmeister aromatisiertes Getränk. Dieser »Maiwein«, eine Mazeration von Waldmeister in leicht gezuckertem Weißwein, besitzt anregende und verdauungsfördernde Eigenschaften. Mißbrauch kann heftige Kopfschmerzen verursachen.

136 **AVENA SATIVA** L. **Poaceae**
Hafer (Avoine cultivée / Oat)

Vorkommen, Standort: auf der ganzen Erde angebaute Getreideart. Es existieren zahlreiche Varietäten. Juli/August. *Wirksame Inhaltsstoffe:* Die Samen (*Semen Avenae*) enthalten Vanillosid, eine stimulierend wirkende Substanz, 55% Stärke, 2–5% Zucker, 10% Proteide und 5% Fette. In der Wurzel kommt Scopolin vor. *Eigenschaften:* Der Hafer liefert vor allem an Kalzium und verschiedenen anderen mineralischen Substanzen reiche Futtersamen; als kräftigende Diätkost bei Diabetes, gegen Dyspepsien und Gastroenteritiden. Das Vanillosid wirkt auf das Zentralnervensystem und soll das für Pferde stimulierende Wirkungsprinzip sein. *Anwendung, Zubereitung:* Der Nährwert des Hafers (Grützebrei, Flocken) darf nicht überschätzt werden. Er ist ein starkes, an nahrhaften Substanzen reiches, stimulierendes Mittel. In der Homöopathie wird eine aus der frischen, blühenden Pflanze zubereitete Tinktur verwendet. Sie wird zur Behandlung von Schlaflosigkeit, Rheumatismen, Lähmungen, Leberleiden und Hautkrankheiten verwendet.

137 **FRAXINUS EXCELSIOR** L. [146] **Oleaceae**
Esche (Frêne élevé / Ash)

Vorkommen, Standort: ganz Europa. Sehr häufig; schattige Wälder, steinige Abhänge. *Beschreibung:* hoher Baum. Glatte, graue, mit dem Alter rauher werdende Rinde. Zusammengesetzte, gegenständige, 20–25 cm lange Fiederblätter mit gezähnten, lanzettlichen, dunkelgrünen Blättchen. Schwarze Knospen; zuerst purpurrote, dann grüne Blüten mit zwei Staubblättern und einem Stempel, eingeschlechtig oder zweigeschlechtig; charakteristische, geflügelte Früchte. April/Mai. *Wirksame Inhaltsstoffe:* Die Rinde enthält das Glykosid Fraxin, ferner Fraxidin, Fraxinol und Rutin (Vitamin P), außerdem Zucker, Harze und Äpfelsäure. *Eigenschaften:* Das Fraxin wirkt stark diuretisch und abführend. *Anwendung, Zubereitung:* Die Rinde der Esche (*Cortex Fraxini*) wurde früher als Ersatz für die Chinarinde verwendet. Heute wird nur das Blatt benutzt.

138 GALIUM APARINE L. — Rubiaceae

Klebkraut, Kletten-Labkraut (Gaillet gratteron / Goosegrass)

Vorkommen, Standort: ganz Europa. Sehr häufig; Waldränder, Hecken, Untergehölz. *Beschreibung:* einjährige Pflanze, kletternder, bis 120 cm langer, mit kleinen, gekrümmten Stacheln versehener Stengel. Schmale, zu sechst bis acht einen Blattwirtel bildende Blätter. Weiße, sehr kleine, in Trauben angeordnete Blüten; Mai–Oktober. *Wirksame Inhaltsstoffe:* Die Pflanze enthält das Glykosid Asperulosid. *Eigenschaften:* wundheilend, narbenbildend, blutdrucksenkend. *Anwendung, Zubereitung:* Die Bauern verwendeten das Klebkraut zur Heilung von Wunden und Geschwüren. In der Homöopathie bereitet man eine Tinktur aus der frischen Pflanze (*Herba Galii aparinis*). Nach einem alten Volksglauben soll das Klebkraut gegen Krebs wirksam sein. *Verwendete Teile:* die blühende Pflanze. *Erntezeit:* Mai–September.

139 HERACLEUM SPHONDYLEUM L. [134] — Apiaceae

Wiesenbärenklau, Bärenklau (Patte d'ours, Berce commune / Hogweed)

Vorkommen, Standort: ganz Europa und Westasien. Sehr verbreitet; Wiesen, Weiden, Wegränder, ziemlich hoch im Gebirge. *Beschreibung:* zweijährige Pflanze. Sie ist die »gewöhnlichste« unter unseren weiß blühenden Apiaceen. Hohler, 60–120 cm langer Stengel. Gefiederte, behaarte Blätter. Weite Dolden, 10–15 cm im Durchmesser, mit weißen Blüten; Juni–Oktober. *Wirksame Inhaltsstoffe:* Die Pflanze enthält ein ätherisches Öl, das aus verschiedenen Butyraten, Furanocumarinen (Bergapten), Pimpinellin, Isopimpinellin und Sphondrin besteht. *Eigenschaften:* Der Bärenklau hat blutdrucksenkende, stimulierende und verdauungsfördernde Eigenschaften. Man hat ihm eine deutliche aphrodisierende Wirkung zugeschrieben. Die frische Pflanze kann nach Sonnenbestrahlung (Photosensibilisierung) Hautausschläge und schmerzhafte Blasen auf der Haut verursachen. *Anwendung, Zubereitung:* Auf dem Land wird vom Bärenklau allgemein Gebrauch gemacht. Man nimmt einen aus den Blättern und Samen zubereiteten Absud ein. In der Homöopathie bereitet man eine Tinktur und einen flüssigen Extrakt. *Geschichte:* Die Völker Osteuropas und Nordasiens stellten aus den vergorenen Blättern und Stengeln eine Art Bier her, den »Parst« oder »Bartsch« der Polen.

140 **MELILOTUS OFFICINALIS** (L.) Pallas [155] **Fabaceae**
Honigklee (Mélilot officinal / Common Melilot)

Vorkommen, Standort: ganz Europa, Nordasien. Häufig; Brachböden, Aufschüttungen, Böschungen, Wegränder. *Beschreibung:* zweijährige, 60–120 cm hohe Pflanze; dreigefiederte Blätter; lebhaft gelbgefärbte, in Trauben angeordnete Blüten; braune, stumpfe Hülsen. Juni–September. *Wirksame Inhaltsstoffe:* Die Pflanze enthält das Glykosid Melilotosid, das beim Trocknen Cumarin erzeugt. *Eigenschaften:* Die Pflanze (*Herba Meliloti*) ist erweichend, aromatisch, antispasmodisch und diuretisch. *Anwendung, Zubereitung:* In der Pharmazie benützt man den Honigklee als Geschmackskorrigens und als aromatisches Gewürz. Die Volksmedizin verwendet ihn gegen Bronchialkatarrhe und zu einem adstringierend wirkenden und entzündungshemmenden Augenwasser. *Verwendete Teile:* die blühende Pflanze. *Erntezeit:* Juni–September.

141 **PASTINACA SATIVA** L. **Apiaceae**
Pastinak (Panais cultivé / Wild parsnip)

Vorkommen, Standort: ganz Europa. Überall kultiviert. Wegränder, Abhänge. *Beschreibung:* zweijährige, 50–120 cm hohe Pflanze. Behaarte Stengel; gefiederte Blätter mit breiten Blättchen; gelbe Blüten. Die Pflanze strömt einen scharfen Geruch aus. Juli– September. *Wirksame Inhaltsstoffe:* Die Samen sind reich an ätherischen Ölen und Fettsäuren. Die Wurzel enthält ein fettes Öl, Proteide, Stärke und Pektin. Die ganze Pflanze enthält das Furanocumarin Bergapten. *Eigenschaften:* Der Pastinak wird als Gemüse gebraucht, hat aber heute keine offizinelle Verwendung mehr. In der Volksmedizin als Diureticum. Die frische Pflanze ruft Ausschläge hervor, wenn die Haut der Sonnenbestrahlung ausgesetzt wird (Photosensibilisierung).

142 **PEDICULARIS PALUSTRIS** L. [159] **Scrophulariaceae**
Sumpfläusekraut (Pédiculaire des marais, Herbe aux poux/Lousewort)

Vorkommen, Standort: ganz Europa. Auf sumpfigen, sauren Böden verbreitete; magere Wiesen. *Beschreibung:* einjährige, aufrechte Pflanze; kräftiger, rötlicher Stengel; gefiederte Blätter; hellrote, in Trauben angeordnete Blüten. Mai–August. *Wirksame Inhaltsstoffe:* Die ganze Pflanze enthält Aucubin, ein Melanin bildendes Glykosid (Pseudoindikan). *Eigenschaften:* Das Sumpfläusekraut ist giftig und besitzt insektizide Wirkung. *Anwendung, Zubereitung:* Früher benützte man einen aus der getrockneten Pflanze zubereiteten Absud zur Vernichtung von Läusen und anderem Ungeziefer. Heute wird die Pflanze kaum mehr verwendet.

143 PEUCEDANUM OSTRUTHIUM (L.) Koch — Apiaceae

Meisterwurz (Peucédan impératoire, Impératoire / Masterwort)

Vorkommen, Standort: Europa, kultiviert und wildwachsend. In bergigen Gegenden, kühlen Schluchten, auf feuchten Böden. *Beschreibung:* ausdauernde, 30–60 cm hohe, der Waldengelwurz ähnliche Pflanze. Zweifach in drei breite Blättchen unterteilte, gezähnte Blätter. Große Dolden mit weißen Blüten; Juni/Juli. *Wirksame Inhaltsstoffe:* Die Wurzel (*Rad. Imperatoriae*) enthält ein ätherisches Öl mit 95% Terpenen (Pinen, Phellandren, Limonen), Oxypeucedanin, Osthol und Imperatorin, ein Furanocumarin. *Eigenschaften:* Pharmakologisch ist die Meisterwurz noch nicht genügend untersucht. Sie ist ein Diaphoreticum, Diureticum, Emmenagogum und Stomachicum. *Anwendung, Zubereitung:* früher offizinell, stellte sie ein sehr häufig verwendetes Allheilmittel dar. Heute verwendet nur die Homöopathie eine daraus zubereitete Tinktur bei Magenerkrankungen und Dermatitiden. *Verwendete Teile:* die Wurzel. *Erntezeit:* März/April und September/Oktober (Wurzel).

Kapitel 9 Pflanzen mit Ranunculosiden

Die große Familie der Hahnenfußgewächse bildet mehrere, in ihrer Wirkung sehr verschiedene Verbindungen:

Alkaloide (Aconitin usw.),
herzwirksame Heteroside (Adonitoxin usw.),
Saponine und
flüchtige, ungesättigte Lactone, die Ranunculoside

Das Ranunculin z. B. ist ein Glykosid, das durch Hydrolyse in Protoanemonin, ein ungesättigtes Fünfring-Lacton (ein Butenolid) und Glucose gespalten wird.

Beispiel:	*Heterosid*	→ *Genin*	*Geschmack*	*Wirkung*
Kuhschelle *Pulsatilla vulgaris*	Ranunculin	→ Protoanemonin + Glucose	brennend	antibiotisch und blasenziehend
		Anemone-Kampfer (Anemonin) kristallisierbare Substanz		nicht blasenziehend
		Anemonin-Säure		ohne Heilwirkung

(→: wandelt sich um in . . .)

Die antibiotisch wirksame Substanz ist leider nicht sehr beständig. Beim Trocknungsprozeß entsteht sehr schnell das Anemonin, ein Dimerprodukt, das sich weiter in die therapeutisch unwirksame Anemoninsäure umwandelt. Deshalb muß man in dieser Gruppe die frischen Pflanzen verwenden und daraus alkoholische Extrakte (Tinkturen) herstellen, denn der Alkohol verhindert den enzymatischen Abbau der wirksamen Verbindungen (der Protoanemonine). Es ist also sinnlos, die geernteten Blüten zu trocknen und als Vorrat aufzubewahren.

Der Saft der Hahnenfußgewächse hat einen scharfen Geruch und einen brennenden Geschmack. Auf die Haut aufgetragen, kommt es zur Rötung, Schwellung und schließlich Blasenbildung.

Wenn man den Saft in hohen Dosen zu sich nimmt, kann eine von Koliken begleitete Stomatitis oder eine Gastroenteritis mit blutiger Diarrhöe die Folge sein. In diesem Fall ist die Einnahme von viel Pflanzenschleim geboten.

Die wirksamen Eigenschaften der folgenden Pflanzen sollen hier nur des wissenschaftlichen Interesses wegen erwähnt werden. Die Herstellung eines Medikamentes auf Ranunculosid-Basis (Kuhschellentinktur) ist schwierig und kann nur durch einen Apotheker oder die pharmazeutische Industrie erfolgen.

In der Natur sind die Hahnenfußgewächse kostbare Humuslieferanten, denn sie schützen die Erde vor jeder extremen, zu alkalischen oder zu sauren Reaktion.

Wegen ihrer chemischen Ähnlichkeit mit den Cumarinen, die ebenfalls Lactone sind, behandeln wir diese beiden Gruppen unmittelbar hintereinander. Die Wirkstoffe der Hahnenfußgewächse sind aber keine Phenole, sondern es handelt sich um ungesättigte Lactone, die den Bitterstoffen des Enzians oder der Lippenblütler ähnlich sind.

Die Pflanzen dieser Gruppe werden vor allem in der Homöopathie zur Herstellung von diuretisch wirkenden Tinkturen bei Rheumatismus und Hauterkrankungen verwendet. Nur die Kuhschellentinktur ist in der Allopathie als schmerzstillendes Mittel bei Unterleibs- und Gebärmuttererkrankungen und als Antispasmodicum zur Behandlung des Keuchhustens in Gebrauch.

Spaziergänger sollten Hahnenfußsträuße nicht zu lang in der Hand behalten, denn der frische Saft wirkt blasenziehend und greift die Haut an.

144 ACTAEA SPICATA L. — Ranunculaceae

Christophskraut (Herbe de St-Christophe, Actée en épi / Baneberry)

Vorkommen, Standort: Zentral- und Südeuropa. Wälder, unter Buchen, feuchte Gehölze, Dickichte, Hecken, Schluchten; auf Kalkböden, selten. *Beschreibung:* ausdauernde Pflanze. In Trauben angeordnete, weiße Blüten; schwarze, glänzende Beeren. Mai–Juli. *Wirksame Inhaltsstoffe:* Das wirksame Protoanemonin ist nur in den Samen enthalten. *Eigenschaften:* In der Homöopathie wird diese Pflanze bei Gelenkrheumatismus der Hände und Füße und bei gewissen Frauenkrankheiten empfohlen. *Anwendung, Zubereitung:* Wurzeltinktur. *Verwendete Teile:* Wurzel und getrocknetes Kraut. *Erntezeit:* Juli–September. *Giftigkeit:* Die Beeren und die Samen enthalten eine giftige Substanz, die Hautentzündungen verursacht. Eingenommen, rufen diese Beeren Übelkeit, Erbrechen, Gastroenteritiden und Delirium hervor. *Geschichte:* Das Christophskraut wurde von den Bauern zum Ausbrennen von Wunden beim Vieh verwendet. Heute in der Therapie nur noch geringe Verwendung.

145 **ANEMONE NEMOROSA L. [130]** **Ranunculaceae**
Windröschen (Anémone des bois, Sylvie / Wood anemone)

Vorkommen, Standort: Ganz Zentral- und Westeuropa. Häufig, sowohl in der Ebene als auch im Gebirge. Bevorzugt Wälder und feuchte Wiesen, wo es in Kolonien vorkommt. *Beschreibung:* Diese ausdauernde Pflanze erreicht eine Höhe von 10–25 cm. Der einzige Stengel trägt drei tiefgeteilte Blätter. Weiße, unterseits manchmal rosagefärbte, alleinstehende Blüten; März–Mai. *Wirksame Inhaltsstoffe:* Die ganze Pflanze enthält Protoanemonin und Anemonin, die beide giftig sind. *Eigenschaften:* verursacht Hautrötung und ist giftig. *Anwendung, Zubereitung:* In der Homöopathie wird der Windröschenextrakt als Allheilmittel verwendet, in der allopathischen Medizin ohne Bedeutung. *Verwendete Teile:* die Pflanze vor der Blütezeit. *Erntezeit:* März/April. *Geschichte:* Die Bewohner Kamtschatkas vergifteten ihre Jagdpfeile mit Anemonensaft.

146 **CALTHA PALUSTRIS L. [160]** **Ranunculaceae**
Sumpfdotterblume (Populage des marais / Marsh marigold)

Vorkommen, Standort: ganz Europa. Sumpfige Wiesen entlang der Bäche, lichtes und feuchtes Untergehölz. Häufig von der Ebene bis in die Alpen. *Beschreibung:* ausdauernde, bis 60 cm hohe Pflanze; fleischiger, hohler Stengel; nierenförmige, glänzende, dunkelgrüne Blätter; große, glänzende Blüten von nahezu 3 cm Durchmesser; März–Ende April. *Wirksame Inhaltsstoffe:* Die ganze frische Pflanze enthält Protoanemonin, Saponine und Flavone. *Eigenschaften:* Die Sumpfdotterblume (*Herba Calthae palustris*) wurde früher wie die Kuhschelle verwendet. In der Homöopathie bereitet man eine Tinktur, die bei Hautausschlägen, Bronchitiden und Dysmenorrhöen empfohlen wird.

147 **CLEMATIS RECTA L.** **Ranunculaceae**
Aufrechte Waldrebe (Clématite dressée / Oldman's beard)

Vorkommen, Standort: Zentral- und Osteuropa. Verbreitet; trockene Wiesen, Untergehölz, Hecken. Oft kultiviert, manchmal wildwachsend. *Beschreibung:* ausdauernde, krautartige, bis 1 m hohe Pflanze. Aufrechter, kleine, cremeweiße Blüten tragender Stengel; Juni/Juli. *Wirksame Inhaltsstoffe:* Die Pflanze enthält das Protoanemonin. *Anwendung, Zubereitung:* Diureticum, früher in der Pharmazie verwendet. In der Homöopathie verwendet man eine aus den Stengeln, den Blättern und den frischen Blüten bereitete Tinktur gegen pustulöse Hautausschläge, Lymphknotenentzündungen, bei gewissen rheumatischen Erkrankungen, Gonorrhoe und Epididymitis.

148 **CLEMATIS VITALBA L. [143]** **Ranunculaceae**
Waldrebe, Niele (Clématite des haies, Herbe aux gueux / Traveller's joy)

Vorkommen, Standort: ganz Europa. Häufig in Wäldern, Lichtungen und an Waldrändern; bevorzugt Kalkböden. *Beschreibung:* ausdauernde Schlingpflanze, charakterisiert durch ihre Rinde, die sich in Streifen abschält. Schwach riechende, grünlichweiße Blüten mit aufrechten Staubbeuteln; Juli/August. Behaarte, mit federartigen Griffeln versehene Früchte. Gegenständige, gefiederte Blätter. Die Waldrebe erreicht an Bäumen und Mauern eine sehr große Höhe; Juli/August. *Wirksame Inhaltsstoffe:* Die Pflanze enthält Protoanemonin und Saponine. *Eigenschaften:* ätzend und reizend. *Anwendung, Zubereitung:* In der Homöopathie wird sie wie die vorherige Art verwendet. *Geschichte:* Früher benützten manche Bettler die Pflanze, um mit ihnen Hauterkrankungen vorzutäuschen. Daher der Name »Herbe aux gueux« (= Bettlerkraut).

149 **HEPATICA NOBILIS** Mill. [130] **Ranunculaceae**
Syn. *Anemone hepatica* L.
Leberblümchen, Märzblümchen (Anémone hépatique / Blue Anemone)

Vorkommen, Standort: ganz Europa. Lebt auf Kalkböden, in Wäldern und Unterholz. *Beschreibung:* ausdauernde, an ihren hellblauen (selten rosa oder weißen), durch das Laub leuchtenden Blüten leicht erkennbare Pflanze; dreillappige, rosettenartig angeordnete Blätter. März/April. *Wirksame Inhaltsstoffe:* Die Pflanze enthält Protoanemonin, der Wurzelstock Saponin und das Heterosid Hepatilobin, sowie das Enzym Emulsin. *Eigenschaften:* früher offizinell (*Herba Hepaticae*), wird heute das Leberblümchen nur noch in der Homöopathie verwendet. Man bereitet eine Tinktur aus den frischen Blättern, die bei Bronchitiden, bei chronischen Rachen- und Luftröhrenentzündungen verwendet wird. Die Volksmedizin schreibt ihr wundenheilende und diuretische Eigenschaften zu. *Verwendete Teile:* die frischen Blätter. *Erntezeit:* Mai–Juli.

150 **PULSATILLA VULGARIS** Miller [132] **Ranunculaceae**
Kuhschelle (Pulsatille, Anémone pulsatille / Pasque flower)

Vorkommen, Standort: verstreut in Europa. Häufig an manchen Orten; auf trockenen Wiesen und Kalkböden. *Beschreibung:* ausdauernde, 10–20 cm hohe Pflanze; gefiederte, seidig behaarte Blätter. Diese Anemone ist wegen ihrer großen Blüten mit den violetten, unterseits mit langen, silbrigen Haaren bedeckten Blütenblättern allgemein bekannt. Goldfarbene Staubbeutel. März–Mai. *Wirksame Inhaltsstoffe:* Die Pflanze enthält Protoanemonin, das sich schnell in Anemonin umwandelt, Saponine und Gerbstoffe. *Eigenschaften:* Die Kuhschelle ist schmerzstillend, diaphoretisch, diuretisch, hautrötend und antispasmodisch. *Anwendung, Zubereitung:* Die getrocknete Pflanze wurde von der allopathischen Medizin aufgegeben, da sie beim Trocknen oder bei der Wärmeextraktion alle ihre Wirkung verliert. Nur der alkoholische Extrakt der frischen Pflanze ist verwendbar. In der Homöopathie wird sie als Allheilmittel bei Spasmen, Neuralgien, Herzstörungen, Migräne, Bronchitiden, Polyarthritiden, Rheumatismus und Hauterkrankungen verschrieben.

151 **RANUNCULUS ACRIS** L. [162] **Ranunculaceae**
Scharfer Hahnenfuß (Renoncule âcre / Meadow buttercup)

Vorkommen, Standort: ganz Europa. Sehr häufig auf mageren Heiden und Wiesen, in der Ebene und im Gebirge. *Beschreibung:* ausdauernde, 30–70 cm hohe Pflanze; stark handförmig geteilte, flaumhaarige Blätter. Von dieser Art gibt es viele verschiedene Varietäten; glänzendgelbe Blüten; Mai–September. *Wirksame Inhaltsstoffe:* Die ganze Pflanze enthält Protoanemonin und Anemonin sowie auch Saponin. *Eigenschaften:* Der Scharfe Hahnenfuß ist giftig. *Anwendung, Zubereitung:* In der Homöopathie bereitet man einen Extrakt aus der frischen Pflanze. Er wird bei Hauterkrankungen (Herpes, Ekzem, Erysipel, Pruritus), bei rheumatischen Beschwerden, Ischias, Arthritis sowie auch bei Rhinitiden verwendet. *Verwendete Teile:* die frische Pflanze. *Erntezeit:* Mai–Juli.

152 **RANUNCULUS BULBOSUS** L. [162] **Ranunculaceae**
Knolliger Hahnenfuß (Renoncule bulbeuse / Bulbous butter-cup)

Vorkommen, Standort: ganz Europa. Sehr häufig auf trockenen Wiesen. *Beschreibung:* ausdauernde Pflanze, deren Stengel am Grunde knollenartig angeschwollen ist; flaumhaarige Blätter; glänzendgelbe Blüten; März–Juni. Giftig, wirksame Inhaltsstoffe und Anwendung wie bei der vorigen Art.

153 **RANUNCULUS SCELERATUS** L. [162] **Ranunculaceae**
Gift-Hahnenfuß (Renoncule scélérate / Celery-leaved buttercup)

Vorkommen, Standort: ganz Europa. Häufig auf sumpfigen Wiesen. *Beschreibung:* einjährige Pflanze mit einem steifen, aufrechten, hohlen Stengel, der 40–50 cm Höhe erreicht; glänzende, tiefgelappte und gezähnte Blätter. Blaßgelbe Blüten; Mai-November. Eigenschaften und Anwendung wie bei dem scharfen Hahnenfuß.

154 **TROLLIUS EUROPAEUS** L. [166] **Ranunculaceae**
Trollblume (Trolle d'Europe, Boule d'or / Globe flower)

Vorkommen, Standort: ganz Europa. Häufig auf fetten Gebirgswiesen. *Beschreibung:* ausdauernde, 30–60 cm hohe Pflanze; handförmig geteilte Blätter, kahl; hellgelbe Blüten von 2–3 cm Durchmesser; Mai/Juni. *Wirksame Inhaltsstoffe:* Die Pflanze enthält kleine Mengen von Protoanemonin und Anemonin. Wird heute in der Volksmedizin nicht mehr verwendet.

Kapitel 10 Anthracenhaltige Pflanzen

Als die französischen Chemiker DUMAS und LAMBERT im Jahre 1832 aus dem Anthrazit als neue organische Verbindung das Anthracen isoliert hatten, dachten sie nicht, daß diese Substanz einmal industrieller Grundstoff für Textilfarbstoffe werden würde. Seither beschäftigt man sich in den Laboratorien auch mit der Wirkung dieser Stoffgruppe. Früher dachte man noch nicht an eine therapeutische Nutzung. Man gewann diese Farbstoffe aus Pflanzen und verwendete sie zum Malen oder um Wolle zu färben. Erst im Mittelalter entdeckte man die mild abführende Wirkung einiger dieser Farbstoffe (Anthrachinone). Dann kamen diese Farbstoffe außer Gebrauch, sie wechselten ihre Rolle, und fortan wurden sie, wie Faulbaum, Sauerampfer, Aloe oder Chinesischer Rhabarber nur noch als Blutreinigungsmittel bei Entfettungskuren verwendet.

Soweit man heute weiß, werden die Anthrachinone vom Dünndarm aufgenommen und sechs Stunden später in den Dickdarm abgegeben, wo sie als Purgans bzw. Laxans wirken. Sehr wahrscheinlich stellen nicht die Anthrachinone, sondern ihre reduzierten Formen, die Anthranole, die durch die Tätigkeit der Koli-Bakterien entstehen, die eigentliche Wirkform dar. Da dies offenbar beim Hypericin, dem roten Farbstoff des Johanniskrautes, nicht der Fall ist, hat es trotz seiner Anthracen-Struktur keine Wirkung auf den Darm. Dies gilt auch für viele andere orange- oder rotgefärbte Anthracenfarbstoffe. Man extrahiert Anthrachinone mit Hilfe von Alkalien aus der Pflanze und kann sie durch Zugabe von Alaun als Farblacke ausfällen.

Wie die Flavonoide, Anthocyane und Cumarine gehören die Anthrachinone zu den phenolischen Verbindungen.

Alle sich vom 1,8-Dihydroxyanthrachinon ableitenden Verbindungen greifen am Dickdarm an und gehören daher zu den mild abführenden Mitteln. Dabei wirken Extrakte aus den exotischen Pflanzen, wie z. B. dem Sennesstrauch und der Aloe, stärker als Faulbaumrinde oder die Wurzeln des Chinesischen Rhabarbers.

Faulbaumextrakt hat einen weiteren Vorteil. Da es Spuren von beruhigend wirkenden Blausäureglykosiden enthält, kann es mehrere Tage hintereinander eingenommen werden, ohne Entzündungen zu verursachen. Daher kann man es für Entfettungskuren verwenden.

Die Anthrachinon-Präparate müssen abends eingenommen werden, da sie erst 8 bis 12 Stunden nach Einnahme zur Wirkung kommen. Schwangere Frauen und an Hämorrhoiden leidende Personen sollten sie nicht nehmen, da sie zu Blutungen führen können.

Mit der Entwicklung der Medizin ist der regelmäßige Gebrauch der Purgantien verlorengegangen. Bis zum Beginn des 19. Jahrhunderts wurden auch bei uns noch die meisten Krankheiten mit Abführmitteln und Aderlaß behandelt. Die Alten Ägypter glaubten, jede Krankheit würde durch Schlemmerei ver-

ursacht, und sie schrieben daher für die monatliche Reinigung eine »Darmreinigung« von mindestens drei Tagen vor. HIPPOKRATES setzte sich gegen diese übertriebene »Reinigungsmethode« erfolglos zur Wehr.
Heute gibt es fast nur noch die Frühlings- oder Entfettungskuren, in denen die Eigenschaften der Anthrachinone genutzt werden.

155 **CUSCUTA EUROPAEA** L. [142] **Convolvulaceae**
Hopfenseide, Kleeseide (Cuscute / Greater dolder)

Vorkommen, Standort: ganz Europa. Häufig überall in der Ebene und bis ins Gebirge. *Beschreibung:* einjährige Schmarotzerpflanze; keine Blätter; lebt auf verschiedenen Pflanzen, besonders auf der Brennessel, dem Klee und dem Hopfen. Kleine, weiße, in Knäueln angeordnete Blüten; Juni–August. *Wirksame Inhaltsstoffe:* Die Pflanze enthält ein Harz-Glykosid, das Cuscutin. Der Wurzelstock ist besonders reich daran. *Eigenschaften:* mild abführend. *Anwendung, Zubereitung:* Die Hopfenseide wird als mild abführendes Mittel in der Homöopathie (Tinktur der frischen Pflanze) und in der Volksmedizin (Abkochung) verwendet.

156 **FRANGULA ALNUS** Mill. [136] **Rhamnaceae**
Syn. *Rhamnus frangula* L.
Faulbaum (Bourdaine / Alder Buckthorn)

Vorkommen, Standort: ganz Europa, Westasien. Häufig auf Lehm- und Kieselböden, in feuchten Wäldern, Sümpfen. *Beschreibung:* 3–6 m hoher Strauch mit aufrechten, dornlosen Ästen; kahle, wechselständige, ovale, ganzrandige Blätter. Zwitterblüten mit 5 Blütenblättern. Rote, bei der Reife braun werdende Früchte, Mai/Juni. *Wirksame Inhaltsstoffe:* Die Rinde und die jungen Zweige enthalten mehrere Glykoside, das Glucofrangulin, das Frangulin und ihre Anthranole und Anthrone. Das Glucofrangulin wird im Darm in das Trihydroxyanthrachinon Emodin, in Glucose und Rhamnose gespalten. *Eigenschaften:* wirkt auf den Endteil des Darmes als Laxans. *Anwendung, Zubereitung:* Man verwendet die getrocknete Rinde (*Cortex Frangulae*) in Infus- und in Extrakt-Form. Die geerntete Rinde muß mindestens ein Jahr lang aufbewahrt werden, bevor man sie verwendet, damit die stark reizenden Anthrone weitgehend in die Anthrachinone umgewandelt sind, denn die frische Droge wäre ein zu starkes Abführ- und Brechmittel. *Geschichte:* Der Faulbaum ist seit dem 16. Jahrhundert offizinell.

157 **HYPERICUM PERFORATUM** L. [156] **Hypericaceae**
Johanniskraut (Millepertuis perforé, Herbe de la St-Jean / Common St. John's wort)

Vorkommen, Standort: ganz Europa; Asien, Nordafrika, heute über die ganze Erde verbreitet. Sehr häufig; lichte Wälder, Untergehölz, Böschungen, Wegränder und Waldränder. *Beschreibung:* ausdauernde, 30–60 cm hohe Pflanze; aufrechte Stengel, der viele, kleine, längliche, durchscheinend punktierte Blätter trägt; goldgelbe Blüten mit schwarz punktierten Blumenblättern;

Juni–September. *Wirksame Inhaltsstoffe:* Die Pflanze enthält ätherisches Öl, das rotgefärbte Hypericin, und polyphenolische Derivate (Flavone). *Eigenschaften:* wundheilend und beruhigend. Die therapeutischen Eigenschaften des Johanniskrautes haben sich bei Brandwunden in Form eines öligen Infuses bewährt. *Anwendung, Zubereitung:* Man verwendet das Öl (*Ol. Hyperici*) zur Behandlung von Wunden, Brandwunden, Geschwüren, und den Absud gegen verschiedene Lungen- und Harnweg-Erkrankungen und bei Nervosität. *Verwendete Teile:* die ganze Pflanze (*Herba Hyperici*). *Erntezeit:* Juli/August. *Geschichte:* Das seit Dioscurides bekannte Johanniskraut hat im mittelalterlichen Aberglauben eine beträchtliche Rolle gespielt. Man glaubte, es könne die Dämonen verjagen.

158 RHAMNUS CATHARTICUS L. — Rhamnaceae

Kreuzdorn (Nerprun purgatif / Common buckthorn)

Vorkommen, Standort: ganz Europa, Nordasien. Verbreitet auf kalkhaltigen Böden, in Unterholz, Wäldern, Buschzonen. *Beschreibung:* buschiger, 3–5 m hoher Strauch, ausgebreitete, manchmal dornige Zweige; ovale, am Rande gezähnte Blätter; grünliche, sehr kleine, in axillaren Büscheln angeordnete Blüten mit 4 Blütenblättern. Die männlichen und weiblichen Blüten erscheinen auf verschiedenen Stauden. Schwarze, fleischige Früchte; Mai/Juni. *Wirksame Inhaltsstoffe:* Die Pflanze enthält mehrere Glykoside in den Früchten: Emodin und Shesterin, in der Rinde Frangulin und Rhamnocitrin. Außerdem enthalten die Früchte noch mehrere gelbe Farbstoffe. *Eigenschaften:* Die Früchte (*Fruct. Rhamni cathart.*) wirken abführend, blutreinigend und diuretisch. *Anwendung, Zubereitung:* Man verwendet einen aus den Früchten zubereiteten Sirup oder die getrockneten Früchte als Infus. *Verwendete Teile:* die Früchte. *Erntezeit:* September/Oktober. *Geschichte:* Der Kreuzdorn wurde schon im 9. Jahrhundert verwendet.

159

159 RHEUM PALMATUM L. — Polygonaceae

Offizineller Rhabarber (Rhubarbe officinale / Rhubarb)

Vorkommen, Standort: Zentral- und Ostasien, China. Stellenweise zu pharmazeutischen Zwecken kultiviert. *Beschreibung:* unserer Gartenvarietät ähnlich, besitzt aber tiefeingeschnittene Blätter. *Wirksame Inhaltsstoffe:* Die offizinelle Wurzel (*Rhiz. Rhei*) enthält Glykoside des Emodins, Chrysophanols, Aloeemodins, Physcions (= Rheochrysidin) und Rheins, ferner Tannine. *Eigenschaften:* Der Extrakt (*Extr. Rhei*) ist in kleinen Dosen ein Antidiarrhoicum, in größeren Dosen ein Laxans. Die Tinktur (*Tinct. Rhei*) wird als Stomachicum Weinen und Aperitifs beigefügt. *Verwendete Teile:* die Wurzel. *Erntezeit:* September/Oktober. *Geschichte:* in China seit 3000 v. Chr. benützt.

160 **RHEUM UNDULATUM** L. **Polygonaceae**
Garten-Rhabarber, Rhabarber (Rhubarbe cultivée / Rhubarb)

Vorkommen, Standort: stammt aus Asien. Als Nahrungspflanze überall kultiviert. *Beschreibung:* ausdauernde Pflanze; sehr große, handförmige, gewellte Blätter. Die sehr langen und fleischigen Stiele stellen den eßbaren Teil der Pflanze dar. *Wirksame Inhaltsstoffe:* Der Stengel enthält Säuren, 0,3% Oxalsäure und Tannine. Die Nerven und der Rand des Blattes enthalten mehrere Anthracenglykoside. Es sind tödliche Vergiftungsfälle bekannt geworden, die vom Essen der »wie Spinat« gekochten Blätter herrührten. *Eigenschaften:* Die Stengel des Rhabarbers wirken herzstärkend und abführend. Außer als Nahrungsmittel (Kompotte, Torten, Konfitüren) wird er bei Appetitmangel und bei durch Darmschwäche hervorgerufener Verstopfung verwendet. *Verwendete Teile:* die Stiele der Blätter.

161 **RUMEX ACETOSA** L. [157] **Polygonaceae**
Sauerampfer (Oseille des prés / Common sorrel)

Vorkommen, Standort: ganz Europa. Sehr häufig auf Wiesen, in der Ebene und im Gebirge. *Beschreibung:* ausdauernde, 15–70 cm hohe Pflanze; wechselständige, pfeilförmige, lang gestielte Blätter; kleine, rötliche, in einer langen dichten Ähre stehende Blüten; Mai–August. *Wirksame Inhaltsstoffe:* Die ganze Pflanze enthält 1,3% Kalziumoxalat und Oxalsäure, die nierenreizend wirkt, und Anthracenderivate. *Eigenschaften:* diuretisch, mild abführend. *Anwendung, Zubereitung:* Früher offizinell (*Herba Rumicis acetosae*), wird sie noch in der Volksmedizin verwendet; äußerlich gegen Hauterkrankungen, innerlich bei Frühjahrskuren. In der Homöopathie bereitet man eine Tinktur aus den frischen Blättern. *Verwendete Teile:* Blätter und frische Stengel.

162 **RUMEX ALPINUS** L. **Polygonaceae**
Alpen-Ampfer (Rhubarbe des moines, Oseille des Alpes, Patience / Monk's rhubarb)

Vorkommen, Standort: bergige Gegenden Europas. Häufig auf fetten Gebirgsweiden; in der Nähe von Ställen, Schafställen, Dörfern. Bildet bedeutende, dichte Kolonien. *Beschreibung:* ausdauernde, kräftige Pflanze mit einem steifen, 30–100 cm hohen Stengel; wechselständige, herzförmige, breite Blätter. Grünrötliche Blüten, dichte Blütenstände; Juli. *Wirksame Inhaltsstoffe:* Der Wurzelstock enthält Anthracenglykoside, ein ätherisches Öl und Tannine. *Eigenschaften:* wirkt als Purgans. *Anwendung, Zubereitung:* Der Wurzelstock (*Rad. Rhapontici montani*) wird von den Gebirgsbewohnern als Purgans verwendet; keine schädliche Nebenwirkungen. *Verwendete Teile:* der Wurzelstock. *Erntezeit:* März/April und September/Oktober.

Kapitel 11 Gerbstoffhaltige Pflanzen

Früher war der Gerbstoff allen Leuten ein Begriff. Man stellte sich selbst aus den gerbstoffhaltigen Galläpfeln seine eigene Tinte her, indem man Eisensalze hinzufügte. Außerdem verwendete man die Eichenrinden, um Tierhäute zu konservieren und daraus durch »Gerbung« Leder herzustellen. Jede Stadt von Rang besaß eine Gerberei. Der Gerbstoff (das Tannin) gab dieser Heilpflanzengruppe seinen Namen.

Soweit sogenannte Gallotannine vorliegen, ist die phenolische Komponente, die Gallussäure, eine Trihydroxy-Benzoesäure. Sie ist »depsidartig« mit Zuckern verknüpft. Wenn Pflanzen von der Gallapfelwespe oder von einem Schimmel befallen werden, findet teilweise Hydrolyse der Gallotannine statt, und Gallensäure und Zucker werden freigesetzt. Verwandt mit den Gallotanninen sind die Ellagengerbstoffe, die sich von der Ellagsäure, einer Hexahydroxy-diphensäure, ableiten. Gallotannine und Ellagtannine gehören zur Gruppe der »hydrolysierbaren« Gerbstoffe.

In diesem Kapitel werden auch die Pflanzen behandelt, die kondensierte Gerbstoffe (Katechingerbstoff) enthalten. Sie besitzen Katechin, ein Polyhydroxyflavan-3-ol als Grundgerüst und kommen in der Natur häufiger vor als die Gallotannine. Alle diese Gerbstoffe haben die gleichen Eigenschaften. Sie verbinden sich mit Proteinen, Zellulose und Pektinen, aber nur, solange sie noch in genuinem Zustand vorliegen, d. h. wasserlöslich sind und phenolische Reaktionen geben.

Zu den spezifischen Eigenschaften der Gerbstoffe gehört, daß sie Gelatine und Alkaloide ausfällen. Deshalb verwendet man sie bei Alkaloid-Vergiftungen als Gegenmittel. Wird aber zu viel Gerbstoff gegeben, setzt der Überschuß an Gerbstoffen die giftigen Substanzen wieder in Freiheit, und es kommt wieder zu einer Vergiftung. Zum Klären von Rotwein hat man ebenfalls Gerbstoffe eingesetzt.

Die an Gerbstoff reichen Pflanzengruppen sind die Ericaceen, die Fabaceen, die Rosaceen und Salicaceen; die gerbstoffarmen Gruppen sind die Brassicaceen und Papaveraceen. Die Gerbstoffe befinden sich bevorzugt in der Stammrinde, in Wurzeln und manchmal auch in den Blättern.

Da diese Pflanzen adstringierend wirken, bilden sie, auf Wunden und Schleimhäute gebracht, eine dünne Gerinnungsschicht. Sie sind in Form von Kompressen oder als Badezusätze sehr wirksam bei Entzündungen, Schwellungen oder Rötungen. Für Abkochungen sucht man solche Pflanzen aus, in denen der Gerbstoff von einem ätherischen Öl (Minze, Salbei) begleitet ist. Diese Abkochungen wirken desinfizierend und entfalten bei Bronchitis, Stomatitis oder Hämorrhoiden eine lindernde Wirkung. Da die Gerbstoffe andererseits leicht schleimhautreizend sind, ist Vorsicht bei schweren Diarrhöen und Verbrennungen geboten. Selbst bei äußerlicher Anwendung kann es zu Leberschädigungen kommen.

Um einen Tee aus den Rinden und Wurzeln zu bereiten, läßt man das ganze 10–15 Minunten kochen. Eine längere Kochdauer würde den wirksamen Stoff zerstören. Man achte darauf, daß der Tee nicht zu konzentriert ist.

Entgegen allgemeiner Meinung können die gerbstoffhaltigen Pflanzen nicht länger als 2 Jahre lang aufbewahrt werden.

163 ADIANTUM CAPILLUS VENERIS L. [137] Polypodiaceae

Venushaar, Frauenhaar (Capillaire / Maidenhair-Fern)

Vorkommen, Standort: Süd- und Zentraleuropa, Südhang der Alpen, Mauern, Höhlen und feuchte Felswände. *Beschreibung:* ausdauerndes Farnkraut mit feingefiederten Wedeln, die 25–40 cm lang sind. Schwarzer Stiel. *Wirksame Inhaltsstoffe:* schleimhaltige Substanzen, Gerbstoffe, noch nicht näher untersuchte Bitterstoffe. *Eigenschaften:* hustenstillendes Mittel und Expektorans. Wird gegen Brusterkrankungen, trockenen Husten und Katarrhe der Luftwege verwendet. Diaphoreticum und Emmenagogum bei Enteritiden. *Anwendung, Zubereitung:* 50–60 g trockene Blätter in 1 l Wasser, oder 15–30 g frische Blätter pro Liter; Extrakt und Sirup. *Verwendete Teile:* der ganze oberirdische Teil (*Fol. Adianti*). *Erntezeit:* Mai–Oktober. *Geschichte:* Seit der Antike hat man das Frauenhaar als kopfhaarstärkendes Mittel verwendet. Dioscorides nannte es *Adianton* und verschrieb es bereits gegen Asthma.

Andere Farnkräuter (*Adiantum pedatum* der U. S. A. und *Asplenium trichomanes*) sind manchmal Bestandteil von Haarwässern.

164 AGRIMONIA EUPATORIA L. [129] Rosaceae

Odermennig (Aigremoine eupatoire / Agrimony)

Vorkommen, Standorte: Europa, Asien, über die ganze Erde verbreitet. Häufig auf allen Bodenarten, besonders auf Lehmböden, mageren Weiden, Abhängen, sehr sonnigen Lichtungen. *Beschreibung:* ausdauernde, 30–70 cm hohe Pflanze mit kriechendem Wurzelstock. Aufrechter, behaarter, wenig verzweigter Stengel; die grundständigen Blätter sind rosettenartig angeordnet. Die Blätter am Sproß sind unregelmäßig gefiedert und weitauseinander stehend. Kleine, goldgelbe, in länglichen Trauben angeordnete Blüten; Juni bis September. *Wirksame Inhaltsstoffe:* Gerbstoffe, ätherisches Öl. *Eigenschaften:* wundheilend und adstringierend. Früher zur Behandlung schwärender Wunden verwendet. In der modernen Phytotherapie empfohlen bei chronischen Cholezystopathien, die von Magenübersäuerung begleitet sind. *Anwendung, Zubereitung:* Innerlich: Infus, 1 Teelöffel Blätter pro Liter. Äußerlich: Abkochung, 60–120 g pro Liter Wasser. Die Bauern benutzen die frisch zerquetschte Pflanze, um Breiumschläge zu machen. *Verwendete Teile:* der ganze oberirdische Teil der Pflanze (*Herba Agrimoniae*). *Erntezeit:* Juni–August. *Geschichte:* Plinius d. Ä. und Dioscurides erwähnen die Pflanze als Mittel zur Behandlung von Leberkrankheiten. Die Artenbezeichnung stammt von Mithridates Eupator, dem König von Pontus, der ein Experte der Phytotherapie war.

165 **AJUGA REPTANS** L. [135, 137] **Lamiaceae**
Kriechender Günsel, Günsel (Burgle rampante / Burgle)

Vorkommen, Standort: ganz Europa. Sumpfige Wiesen, Wälder, Abhänge, schattige und feuchte Orte, sehr häufig. *Beschreibung:* krautartige, ausdauernde Pflanze mit häufig wurzeltreibenden Ausläufern; längliche, gegenständige Blätter; kleine, blaue, in Ähren angeordnete Blüten; April–Juni. *Wirksame Inhaltsstoffe:* Gerbstoffe. *Eigenschaften:* altes homöopathisches Heilmittel gegen Angina, Mund- und Kehlkopfentzündungen, Rheumatismus, Mundgeschwüre, Phthysis, Bluterbrechen. Bedeutende wundheilende Eigenschaften. Von der modernen Phytotherapie aufgegeben. *Anwendung, Zubereitung:* Blütenextrakt. Innerlich: Infus, 30–80 g Blüten pro Liter Wasser. Äußerlich: konzentrierte Abkochung, 50–100 g Blüten pro Liter Wasser. *Verwendete Teile:* die blühenden Sprosse. *Erntezeit:* Mai/Juni.

166 **ALCHEMILLA VULGARIS** L. [131] **Rosaceae**
Wiesen-Frauenmantel (Alchémille vulgaire, Manteau de Notre-Dame / Lady's Mantle)

Vorkommen, Standort: ganz Europa und Nordasien, Grönland. Östlicher Teil Nordamerikas. Feuchte Wiesen und Weiden, Lichtungen, von der Ebene bis in das Gebirge. Überall sehr häufig. *Beschreibung:* ausdauernde, 10–40 cm hohe Pflanze. Verholzter Wurzelstock. Der Stengel ist aufrecht und verzweigt; nierenförmige oder abgerundete und handförmige, gefaltete Blätter. Sehr kleine, grüne Blüten; Mai–Oktober. *Wirksame Inhaltsstoffe:* Gerbstoff. *Eigenschaften:* wirkt als Antipyreticum, Tonicum, Adstringens, Depurgativum, wird gegen Darmerkrankungen und bei Appetitmangel verwendet. In der Gynäkologie wird er gegen den weißen Ausfluß äußerlich verschrieben; die Volksheilkunde verwendet ihn als wundheilendes Mittel. *Anwendung, Zubereitung:* Extrakt aus der frischen Pflanze (Homöopathie). Innerlich: Infus, 30–50 g trockene Pflanze pro Liter Wasser. Äußerlich: 120–150 g pro Liter für Waschungen, Klistiere, Bäder. *Verwendete Teile:* der ganze oberirdische Teil (*Herba Alchemillae vulgaris*). *Erntezeit:* Juni–August. *Geschichte:* Der Wiesen-Frauenmantel wurde in der Antike medizinisch verwendet. Die Alchimisten fingen den Tau der Blätter auf, da er ihrer Meinung nach Metall in Gold verwandeln konnte. In Island gilt der Wiesen-Frauenmantel als heilige Pflanze.

167 **ALNUS GLUTINOSA** (L.) Gaertner [133] **Betulaceae**
Schwarz-Erle (Aune glutineux, Aune noire / Alder)

Vorkommen, Standort: in ganz Europa weit verbreitet. Baum der Ebene, der feuchte Böden und Wälder an Flußufern vorzieht. *Beschreibung:* oft buschig aussehender Baum. Dunkelgrüne, gezähnte, mehr oder weniger runde Blätter mit einer stumpfen, manchmal bogenförmigen Spitze. *Blütezeit:* Die langen männlichen, grünlichgelben und die weiblichen aufrechten, eiförmigen, kurzen, purpurroten Kätzchen blühen im März und April vor dem Erscheinen der Blätter. *Wirksame Inhaltsstoffe:* Die Rinde enthält 5–9% Gerbstoffe,

Phlobaphene, Harzsäuren und andere Substanzen. *Anwendung, Zubereitung:* Die Abkochung der Rinde (*Decoctum Corticis Alni*) wird als Gurgelwasser gegen Angina und Pharingitis verwendet. *Verwendete Teile:* die Rinde.

168 **CASTANEA SATIVA** Miller **Fagaceae**
Edelkastanie (Châtaigner / Sweet Chestnut)

Vorkommen, Standort: Südeuropa. Südfrankreich, Südhang der Alpen. Ziemlich lokalisiert. Bildet Wälder, manchmal zusammen mit Stieleichen. Sehr oft kultiviert. *Beschreibung:* Die Edelkastanie ist ein sehr bekannter Baum. Massiver Stamm mit sehr rauher Rinde; breit-lanzettliche, sägeartig gezähnte, glänzendgrüne Blätter; männliche Kätzchen duftend; April/Mai. Die Samen (Kastanien) sind in dicken und sehr stacheligen Fruchtschalen enthalten. *Wirksame Inhaltsstoffe:* Die Blätter enthalten Ellagen-Gerbstoffe. *Eigenschaften:* Das Infus und der flüssige Extrakt der Blätter wirken bei Bronchitis auswurffördernd; sie werden auch gegen Rheumatismus verwendet. Die ganzen Kastanien und die Abkochung der äußeren Kastanienschalen wirken antidiarrhöisch. In der Homöopathie verabreicht man die Blattinktur gegen den trockenen Husten, gegen Lumbago und gewisse Ödeme. *Verwendete Teile:* die Blätter und die äußeren Kastanienschalen. *Erntezeit:* Juni.

169 **CETERACH OFFICINARUM** D. C. [139] **Polypodiaceae**
Schriftfarn (Cétérach officinal, Doradille / Rusty back)

Vorkommen, Standort: ganz Europa; vor allem im Süden. An schroffen Felsen und in den Ritzen alten Gemäuers sehr häufig. *Beschreibung:* ausdauernder, kleine Büschel bildender Farn; schmale, gefiederte und gelappte, 5–15 cm lange, dunkelgrüne, gewellte Wedel. *Wirksame Inhaltsstoffe:* Gerbstoffe und organische Säuren. *Eigenschaften:* beruhigendes Mittel, Brustmittel, Diaphoreticum. *Anwendung, Zubereitung:* Der Schriftfarnsirup wird manchmal als Heilmittel bei Lungenerkrankungen verwendet, der Schriftfarn ist aber weniger wirksam als das Frauenhaar. Die Pflanze ist geschützt!

170 **DRYAS OCTOPETALA** L. [143] **Rosaceae**
Silberwurz (Dryade à huit pétales, Chênette / White Dryas)

Vorkommen, Standort: arktische, im Geröll und auf steinigen Kalkrasenplätzen der Alpen, des Juras und der Pyrenäen verbreitete Pflanze. Kommt selten unter 1300 m Höhe vor. *Beschreibung:* kriechender, teppichbildender Zwergstrauch. Die am Rande eingerollten Blätter sind denen der Eiche ähnlich, aber viel kleiner. Große, alleinstehende Blüten mit acht weißen Blütenblättern und mit zahlreichen gelben Staubbeuteln; Juni–August. Früchte: kleine Nüße mit Federbüschen. *Wirksame Inhaltsstoffe:* Gerbstoffe, Mineralsalze, von denen Kieselsäure und Calcium die interessantesten sind. *Eigenschaften:* adstringierend, mit appetitanregender und verdauungsfördernder Wirkung. *Anwendung, Zubereitung:* als Tee (Schweizer Tee) gegen Magenbeschwerden und als Gurgelwasser bei Hals- oder Mundschleimhautentzündungen (Mundfäule) sehr geschätzt.

171 EPILOBIUM ANGUSTIFOLIUM L. [145] **Onagraceae**

Weidenröschen, Wald-Weidenröschen (Epilobe à feuilles étroites, Epilobe en épi, Laurier de St-Antoine / Rose bay, Fire-weed)

Vorkommen, Standort: ganz Europa; Nordasien. Verbreitet und manchmal häufig; Lichtungen, Waldränder, steinige Abhänge; häufig im Gebirge. *Beschreibung:* kräftige, ausdauernde Pflanze; steifer, 70–160 cm hoher Stengel; wechselständige, lanzettliche Blätter; sehr große, lebhaft purpurrosa gefärbte Blüten; ungleiche Blütenblätter. Pflanzen mit weißen Blüten kommen selten vor; Juni–September. *Wirksame Inhaltsstoffe:* Der Wurzelstock und die Wurzeln enthalten Gerbstoffe, Pektin und Pflanzenschleime. *Eigenschaften:* antidiarrhöisch. *Anwendung, Zubereitung:* Die Gebirgsbewohner verwenden das Dekokt der Wurzeln bei Verdauungsbeschwerden, die von Durchfall begleitet sind. Zur Bereitung eines angenehmen und milden Absudes läßt man die getrockneten Blüten ziehen.

172 EUPHRASIA ROSTKOVIANA Hayne [145] **Scrophulariaceae**

Augentrost (Euphraise officinale / Eyebright)

Vorkommen, Standort: ganz Europa; Westasien. Sehr häufig auf Wiesen und Weiden. *Beschreibung:* einjährige, niedrige, sehr formenreiche, 5–25 cm hohe Pflanze; ovale, flaumhaarige, steife Blätter; in beblätterten Ähren angeordnete Blüten mit zwei Lippen; Blumenkrone weiß, blaßviolett oder rosa, manchmal purpurgestreift mit einem gelben Fleck auf der unteren Lippe; Juni–September. *Wirksame Inhaltsstoffe:* Die Pflanze enthält das Glykosid Aucubin und Gerbstoffe. *Eigenschaften:* Der Augentrost (*Herba Euphrasiae*) ist ein Volksheilmittel gegen Augenerkrankungen: Die Homöopathie verwendet eine aus der frischen Pflanze zubereitete Tinktur gegen Konjunktivitis, Blepharitis, Keratitis und andere Augenerkrankungen. *Verwendete Teile:* die blühende Pflanze. *Erntezeit:* Juli–September. *Geschichte:* Bereits Theophrast erwähnte den Augentrost, und Dioscurides verschrieb ihn bei Augenerkrankungen.

173 FAGUS SYLVATICA L. [151] **Fagaceae**

Rotbuche (Hêtre, Fayard / Beech

Vorkommen, Standort: ganz Europa. Sehr häufig; bildet ausgedehnte Wälder in der Ebene und im Gebirge. *Beschreibung:* hoher Baum mit massivem, zylindrischem Stamm. Glatte, graue Rinde. Ovale, im Frühling zartgrüne Blätter mit gewelltem Rand. Im Herbst nimmt das Laub prächtig orangegelbe, dann kupferbraune Farben an. Die dreiflächigen, glänzendbraunen Früchte (Bucheckern) sind in einem holzigen, mit kleinen Stacheln besetzten Becher enthalten, der sich bei der Reife dreiteilig öffnet; April–Mai. *Wirksame Inhaltsstoffe:* Die gepreßten Bucheckern liefern ein sehr feines Öl. Die Fruchthüllen der Bucheckern enthalten einen noch nicht identifizierten wirksamen Stoff und ein Alkaloid. Es soll noch erwähnt werden, daß das trocken destillierte Holz eine Mischung von Guajacol, Cresol und Creosol liefert, die unter dem Namen Kreosot bekannt und offizinell ist (*Creosotum*).

174 FRAGARIA VESCA L. [146] Rosaceae
Walderdbeere (Fraisier commun / Wild strawberry)

Vorkommen, Standort: ganz Europa; Nordasien. Sehr häufig in Wäldern, Unterholz, Lichtungen, an schattigen Wegrändern. *Beschreibung:* ausdauernde, niedrige, Ausläufer treibende Pflanze. Dreiblättrige, oberseits glänzend-grüne, unterseits hellere, flaumhaarige Blätter. Weiße Blüten mit fünf Blütenblättern; Mai–Juli. Rote Scheinfrüchte (Erdbeere). *Wirksame Inhaltsstoffe:* Die Pflanze enthält Vitamin C. Die frische Erdbeere enthält mehrere mineralische Substanzen und Pflanzenschleim, das Blatt vor allem Gerbstoff. *Eigenschaften:* Die Blätter und der Wurzelstock wirken diuretisch und adstringierend. *Anwendung, Zubereitung:* Die Früchte werden roh oder gekocht gegessen und dienen zur Herstellung von Konserven und Konfitüren. Die Blätter und der Wurzelstock werden als Dekokt bei Diarrhöen und Dysenterien und bei Hämaturien verwendet. Auf dem Land bereitet man aus den Blättern ein Infus, das als Tee getrunken wird. *Geschichte:* Die Walderdbeere war schon in prähistorischer Zeit bekannt; die Bewohner der Pfahldörfer Europas aßen schon Erdberren. Im Jahre 124 unserer Zeitrechnung beschrieb der römische Schriftsteller Apulejus die therapeutischen Eigenschaften der Erdbeere.

175 GLECHOMA HEDERACEA L. [153] Lamiaceae
Gundelrebe, Gundermann (Lierre terrestre / Ground ivy)

Vorkommen, Standort: ganz Europa; Nordasien. Sehr häufig in lichten Wäldern, auf Wiesen, in Lichtungen, an Wegrändern. *Beschreibung:* ausdauernde, niedrige Pflanze, die einen aromatischen Geruch ausströmt; sie treibt lange Ausläufer; nierenförmige, flaumhaarige, lang gestielte Blätter; violett-blaue, manchmal rosagefärbte, in Wirteln angeordnete Blüten. März–Mai. *Wirksame Inhaltsstoffe:* Die Pflanze enthält den Bitterstoff Glechomin, Gerbstoff und ein ätherisches Öl. *Eigenschaften:* hustenstillend und stärkend. *Anwendung, Zubereitung:* Die heute wenig verwendete Gundelrebe war früher offizinell (*Herba Hederae terrestris*). In der Homöopathie wird eine aus der frischen Pflanze zubereitete Tinktur zur Behandlung der Bronchorrhöe, von Bronchialkatarrhen, des feuchten Asthmas und gewisser Darmerkrankungen verwendet. *Erntezeit:* April–Juni. *Geschichte:* Seit der frühesten Antike hat die Gundelrebe eine bedeutende Rolle in der Therapie gespielt.

176 HELIANTHEMUM NUMMULARIUM Miller [151] **Cistaceae**
Syn. *Helianthemum vulgare* Gaertn.
Gemeines Sonnenröschen (Hélianthème à feuilles rondes / Common rock rose)

Vorkommen, Standort: ganz Europa; Westasien. Sehr häufig auf trockenen Böden, Wiesen, an sehr sonnigen Orten, in der Ebene wie im Gebirge. Häufig in Gärten kultiviert, zahlreiche Varietäten. *Beschreibung:* Halbstrauch mit niedrigem, ausgebreitetem, liegendem Wuchs. Lanzettliche, schmale, mehr oder weniger auf der Unterseite wollig behaarte Blätter mit kurzem Stiel. Blüten mit fünf lebhaft gelbgefärbten Blütenblättern; die Blüten haben einen Durchmesser von 2,5–3 cm; Juni–September. *Wirksame Inhaltsstoffe:* Die Pflanze enthält Gerbstoff. *Eigenschaften:* adstringierend, wundheilend. Das Gemeine Sonnenröschen hat heute keine therapeutische Anwendung außer bei der Landbevölkerung, die das Infus verwendet.

177 **JUGLANS REGIA** L. [158] **Juglandaceae**
Walnußbaum (Noyer royal / Walnut)

Vorkommen, Standort: Westasien, östliches Mittelmeergebiet, Südosteuropa. Wegen seines kostbaren Holzes und seiner Früchte in ganz Europa kultiviert; in hellen Wäldern und an sonnigen Hängen, mancherorts wildwachsend. *Beschreibung:* 10–25 m hoher Baum; graue Rinde, ausladende und breite Laubkrone; unpaarig gefiederte Blätter mit lang gestielten, ovalen Endblättchen; männliche und weibliche Blüten sind verschieden; Mai. Frucht (Nuß) ist allgemein bekannt. Es gibt zahlreiche Gartenvarietäten. *Wirksame Inhaltsstoffe:* Die aromatischen Blätter enthalten Gerbstoff, ein flüchtiges Öl und das Chinon Juglon. Die Nuß enthält 40–50% fettes Öl, die grüne Schale ist reich an Vitamin C. *Eigenschaften:* Die Blätter des Walnußbaumes wirken stark adstringierend. *Anwendung, Zubereitung:* In der Homöopathie verwendet man eine aus den frischen Blättern zubereitete Tinktur gegen Skrofulose, Rachitis, Arthrose, Gastroenteritis und auch als Wurmmittel. *Verwendete Teile:* die Blätter(*Fol. Juglandis*). *Erntezeit:* Juni–September.

178 **KNAUTIA ARVENSIS** (L.) Coult. [152] **Dipsacaceae**
Witwenblume, Ackerskabiose (Knautie des champs, Scabieuse / Field scabious)

Vorkommen, Standorte: ganz Europa. Sehr häufig; trockene Wiesen, Böschungen und sonnige Hänge. *Beschreibung:* ausdauernde, 30–90 cm hohe Pflanze. Behaarte, gefiederte und gelappte Blätter; aufrechte, ziemlich steife Stengel; sehr kleine, lila-blau gefärbte Blüten, die ein abgeflachtes Köpfchen von 4 cm Durchmesser bilden; Juni–August. *Wirksame Inhaltsstoffe:* Die Pflanze ist reich an Gerbstoff und enthält einen Bitterstoff. *Anwendung:* In der Homöopathie bei chronischen Hauterkrankungen und Ekzemen verwendet (*Herba Scabiosae*).

179 **LYTHRUM SALICARIA** L. [163] **Lythraceae**
Blutweiderich (Salicaire commune / Purple loosestrife)

Vorkommen, Standort: ganz Europa. Überall sehr häufig; sumpfige Wiesen, Teich- und Flußufer. *Beschreibung:* ausdauernde Pflanze, mit viereckigen, 70 bis 120 cm hohen Stengeln; lanzettliche, flaumhaarige Blätter; rosapurpur gefärbte, in Ähren angeordnete Blüten; Juli/August. Die Pflanze ist dem Weidenröschen ähnlich. *Wirksame Inhaltsstoffe:* Die Blätter enthalten das Flavon-C-glykosid Vitexin; die Blüten und die Wurzel sind reich an polyphenolischen Gerbstoffen und Pektin, sie enthalten ein ätherisches Öl. *Eigenschaften:* Der rohe Stoffkomplex Salicaïrin wirkt antidiarrhöisch, hämostyptisch und adstringierend. *Anwendung, Zubereitung:* Die Pflanze (*Herba Salicariae*) wirkt leicht antibiotisch und wird als Infus oder flüssiger Extrakt bei

Gastroenteritis, typhusähnlichen Erkrankungen und Dysenterie verwendet. *Verwendete Teile:* die blühende Pflanze. *Erntezeit:* Juli/August. *Geschichte:* Die Pflanze wurde früher zu Gerbzwecken verwendet.

180 **PHYLLITIS SCOLOPENDRIUM** (L.) Newm. [165] **Polypodiaceae**
Hirschzunge (Langue de cerf, Scolopendre / Hartstongue)

Vorkommen, Standort: ganz Europa. Verbreitet auf kalkhaltigen Böden, im Geröll, in Schluchten, an schattigen Felsabhängen. *Beschreibung:* ausdauernder Farn mit ungeteilten, glänzendgrünen, zungenförmigen, an der Spitze zugespitzten Wedeln. Wedellänge: 20–60 cm, Breite: 3–6 cm. *Wirksame Inhaltsstoffe:* Die Wedel enthalten Gerbstoffe, Pflanzenschleime und Zucker. *Eigenschaften:* leicht aromatisch, diuretisch. *Anwendung, Zubereitung:* Früher offizinell (*Herba Linguae Cervinae*), wurde die Hirschzunge gegen Milzerkrankungen und Leberbeschwerden, Diarrhöe und Dysenterie verwendet. In der Homöopathie benutzt man eine aus der frischen Pflanze zubereitete Tinktur. Die Bauern schreiben ihr günstige Wirkung gegen Bronchitis, Lungentuberkulose, Milz- und Lebererkrankungen zu.

181 **POLYGONUM BISTORTA** L. [134] **Polygonaceae**
Wiesenknöterich (Renouée bistorte / Bistort)

Vorkommen, Standort: ganz Europa. Besonders im Gebirge verbreitet; bildet Kolonien auf frischen Wiesen. *Beschreibung:* ausdauernde Pflanze mit einem einfachen, bis 1 m hohen Stengel; dreieckige oder pfeilförmige Blätter; sehr kleine, rosagefärbte, in einer großen Ähre dichtstehende Blüten; Juni–August. *Wirksame Inhaltsstoffe:* Der Wurzelstock (*Rad. Bistortae*) ist reich an Gerbstoffen. *Eigenschaften:* stärkend, adstringierend und antidiarrhöisch. *Anwendung, Zubereitung:* Man verwendet die Abkochung des Wurzelstockes gegen Dysenterie, Diarrhöe und Leucorrhöe. *Verwendete Teile:* der Wurzelstock. *Erntezeit:* März/April.

182 **POLYTRICHUM COMMUNE** **Polytrichaceae**
Goldhaar (Perce-mousse / Rockbrake)

Vorkommen, Standort: ganz Europa; Asien. Sehr häufig und verbreitet; Wälder, feuchte Schluchten, Mauern, Untergehölz. *Beschreibung:* einfaches, ausdauerndes Moos, das allgemein bekannt ist; das Goldhaar bildet mehr oder weniger dichte Polster; diözisch. *Wirksame Inhaltsstoffe:* Gerbstoffe, Harzsäuren. *Eigenschaften:* Das Goldhaar besitzt gewisse wurmwidrige und antidiarrhöische Eigenschaften. *Anwendung, Zubereitung:* Dieses Volksheilmittel wird heute nur noch selten verwendet. Es wird als Abkochung verabreicht.

183 **POTENTILLA ERECTA** (L.) Raeuschel **Rosaceae**
Ruhrwurz, Blutwurz (Potentille tormentille / Tormentil)

Vorkommen, Standort: ganz Europa. Sehr häufig in der Ebene und im Gebirge. Feuchte und saure Böden, magere Wiesen. *Beschreibung:* ausdauernde, liegende Pflanze; dünner Stengel; die Blätter sind meistens dreiteilig und gezähnt; gelbe Blüten mit 4 Blütenblättern auf langen, dünnen Stielen; Mai–August. Sie kreuzt sich mit anderen Varietäten der Gattung. *Wirksame Inhaltsstoffe:* Der Wurzelstock enthält bis zu 20% Gerbstoffe, einen roten Farbstoff: das Tormentol, das Glykosid Tormentillin, Harz und Gummi. *Eigenschaften:* stark adstringierend und antidiarrhöisch. *Anwendung, Zubereitung:* Man verwendet die Abkochung und die Tinktur (*Tinct. Tormentillae*) des Wurzelstockes (*Rhiz. Tormentillae*) als Hämostypticum, in Form von Gurgelwasser gegen Mundentzündungen, Angina und Pharyngitis. Die Abkochung ist ein wertvolles Mittel gegen Hämorrhagien, Diarrhöe und Enteritis. *Geschichte:* Diese Pflanze wird seit der griechischen Antike verwendet.

184 **POTENTILLA RECTA** L. [160] **Rosaceae**
Hohes Fingerkraut (Potentille dressée / Sulphur cinquefoil)

Vorkommen, Standort: Europa; Westasien. Ziemlich selten; trockene Wiesen, steinige Böden. *Beschreibung:* ausdauernde Pflanze mit aufrechten, 40–70 cm hohen, behaarten Stengeln; handförmige Blätter; 5–7 gezähnte Blättchen; Blüten von 2–3 cm Durchmesser, blaßgelb, manchmal rötlich, in breiten Rispen angeordnet; Mai–Juli. *Wirksame Inhaltsstoffe:* Der Wurzelstock ist reich an Gerbstoffen. *Anwendung:* wie die Ruhrwurz.

185 **PRUNELLA VULGARIS** L. [160] **Lamiaceae**
Gemeine Brunelle (Brunelle commune / Self-heal)

Vorkommen, Standort: ganz Europa; Asien; Nordamerika. Sehr häufig auf trockenen, sonnigen Böden. *Beschreibung:* ausdauernde, flaumhaarige Pflanze mit kriechendem Rhizom. Liegender oder aufrechter, 20 cm langer Stengel. Oval-zugespitzte, ganzrändige Blätter. Violettrosa gefärbte oder weiße (selten), in endständigen, länglichen Ähren angeordnete Blüten; Juni–September. *Wirksame Inhaltsstoffe:* Die Pflanze enthält Gerbstoffe, einen Bitterstoff, Harze und ein ätherisches Öl. *Eigenschaften:* adstringierend. *Anwendung, Zubereitung:* Die Abkochung der Gemeinen Brunelle (*Herba Prunellae*) wird als Gurgelwasser bei Stomatitis und Pharyngitis verwendet. Die Tinktur der frischen Pflanze ist ein homöopathisches Heilmittel.

186 **QUERCUS PETRAEA** (Matt.) Lieblein **Fagaceae**
Traubeneiche, Wintereiche (Chêne noir, Chêne sessile / Durmast oak, Sessile oak)

Vorkommen, Standort: ganz Europa. Sehr verbreitet auf trockenen und kargen Böden, wo sie große Wälder bildet. *Beschreibung:* langgestielte und flaumhaarige Blätter; April/Mai. Ungestielte Frucht (Eichel). *Wirksame Inhaltsstoffe:* Die Rinde enthält 10–20% Gerbstoffe und Quercitrin. Die Blätter enthalten Quercitrin und das Aglucon Quercetin. *Eigenschaften:* adstringierend z. B. bei Fußschweiß u. ä. *Anwendung, Zubereitung:* Die Astrinden (*Cortex Quercus*) sind offizinell. Man benützt davon einen flüssigen Extrakt oder eine Abkochung als Gurgelwasser, bei Bädern oder innerlich bei chronischen Milzleiden, bei Leberzirrhose sowie bei chronischer Enteritis. *Verwendete Teile:* die Rinde. *Erntezeit:* März/April. *Geschichte:* Die Eiche wird seit der Antike verwendet.

187 **QUERCUS ROBUR** L. [140] **Fagaceae**
Stieleiche, Sommereiche (Chêne pédonculé, Rouvre, Chêne mâle / Oak)

Vorkommen, Standort: ganz Europa. Fast überall, in der Ebene sehr häufig; bildet ausgedehnte Wälder. *Beschreibung:* hoher Baum mit breiter Krone; massiver, dicker Stamm; gelappte, sehr kurz gestielte, kahle, unterseits hellere Blätter; die Eichelbecher mit 2–4 cm langem Stiel; April/Mai. *Wirksame Inhaltsstoffe* und *Anwendung:* wie bei der vorangegangenen Art.

188 **RUBUS FRUTICOSUS** L. **Rosaceae**
Brombeere (Ronce commune / Bramble)

Vorkommen, Standort: ganz Europa. Überall kultiviert. Überall sehr häufig; Hecken, lichte Wälder, Untergehölze. *Beschreibung:* ausdauernde Pflanze mit verholzenden, liegenden oder kletternden, bis 5 m langen und stark mit Stacheln besetzten Ranken. Immergrüne, manchmal gefiederte Blätter, 3–5 abgerundete Blättchen mit gezähntem Rand; der Stiel und die Nerven sind stachelig. Weiße oder rosa Blüten mit 5 Blütenblättern. Zusammengesetzte, schwarze Früchte (Brombeeren). Die Gemeine Brombeere ist sehr formenreich; Juni–August. *Wirksame Inhaltsstoffe:* Die Blätter enthalten viel Gerbstoff, Inosit und organische Säuren. *Eigenschaften:* adstringierend. *Anwendung, Zubereitung:* Man verwendet ein aus den Blättern zubereitetes Infus, um innere Hämorrhagien, die Dysenterie und die Diarrhöen zu lindern. Die Abkochung der Blätter wird als Gurgelwasser gegen Angina, Pharyngitis, Mundfäule und Gingivitiden verwendet, manchmal auch zur Beschleunigung der Narbenbildung bei Geschwüren und Wunden. Der Fruchtsirup wirkt hervorragend gegen Dysenterie, besonders bei Kindern. *Geschichte:* Die Brombeere ist eine der ältesten, offiziellen Pflanzen.

189 **SANGUISORBA OFFICINALIS** L. [164] **Rosaceae**
Großer Wiesenknopf (Sanguisorbe officinale / Great burnet)

Vorkommen, Standort: ganz Europa, Vorderasien. Auf feuchten Wiesen verbreitet. *Beschreibung:* ausdauernde, 50–100 cm hohe Pflanze; beblätterte Stengel. Gefiederte Blätter. Purpurrote, sehr kleine, in länglichen Blütenständen angeordnete Blüten; Juli–September. *Wirksame Inhalsstoffe:* Die Wurzel ist sehr reich an Gerbstoffen. Die Blätter und die Stengel enthalten das Glykosid Sanguisorbin. Der Große Wiesenknopf wird in der Medizin bei Diarrhöe verwendet.

190 **SEMPERVIVUM TECTORUM** L. [152] **Crassulaceae**
Hauswurz, Dachwurz (Joubarbe des toits / Houseteek)

Vorkommen, Standort: Zentral- und Südeuropa. Verbreitet, manchmal häufig auf steinigen und kalkhaltigen Böden; kultiviert, wildwachsend, an manchen Stellen heimisch geworden. *Beschreibung:* Diese ausdauernde Pflanze, die das Aussehen einer kleinen Artischocke oder eines Kohls hat, besitzt eine dichte Rosette fleischiger, saftiger Blätter. Der Blütenschaft trägt eine Ähre mit sternförmigen, rosagefärbten Blüten; Juli/August. *Wirksame Inhaltsstoffe:* Die Pflanze enthält Gerbstoffe, viel Äpfelsäure, schleimartige Substanzen und Alkaloide. *Eigenschaften:* Der säuerliche Saft wirkt adstringierend und wundheilend. *Anwendung, Zubereitung:* Die Hauswurz ist ein sehr altes Volksheilmittel gegen Hühneraugen, Brandwunden und Hämorrhoiden, in der modernen Allopathie wenig verwendet. Auf dem Land gilt der Saft als Mittel zur Linderung von Augenleiden, Flechten und schwärenden Wunden. Die aus der frischen Pflanze zubereitete Tinktur wird in der Homöopathie gegen Dysmenorrhöe und Amenorrhöe verwendet. *Verwendete Teile:* die Blätter (*Fol. Sedi magni*).

191 **STACHYS OFFICINALIS** (L.) Trevisan [135] **Lamiaceae**
Heil-Ziest, Betonie (Epiaire officinale, Bétoine officinale / Betony)

Vorkommen, Standort: West- und Südeuropa. Auf sauren und kieselhaltigen Böden, auf Heiden, in Lichtungen und lichten Wäldern verbreitet. *Beschreibung:* ausdauernde, 60 cm hohe Pflanze. Viereckige Stengel; an der Basis in einer Rosette angeordnete, ovale, längliche, gezähnte, behaarte Blätter mit deutlich hervortretenden Nerven. Die Blätter sind am Stengel weiträumig angeordnet. Purpur- oder rosafarbene, in einer endständigen, dichten Ähre angeordnete Blüten; Juni–September. *Wirksame Inhaltsstoffe:* Die Pflanze enthält 15% Gerbstoff und etwa sechs Sekundärstoffe. *Eigenschaften:* Die Betonie wirkt adstringierend und – in kleinen Dosen – antidiarrhöisch; in großen Dosen wirkt sie dagegen als Abführ- und Brechmittel. Die getrockneten und pulverisierten Blätter sind ein Niesreizmittel. *Anwendung, Zubereitung:* In der Homöopathie verwendet man eine aus den frischen Blättern zubereitete Tinktur als Antidiarrhoicum. Äußerlich angewandt, fördern wässrige oder weinige Abkochungen die Narbenbildung bei infizierten Wunden und Krampfadergeschwüren. *Verwendete Teile:* die ganze getrocknete Pflanze (*Herba Betonicae*). *Geschichte:* Die Betonie wurde früher in der Medizin angewandt, ist aber außer Gebrauch gekommen.

192 **ULMUS CAMPESTRIS** L. **Ulmaceae**
Feld-Ulme, Rüster (Orme champêtre, Ormeau / Common elm)

Vorkommen, Standort: ganz Europa, Kleinasien. Am Rand der Wasserläufe, verbreitet; kühle Täler. *Beschreibung:* hoher Baum mit runzliger Rinde; die Stammbasis treibt Wurzelschößlinge; wechselständige, ovale, gezähnte, rauhe Blätter. Die Kätzchen bestehen aus dichten Büscheln von roten Staubbeuteln. Die Früchte haben die Form von grünen Scheiben; Februar/März. *Wirksame Inhaltsstoffe:* Die Rinde enthält viel Gerbstoffe, Pflanzenschleime und Bitterstoffe. *Eigenschaften:* Die Rinde der Feld-Ulme wirkt als Adstringens und Mucilaginosum. *Anwendung, Zubereitung:* Früher offizinell (*Cortex Ulmi int.*), wird die Rinde der jungen Äste noch in der Homöopathie (Tinktur) bei Hautausschlägen und Geschwüren verwendet.

193 **VACCINIUM MYRTILLUS** L. [155] **Ericaceae**
Heidelbeere (Myrtille / Bilberry)

Vorkommen, Standort: ganz Europa. Sehr häufig; Unterholz, saure Böden, Heide, Torfmoore, Nadelwälder. *Beschreibung:* 25–50 cm hoher Halbstrauch; grüne, eckige Zweige; ovale, schwach gezähnte, lebhaft grüne Blätter. Kleine, grünlichrosa gefärbte Blüten. Die Frucht ist eine schwarzblaue Beere; April bis Juni. *Wirksame Inhaltsstoffe:* Die Früchte enthalten Ericolin, Arbutin, Myrtillin, Gerbstoffe, Zucker, Pektin und Vacciniin. Das Blatt enthält ein Glucokinin, das den Zuckergehalt des Blutes herabsetzt. *Eigenschaften:* adstringierend, stärkend, antiseptisch, antidiarrhöisch und hypoglykämisch. *Anwendung, Zubereitung:* Die sehr schmackhaften Beeren besitzen einen hohen Nährwert und sind offizinell (*Fruct. Myrtilli*). Sie werden gekocht (Kompotte, Konfitüren, Sirup) oder bei Diarrhöe roh gegessen. *Verwendete Teile:* die Früchte und die Blätter. *Erntezeit:* Juli–August.

194 **VACCINIUM OXYCOCCOS** L. [138] **Ericaceae**
Moosbeere (Canneberge / Cranberry)

Vorkommen, Standort: ganz Europa, Westasien. Ziemlich selten, Torfmoore und Torfmoose. *Beschreibung:* liegender Halbstrauch; fadenförmige, kriechende Stengel; wenige, immergrüne, sehr kleine, ovale, oberseits dunkelgrüne, unterseits weißliche Blätter; lang gestielte, rosagefärbte Blüten. Die Frucht ist eine kleine eßbare, birnenförmige Beere; Juni/Juli. *Wirksame Inhaltsstoffe:* Die Blätter enthalten Arbutin, die Beeren das Glykosid Vacciin, organische Säuren, Pektin und Vitamin C. Geschützte Pflanze.

195 **VACCINIUM VITIS IDAEA** L. **Ericaceae**
Preiselbeere (Airelle rouge / Cowberry)

Vorkommen, Standort: ganz Europa; Nordasien, Nordamerika. Ziemlich verbreitet; Heide, Torfmoore, Gebirgswälder. *Beschreibung:* immergrüner Halbstrauch; kriechender Wuchs, flaumhaarige Zweige, deren Höhe 20 cm kaum überschreitet; ist der Bärentraube ähnlich und wird mit ihr manchmal verwechselt. Wechselständige, ovale, lederartige, glänzende, am Rande eingerollte Blätter, die denen des Buchsbaumes ähnlich sind. Weiße oder rosa Blüten in endständiger Traube. Die Frucht ist eine korallenfarbene Beere von herbem Geschmack; Mai–Juli. *Wirksame Inhaltsstoffe:* Die Blätter enthalten das Glykosid Arbutin und Ursolsäure. Die eßbaren und schmackhaften Früchte enthalten mehrere organische Säuren und Vitamin C sowie Provitamin A. *Eigenschaften:* Die Blätter werden als Infus zur Behandlung von Harnwegerkrankungen genauso angewandt wie die der Bärentraube. Sie wirken ebenfalls hypoglykämisch. Die Früchte gelten als wirkungsvolles Antidiarrhoicum. *Verwendete Teile:* die Blätter. *Erntezeit:* Mai–August.

Kapitel 12 Pflanzen mit Bitterstoffen

In der Volksmedizin ist es schon lange bekannt, daß das Trinken eines bitteren Getränkes kräftigend wirkt. Der Name Tausendgüldenkraut z. B. (*Centaurium minus*) bringt die hohe Wertschätzung dieser Pflanze deutlich zum Ausdruck.

Physiologisch regt jeder Bitterstoff auf reflektorischem Wege die Drüsentätigkeit an. Z. B. werden durch einen bitteren Aperitif der Appetit und die Verdauungstätigkeit angeregt. Oft vermögen Bitterstoffe die Wirkung anderer Inhaltsstoffe der gleichen Pflanze günstig zu beeinflussen, denn Bitterstoffe kommen in vielen anderweitig verwendeten Arzneipflanzen vor.

Die chemischen Strukturen vieler Bitterstoffe sind noch unbekannt. Am meisten wissen wir über die Bitterstoffe der Asteraceen und der Gentianaceen.

Die Asteraceen enthalten mit wenigen Ausnahmen (z. B. dem Kreuzkraut) keine Alkaloide. Ihre wirksamen Bitterstoffe sind chemisch Sesquiterpenlaktone:

Absinthin im Wermut,
Cnicin im Benediktenkraut (Bitterdistel),
Lactucin und Lactupicrin im Giftlattich,
Gentiopicrin und Amarogentin im Gelben Enzian.

Die letztgenannte Pflanze ist die bitterste der Gruppe. Ihre Wurzeln liefern Gentiopicroside, chemisch ungesättigte, wenig stabile Laktone. Schon beim Trocknen der Wurzel wird ein Teil der bitteren Verbindungen (Gentiopicrin und Amarogentin) durch fermentative Hydrolyse zerstört.

Im Laboratorium verfügt man heute über zwei Verfahren, um diese Enzyme zu inaktivieren: das Sandoz-Verfahren (Basel), mit dem man nach Zerreiben der Droge die Enzyme mit Ammoniumsulfat ausfällt, wodurch man die Gesamtheit der Bitterstoffe erhält, und das Bourquelot-Verfahren, mit dem die Enzyme durch siedenen Alkohol inaktiviert werden.

Die Wirkung der Bitterstoffe ist stark dosisabhängig:

Vor einer Mahlzeit wenig Bitterstoff	=	stark appetitanregende Wirkung,
eine höhere Dosis	=	geringe Wirkung,
viel Bitterstoff	=	keine Wirkung,
größere Dosen	=	Verlangsamung der Verdauungstätigkeit.

Die Reaktion gegenüber Bitterstoffen ist sehr individuell und hängt bei verschiedenen Personen vom Alter, von psychischen Faktoren, vom Gesundheitszustand, Temperament und von anderen Faktoren ab. Bei Schwangeren und Rauchern z. B. ist die Empfindung für »bitter« stark erniedrigt.

Die Biertrinker werden nach und nach gegenüber Bitterstoffen unempfindlich, so daß Pflanzen dieser Gruppe kaum mehr verwendet werden können, um Magen- oder Leber-Dysfunktionen zu behandeln.
Die Wirkung einiger Bitterstoff-Pflanzen ist verdauungsfördernd und appetitanregend. Andere haben eine diuretische und stärkende Wirkung.
Wieder andere schließlich wirken auf die Leber, indem sie den Gallefluß (Choleretica) oder die Galleausscheidung (Cholagoga) aktivieren.

196 **ANTENNARIA DIOICA** (L.) Gaertn. **Asteraceae**
Katzenpfötchen (Pied-de-chat dioïque / Mountain everlasting)

Vorkommen, Standort: Zentral- und Westeuropa. Verbreitet im Gebirge und in der Ebene; Bergweiden und humusreiche Wiesen. *Beschreibung:* ausdauernde, ablegerbildende Pflanze; die Blätter sind an der Basis des Stengels spatelförmig, entlang des Stengels lanzettlich; oberseits weiß und wollig behaart, unterseits grün. Blütentragender, aufrechter, 10–20 cm hoher Stengel; diözische, in endständigen Doldentrauben angeordnete, sehr dichte Köpfchen, die männlichen Blüten sind ausgebreitet und weiß, die weiblichen rosafarben und aufrecht; Mai–August. *Wirksame Inhaltsstoffe:* ein chemisch noch nicht identifizierter Bitterstoff, Gerbstoffe, ein ätherisches Öl und Harz. *Eigenschaften:* Die Blüten (*Flor. Pedis Cati*) haben eine choleretische Wirkung. *Anwendung, Zubereitung:* In der Volksmedizin werden sie gegen Gallenerkrankungen und Bronchitis verwendete. Sie sind oft in Brusttees enthalten. *Verwendete Teile:* die blühende Pflanze. *Erntezeit:* Mai–August.

197 **ARTEMISIA ABSINTHIUM** L. [129] **Asteraceae**
Wermut, Absinth (Absinthe / Wormwood)

Vorkommen, Standort: Mittel- und Südeuropa. In der Schweiz kommt er vor allem in Alpentälern vor. Trockene Böden, an dürren Hängen und Wegrändern, an manchen Orten ziemlich häufig und heimisch. *Beschreibung:* ausdauernde, 50 cm hohe Pflanze mit silbrigweißem Stengel und Blättern, flaumig behaart; zwei- und dreigefiederte Blätter; die Blüten bilden gelbe Köpfchen, die in Trauben angeordnet sind. Die Pflanze riecht sehr aromatisch; Juni bis August. *Wirksame Inhaltsstoffe:* Die ganze Pflanze enthält ein ätherisches Öl, das aus Thujon, Thujol, Proazulen, Phellandren und anderen Bestandteilen besteht. Außerdem enthalten die grünen Teile das Glykosid Absinthiin und große Mengen des bitteren Absinthin, das ein Sesquiterpenlakton ist. *Eigenschaften:* Der Wermut ist ein hervorragendes »Bitter-Tonicum«, es wirkt gegen Fieber, wirkt antiseptisch, diuretisch und heilt auch Dyspepsien, Gastralgien und Leberinsuffizienzen. *Anwendung, Zubereitung:* Die Anwendung des Wermuts ist stark zurückgegangen. Früher war er ein sehr geschätztes Kraut. Man verwendet die Blätter als Infus, Tinktur und Extrakt (Pillen, Mischungen). Als Volksheilmittel ist der Wermut wegen seiner Wirkung gegen Skrofulose, Anämie, Arthritis, Appetitmangel und als Abortivum auch heute noch im Gebrauch. *Verwendete Teile:* die Blätter (*Herba Absinthii*). *Erntezeit:* Juli/August. *Geschichte:* Der Wermut ist eines der ältesten Heilkräuter, das schon seit Urzeiten therapeutisch verwendet wird. Es wurde von

Hippokrates hochgeschätzt. Der Göttin Artemis verdankt es seinen Namen. Der Wermutlikör ist ein starkes Nervengift. Längerer Wermutsgenuß verursacht irreversible Schäden am Nervensystem. Diese Krankheit drückt sich in schweren psychischen, motorischen und Sinnesstörungen aus, die zur totalen Verblödung führen können. Die verantwortliche Substanz ist das an Thujon reiche ätherische Öl. Wermutsgetränke sind in mehreren Ländern gesetzlich verboten, werden aber noch heimlich hergestellt.

198 **CENTAUREA CYANUS** L. [134] **Asteraceae**

Kornblume (Centaurée bleuet, Bleuet des champs, Bluet / Cornflower)

Vorkommen, Standort: ganz Europa. Verbreitet in Getreidefeldern, Aufschüttungen und Brachböden. Verschiedene Varietäten werden in den Gärten kultiviert. *Beschreibung:* einjährige, 30–60 cm hohe Pflanze; dünner, steifer, eingekerbter Stengel; an dem Schaft entlang schmale, lanzettliche, am Grunde gefiederte und gelappte Blätter; lebhaft gefärbte Köpfchen von 2,5–3 cm Durchmesser; Juni–August. *Wirksame Inhaltsstoffe:* Die Pflanze enthält das bittere Centaurein oder Cnicin [Name von *Cnicus benedictus,* in dem es erstmals gefundenen wurde]; die Blüten enthalten Cichoriin und Cyanidin. *Eigenschaften:* Die Kornblume wirkt diuretisch. Sie wird gegen Dyspepsien verwendet. Die Blüten werden oft zum Verschönern von Teemischungen verwendet. *Anwendung, Zubereitung:* Einige Bauern verwenden sie noch zur Bereitung von Augentropfen oder Augenkompressen. *Verwendete Teile:* die Blüten. *Erntezeit:* Juni–August.

199 **CENTAUREA MONTANA** L. [139] **Asteraceae**

Berg-Flockenblume, Berg-Kornblume (Centaureé des Montagnes, Bluet des Montagnes / Mountain blue bottee)

Vorkommen, Standort: in bergigen Gegenden Europas und Nordafrikas. Auf kultivierten Äckern. *Beschreibung:* Die Pflanze erinnert an die Kornblume der Ebene. Die ungestielten Blätter sind lang, breit und gut entwickelt. Die Köpfchen sind in ihrer Mitte purpurrot gefärbt, die am Rand stehenden Blüten sind lebhaft blau gefärbt; Juni–August. *Wirksame Inhaltsstoffe:* Die Berg-Kornblume enthält das bittere Centaurein oder Cnicin, Spuren von Heterosiden, Cichoriin und Gerbstoffe. Die Farbstoffe der Blüten sind lichtempfindliche Cyanine. Der Blütenstaub ist reich an Kalium. *Eigenschaften:* diuretisch und verdauungsfördernd. *Anwendung, Zubereitung:* Der Tee der Berg-Kornblume schmeckt bitter und wird bei Dyspepsien (Verdauungsstörungen) und als Diureticum verwendet. Es werden auch beruhigende Augenkompressen hergestellt. Wegen ihrer leuchtendblauen Farbe sind die getrockneten Blüten Bestandteil von verschiedenen Teemischungen. *Erntezeit:* Mai–September. Nur die äußeren Blüten werden geerntet und im Schatten getrocknet.

200 **CENTAURIUM MINUS** Moench [158] **Gentianaceae**
Syn. Erythraea centaurium Pers.
Tausendgüldenkraut (Petite centaurée / Common centaury)

Vorkommen, Standort: ganz Europa. Verbreitet auf Weiden, Heiden und in Lichtungen. *Beschreibung:* einjährige oder zweijährige Pflanze von unterschiedlichem Aussehen. 10–50 cm hohe Pflanze, die manchmal nur ein auf dem Boden flachliegendes Kissen bildet. Grundständige, ovale, in Rosetten angeordnete Blätter; rosa gefärbte, zymös angeordnete Blüten; Juni–August. *Wirksame Inhaltsstoffe:* Die Pflanze enthält mehrere bittere Substanzen, darunter das Gentiopicrin und das Lacton Erythrocentaurin. *Eigenschaften:* Das Tausendgüldenkraut ist eine reine Bitterstoffpflanze, sie wirkt stärkend, choleretisch, verdauungsfördernd und gegen Fieber. *Anwendung, Zubereitung:* Es wird wie der Enzian verwendet, ist aber weniger bitter. Sein Bitterwert beträgt 1 : 2000 bis 1 : 3000 (siehe Gelber Enzian). Die Blätter werden zu Infusen verwendet. *Verwendete Teile:* Blätter, Stengel und Blüten (*Herba Centaurii*). *Erntezeit:* Juni–August.

201 **CICHORIUM ENDIVIA** L. **Asteraceae**
Endivie, Zichorie (Chicorée, Endive / Chicory)

Vorkommen, Standort: Asien; wahrscheinliche Herkunft: Indien. Als Nahrungspflanze überall kultiviert. *Beschreibung:* Die Endivie ist als Salat oder Gemüse sehr geschätzt, es existieren zahlreiche Gartenvarietäten (Lattich, gekräuselte Zichorie, usw.). *Wirksame Inhaltsstoffe:* Die Blätter enthalten das bittere Intybin oder Lactucopicrin, das als Stimulans für die Verdauung angesehen wurde. Diese Zichorie hat keine therapeutische Anwendung mehr.

202 **CICHORIUM INTYBUS** L. [140] **Asteraceae**
Wegwarte, Zichorie (Chicorée sauvage / Chicory)

Vorkommen, Standort: ganz Europa. Sehr häufig; Brachböden, Wegränder, Aufschüttungen, trockene Böden. *Beschreibung:* ausdauernde, steife, bis 1 m hohe Pflanze; harte, wenig verzweigte Stengel; die unteren Blätter sind gefiedert und gelappt, die oberen lanzettlich. Zu zweien oder zu dreien vereinigte Köpfchen. Schön lebhaft blau gefärbte Blüten mit Spreublättchen; Juli–September. *Wirksame Inhaltsstoffe:* Die Wurzel und der oberirdische Teil enthalten einen Milchsaft und das bittere Intybin, ferner 20–50% Inulin. *Eigenschaften:* stärkend, verdauungsfördernd, galletreibend und diuretisch. *Anwendung, Zubereitung:* Man bereitet ein Infus aus den getrockneten Blättern oder Wurzeln. Dieses Infus wird bei Verdauungsschwäche verwendet. Es hat eine günstige Wirkung auf die Gallesekretion. Die jungen Blätter werden als Salat gegessen. In bestimmten Gegenden röstet man die Wurzeln zur Herstellung eines Kaffeesurrogates (Kaffeersatz).

203 **CNICUS BENEDICTUS L.** [139] **Asteraceae**
Bitterdistel, Benediktenkraut (Chardon béni / Blessed thistle)

Vorkommen, Standort: Südeuropa, Westasien. In manchen Gegenden zu pharmazeutischen Zwecken kultiviert, an anderen Stellen wildwachsend. *Beschreibung:* einjährige, 30–40 cm hohe Pflanze. Eckiger, kahler Stengel; große, gelappte, stachelige Blätter; endständiges, wollig behaartes, klebriges Köpfchen; cremeweiße Blüten; Juni–August. *Wirksame Inhaltsstoffe:* Die Pflanze enthält das bittere Cnicin, ein anderes Sesquiterpenlakton, Gerbstoffe, Pflanzenschleim und kleine Mengen ätherisches Öl. *Eigenschaften:* Das Cnicin schmeckt bitter und verursacht Erbrechen; große Dosen können Mund- und Speiseröhrenverbrennungen sowie heftige Durchfälle bewirken. *Anwendung, Zubereitung:* als Bittermittel in Extraktform (*Extract. Cardui benedicti*) selten verwendet. In der Homöopathie wird der aus der frischen Pflanze zubereitete Extrakt zur Behandlung von Hepatitis, Gelbsucht und Arthritis verwendet. Die Volksmedizin schreibt ein Dekokt der getrockneten Pflanze äußerlich gegen Frostbeulen und Geschwüre, innerlich als Emeticum, Expectorans, Diaphoreticum und Diureticum vor.

204 **CYNARA SCOLYMUS L.** **Asteraceae**
Artischocke (Artichaut / Artichoke)

Vorkommen, Standort: Mittelmeerländer, Südeuropa. In Westeuropa als Gemüse kultiviert. *Beschreibung:* bis 1,50 m hohe Pflanze; aufrechter, wenig verzweigter Stengel; graugrüne, gefiederte und gelappte Blätter; sehr großes, blauviolettes Köpfchen; Juli/August. *Wirksame Inhaltsstoffe:* Die Blätter, die Stengel und die Wurzel (nicht die eßbaren, fleischigen Köpfchen) enthalten das kristallierbare, bitter schmeckende Cynarin (Dicafeoylchinasäure), Gerbstoffe und zahlreiche Enzyme: Katalase, Oxydase, Peroxydase, Cynarase, Ascorbinase und Provitamin A. *Eigenschaften:* die Artischocke hat eine starke, choleretische und diuretische Wirkung, sie ist wirkungsvoll gegen Arterienverkalkung. In einer Verdünnung von 1 : 150 000 bringt die Cynarase die Milch zur Gerinnung. *Anwendung, Zubereitung:* In der Käserei verwendete man früher ein Dekokt der Artischocke zur Milchgerinnung. Die Artischocke (Cynarin) wird in verschiedenen Präparaten als Choleretícum bei Leberinsuffizienz, Gelbsucht, Dyspepsie, als Diureticum bei chronischer Albuminurie, gegen postoperative Anämie und Arterienverkalkung sowie auch zur Behandlung von gewissen Hauterkrankungen verwendet.

205 **EUPATORIUM CANNABINUM L.** [145] **Asteraceae**
Wasserdost, Kunigundenkraut (Eupatoire chanvrine / Hemp agrimony)

Vorkommen, Standort: Amerika, Europa, Asien. Sehr verbreitete Pflanze auf feuchten Böden, an Fluß- und Seeufern. *Beschreibung:* aufrechte, oft rötliche und verzweigte Stengel. Polymorphe, lanzettliche und gezähnte, manchmal gestielte Blätter. Hellrosa Blüten, die an die des Baldrians erinnern; Juni–Oktober. *Wirksame Inhaltsstoffe:* eine bittere Substanz, Gerbstoffe und Spuren ätherischen Öls. *Eigenschaften:* choleretisch und antirheu-

matisch. *Anwendung, Zubereitung:* Man fertigt einen Tee aus den blühenden Zweigspitzen oder aus den Wurzeln. Aus den Blättern bereitet man ein Infus, das bei Leberschwellungen wirksam ist (choleretisch) und bei Rheumatismus empfohlen wird.
Die Volksmedizin schreibt den Wasserdost als Diureticum, Laxans, Depurativum und gegen Erkältungen vor.
Das Dekokt der Wurzel wird als Expectorans verwendet. In großen Mengen eingenommen, wirkt dieser Tee als Emeticum und Laxans.

206 **EUPHORBIA LATHYRIS** L. [144] **Euphorbiaceae**
Kreuzblättrige Wolfsmilch (Euphorbe épurge / Spurge euphorbe)

Vorkommen, Standort: Die Pflanze stammt aus Südeuropa und Ostasien. Sie wurde früher wegen ihrer Samen kultiviert und ist seitdem überall verbreitet. *Beschreibung:* zweijährige, Milchsaft liefernde Pflanze mit gegenständigen, polymorphen, zugespitzten, dunkelgrünen Blättern. Die Früchte sind den Kapern ähnlich. Die Pflanze ist ein Indikator für fruchtbare Böden. Auf angebauten Böden erreicht sie 1 m Höhe, an den Wegrändern 30 cm; Juni–August. *Wirksame Inhaltsstoffe:* Im Milchsaft findet sich eine bittere Substanz, das Euphorbon, Harz und ein Dioxycumarin. In den Samen 40–50% Öl. *Eigenschaften:* Die Samen wirken brecherregend. Die junge Pflanze hat eine mild abführende Wirkung. *Anwendung, Zubereitung:* Die junge Pflanze wurde früher zu »Frühlings- und Blutreinigungs-Kuren« verwendet. Dem Salat wurde eine expektorierende Wirkung zugeschrieben. Die Samen (*Semen Cataputiae minoris*) wirken mild abführend und brecherregend. In der Volksmedizin wurden sie gegen Rheumatismus verschrieben. Sie sind aber ein gefährliches Mittel: *Geschichte:* In der Antike wurde die Kreuzblättrige Wolfsmilch wegen ihrer Samen viel kultiviert, denn man gewann aus ihnen ein sehr gefragtes Öl für Beleuchtungszwecke.

207 **GENTIANA KOCHIANA** Perr. et Song. [148] **Gentianaceae**
Kochs Enzian (Gentiane de Koch, Gentiane découpée, Gentiane bleue / Carved Gentian)

Vorkommen, Standort: bergige Gegenden Zentral- und Südeuropas. Auf Alpenweiden, auf sauren und kalkarmen Böden. *Beschreibung:* ausdauernde Pflanze mit kurzem Stengel (5 cm); gegenständige, etwas breite und ziemlich weiche Blätter mit Parallelnervatur. Blaue, innen grünlich gefleckte Blüten; April–Juni, nach der Schneeschmelze. *Wirksame Inhaltsstoffe:* Das bittere Heterosid Gentiopicrin, das nach Hydrolyse das Gentiogenin liefert. Der blaue Farbstoff der Blüte ist ein Anthocyanheterosid der Delphinidin-Reihe. *Eigenschaften:* appetitanregend und stärkend. *Anwendung, Zuberei-

tung: Der aus der blühenden Pflanze zubereitete Tee wird bei Appetitmangel als stärkendes und stimulierendes Mittel verwendet.
Auf dem Land wird er gegen Anämie und Fieber empfohlen. Das Trocknen der Pflanze muß schnell geschehen. Wenn die Ernte nachmittags erfolgt, hält sich die Farbe der Blüten besser.

208 **GENTIANA LUTEA** L. [148] **Gentianaceae**
Gelber Enzian, Bitterwurz (Gentiane jaune, Grande gentiane / Yellow Gentian)

Vorkommen, Standort: ganz Europa. Häufig im Gebirge; Weiden, sonnige Hänge. *Beschreibung:* ausdauernde, 60–110 cm hohe Pflanze. Dicke Pfahlwurzel, die 60 cm Länge erreichen kann; aufrechter, glatter Stengel, gegenständige, ovale, fünfnervige Blätter, die unteren sind langgestielt, die oberen kleiner und ungestielt; lebhaft gelbe, in Trauben angeordnete Blüten; Juli/August. Der Gelbe Enzian blüht nicht vor dem 10. Jahr, seine Lebensdauer beträgt mehr als 50 Jahre. *Wirksame Inhaltsstoffe:* Der Enzian enthält mehrere wirksame Stoffe, besonders in der Wurzel; die bitteren Glykoside Gentiopicrin, Gentiamarin und Amarogentin. Der Enzian ist das Paradebeispiel für eine Bitterstoffdroge. Eine wässrige Verdünnung von 1 : 20 000 schmeckt noch bitter. Das reine Amarogentin ist noch bitterer; sein Geschmack ist noch wahrnehmbar in einer Verdünnung von 1 : 50 000. Es ist unsere bitterste bis heute bekannte Substanz. *Eigenschaften:* Wie alle bitteren Stoffe hat der Enzian eine stärkende Wirkung auf das Verdauungssystem. Er wirkt als Stomachicum bei Anorexie und Dyspepsie; ein stärkendes Choleretricum und Cholagogum. *Anwendung, Zubereitung:* Die Wurzel wird als Dekokt, als Extrakt (*Extr. Gentianae*) oder als Tinktur (*Tinct. Gentianae*) verwendet. Die vergorenen Wurzeln werden zur Herstellung alkoholischer Getränke gebraucht. *Verwendete Teile:* die Wurzel (*Radix Gentianae*). *Erntezeit:* September/Oktober. *Geschichte:* Diese Pflanze wurde schon in der Antike verwendet; Dioscurides und Plinius erwähnen den Gelben Enzian in ihren Lehrbüchern.

209 **GERANIUM ROBERTIANUM** L. [150] **Geraniaceae**
Ruprechtskraut (Herbe à Robert / Herb Robert)

Vorkommen, Standort: ganz Europa und Asien; Nordafrika. Sehr häufig; steinige Böden, alte Mauern, Schluchten, Waldränder. *Beschreibung:* einjährige, 10–14 cm hohe Pflanze; rötliche Stengel; dreieckige, in 3–5 gelappte Segmente geteilte Blätter. Die Pflanze strömt einen starken Geruch aus; rosa gefärbte Blüten, die einen Durchmesser von etwa 2 cm erreichen. Die Pflanze variiert je nach Ort sehr stark; April–Juli. *Wirksame Inhaltsstoffe:* Die Pflanze enthält das bittere Geraniin, Gerbstoffe und ein ätherisches Öl. *Eigenschaften:* adstringierend und beruhigend. *Anwendung, Zubereitung:* Früher offizinell (*Herba Geranii robertiani*), wird die Pflanze heute nur mehr zur Behandlung von Ophthalmien, Hautausschlägen, Flechten und Mundentzündungen in der Volksmedizin verwendet. Sie wird als Infus oder in Form von Kompressen (aus frischer, zerriebener Pflanze) verabreicht. *Erntezeit:* Mai—August.

210 HUMULUS LUPULUS L. [150] Cannabinaceae
Hopfen, Zaunhopfen (Houblon grimpant / Hop)

Vorkommen, Standort: ganz Europa, Asien, Nordamerika. Sehr verbreitet; feuchte Wälder, Hecken; in mehreren Gegenden kultiviert. *Beschreibung:* ausdauernde Schlingpflanze; einjährige, viereckige, bis 6 m hohe Ranken. Grob gezähnte, blaßgrüne, handförmige Blätter. Diözische, grünlichgelbe Blüten, die männlichen stehen in verzweigten Blütenständen, die weiblichen in kleinen, kugeligen Zapfen, die sich bei der Reife kegelförmig verbreitern; Juli/August. *Wirksame Inhaltsstoffe:* Die Zapfen des Hopfens enthalten das Lupulin, eine komplexe, aus mehreren Ketonen bestehende Substanz: Humulon, Lupulon, Harze, Luparol, Luparenol; ferner Cholin und Asparagin. *Eigenschaften:* beruhigend, betäubend, schmerzstillend. Diese Eigenschaften werden oft in Zweifel gezogen, denn die Pflanze kann nicht lange aufbewahrt werden. *Anwendung, Zubereitung:* Der Hopfen wird im industriellen Maßstab als bitteres, schwach bakteriostatisch wirkendes Amarum-aromaticum zur Bierherstellung verwendet. Es wird in Extraktform (*Extr. Lupuli*) zu galenischen Präparaten als beruhigendes Mittel verwendet. Die Homöopathie schreibt die Tinktur der frischen Zapfen als Narkotikum, Diureticum und Antaphrodisiacum vor. *Geschichte:* In der Brauerei stammt der Gebrauch des Hopfens aus dem Mittelalter. Seine offizinellen Eigenschaften wurden zu Beginn des 19. Jahrhunderts erkannt.

211 ILEX AQUIFOLIUM L. [151] Aquifoliaceae
Stechpalme (Houx / Holly)

Vorkommen, Standort: Europa. Bildet oft Unterholz in Laubwäldern (Buchen, Kastanienbäume). *Beschreibung:* eigenartiger, kleiner, 3–10 m hoher Baum. Glatte Rinde, grüne Zweige, glänzend dunkelgrüne, wachs- oder lederartige Blätter. Sie sind meistens sehr stachelig. Kleine, weiße, in Doldentrauben angeordnete Blüten mit 4 Blütenblättern, die männlichen und die weiblichen erscheinen auf verschiedenen Bäumen. Mai/Juni. Die Früchte, korallenrote Beeren, werden im Herbst reif und überdauern den Winter. *Wirksame Inhaltsstoffe:* Die chemischen Stoffe sind noch nicht genau erforscht. Die Blätter enthalten den Bitterstoff Ilicin; die Rinde ist reich an Pektin und enthält den gelben Farbstoff Ilixanthin. Das Blatt enthält Theobromin mit Wirkung auf das Herz. *Eigenschaften:* Die roten Beeren sind giftig. Früher offizinell (*Folia Ilicis*), wird heute die Stechpalme nur selten verwendet. Die Tinktur der im Juni gesammelten Blätter wird als Diureticum, gegen chronische Bronchitis, Rheumatismus und Arthritis empfohlen. *Anwendung, Zubereitung:* in Form von Dekokten oder Tinkturen verwendet. *Verwendete Teile:* die jungen Blätter. *Erntezeit:* Mai/Juni.

212 IMPATIENS NOLI-TANGERE L. [152] Balsaminaceae
Springkraut, Rührmichnichtan (Impatiente, Ne-me-touchez-pas / Touch me not)

Vorkommen, Standort: Europa; Westasien. Hügel und Vorgebirge; feuchte Standorte, lichtes Unterholz, Schluchten. *Beschreibung:* einjährige Pflanze mit fleischigen Stengeln; ovale, wenig gezähnte Blätter; die charakteristischen Blüten besitzen eine Unterlippe und einen nach hinten zurückgebogenen Sporn. Große, gelbe, manchmal rot punktierte Blüten; Juli/August. *Wirksame Inhaltsstoffe:* Die Pflanze enthält einen harzigen, bitteren Stoff und Gerbstoffe. *Eigenschaften:* heftiges Brechmittel und Diureticum. *Anwendung, Zubereitung:* In der Volksmedizin wird diese Pflanze als Dekokt gegen Hämorrhoiden, als Diureticum und als Laxans verwendet.

213 LACTUCA SERRIOLA L. — Asteraceae
Lattich, Wilder Stachel-Lattich (Laitue scarole / Prickly lettuce)

Vorkommen, Standort: ganz Europa. Sehr häufig auf Brachland, an Abhängen. *Beschreibung:* zweijähriges, 60–120 cm hohes Kraut. Steifer, beblätterter, bräunlicher, an der Basis manchmal stacheliger, Milchsaft enthaltender Stengel. Wechselständige, kahle, grüngelbe, längliche, manchmal gelappte, am Rand schwach stachelige Blätter. Blaßgelbe, schmale, zahlreiche, in Rispen angeordnete Blütenköpfchen; Juli–September. *Wirksame Inhaltsstoffe:* Die Pflanze enthält Lactupicrin und wird als schmerzstillendes Mittel zur Herstellung von Brustsirupen verwendet. *Eigenschaften:* früher offizinell (*Herba Lactucae silvestris*), heute nur selten noch therapeutische Anwendung.

214 LACTUCA VIROSA L. — Asteraceae
Giftlattich, Leberdistel (Laitue vireuse / Greater prickly lettuce)

Vorkommen, Standort: ganz Europa. Verstreut auf trockenen Böden, an steinigen Hängen. *Beschreibung:* dem wilden Stachel-Lattich ähnlich, aber kräftiger und verzweigter. Größere, noch dunkelgrünere Blätter. Kleinere Blütenköpfchen; Juli–September. *Wirksame Inhaltsstoffe:* Der Saft (Latex) enthält Lactucin und Lactupicrin und noch etwa zehn andere Bestandteile. *Eigenschaften:* Die Pflanze ist giftig, sie wirkt betäubend, narkotisch, beruhigend. Sie wird als schmerzstillendes Mittel zur Herstellung von Brustsirupen empfohlen. *Anwendung, Zubereitung:* früher offizinell; heute wird der Giftlattich in der allopathischen Medizin nur noch selten verwendet. In der Homöopathie bereitet man eine Tinktur aus der ganzen frischen Pflanze. Indikation: Laryngitis, Tracheitis mit heftigem Husten, Bronchitis, Asthma, Harnwegerkrankungen. *Geschichte:* Der getrocknete Milchsaft wurde früher in der Pharmazie unter dem Namen Lactucarium gehandelt.

215 LIGUSTRUM VULGARE L. [166] — Oleaceae
Liguster, Rainweide (Troène vulgaire / Privet)

Vorkommen, Standort: Europa, Nordafrika, Ostasien. Strauch in sonnigen Wäldern, der wegen seiner regelmäßigen, dekorativen Formen oft zur Garteneinzäunung verwendet wird. *Beschreibung:* Die gegenständigen, lanzettlichen Blätter fallen erst am Ende des Winters ab. Die in kurzen Trauben angeordneten Blüten riechen stark nach »Farnesol«, einem Duftstoff, der an Lindenblüten erinnert. Die schwarze Frucht ist eine glänzende Beere mit angenehmem Geschmack, ist aber giftig; Juni–August. *Wirksame Inhalts-*

stoffe: Die Rinde enthält den Bitterstoff Ligustron, auch Syringopicrin genannt, ferner Gerbstoffe und Harz. In dem Blatt und in der Rinde findet sich ein Heterosid, das Syringin, das beim Menschen wirkungslos ist. *Eigenschaften:* bitter. *Anwendung, Zubereitung:* Die Blüten werden in der Homöopathie gegen trockene Haut verwendet. Die schwarzen, giftigen Beeren verursachen eine starke Enteritis, die von Krämpfen und Erbrechen begleitet ist. Sie enthalten ein Kapillargift, das ebenfalls die Haut angreift. Heute hat die Medizin ihren Gebrauch wegen ihrer Giftigkeit aufgegeben. Vorsicht, daß Kinder diese Beeren nicht essen! Gegengift: Aktivkohle, Milch oder Pflanzenschleim, bis zum Eintreffen des Arztes.

216 **LONICERA CAPRIFOLIUM** L. [140] **Caprifoliaceae**
Gartengeißblatt (Chèvrefeuille des jardins / Honeysuckle)

Vorkommen, Standort: gemäßigte Zonen der nördlichen Hemisphäre. Es stammt aus dem Süden und wird in den Gärten ganz Europas kultiviert; kommt mancherorts wildwachsend vor. *Beschreibung:* kleiner Strauch mit kahlen Stengeln, die manchmal klettern und manchmal Ranken treiben. Gegenständige, ovale, ungestielte Blätter, die oberen sind miteinander verwachsen, die unteren mit kelchförmigem Blattgrund. Weiße, gelbe oder rosa, zymös angeordnete und stark duftende Blüten. Die Frucht ist eine orangefarbene Beere. Die Blüten sind reich an Nektar; Juni/Juli. *Wirksame Inhaltsstoffe:* der Bitterstoff Xylostein, Pektin und Zucker. *Eigenschaften:* diaphoretisch, diuretisch, zum Erbrechen reizend. *Anwendung, Zubereitung:* Während die Rinde und die Blätter die obengenannten Eigenschaften besitzen, sind die Beeren giftig und verursachen Unfälle. Vergiftungen äußern sich in großer Müdigkeit und Schläfrigkeit. Die Pupillen sind erweitert wie nach Einnahme von Tropa-Alkaloiden und sind lichtempfindlich. Die Pflanze ist nicht zu empfehlen, da die wirksame Dosis schon giftig wäre. Gegengift: Aktivkohle und pflanzenschleimhaltiges Getränk bis zum Eintreffen des Arztes. *Geschichte:* Früher bereitete man aus dem Gartengeißblatt einen Sirup mit hustenstillender und galletreibender Wirkung. Nach der Einnahme mußten sich die leicht vergifteten Kranken erbrechen, worauf sie sich erleichtert fühlten.

217 **LYCOPUS EUROPAEUS** L. [153] **Lamiaceae**
Wolfsfuß, Wolfstrapp (Pied de loup, Lycope d'Europe, Chanvre d'eau / Bugle Weed herb)

Vorkommen, Standort: Europa und die nördliche Hemisphäre. Entlang der Flüsse und an feuchten Orten. *Beschreibung:* 30–90 cm hohes Kraut mit breiten, zugespitzten, grob und tief gesägten Blättern, in deren Achseln weiße, purpur punktierte Blüten Scheinquirle bilden; Juli–September. *Wirksame Inhaltsstoffe:* ein Bitterstoff Lycopin, Lithospermsäure, Gerbstoff und ätherisches Öl. *Eigenschaften:* wirkt bei Schilddrüsenerkrankungen. *Anwendung, Zubereitung:* Weil sie die Jod-Wirkung bei Hyperthyreose hemmen kann, hat diese Pflanze die Aufmerksamkeit der Ärzte nahezu ein Jahrhundert auf sich gezogen. In der Homöopathie wird die Tinktur des Wolfsfußes zur Behandlung der Basedow-Krankheit, bei Herzklopfen und bei allgemeiner

Nervosität verwendet. In pharmazeutischen Spezialitäten wird der aus Nordamerika stammende Wolfsfuß verwendet (*Lycopus virginicus*), doch hat Professor Assmann bewiesen, daß die europäische Pflanze genau die gleichen Eigenschaften besitzt. Dennoch ist diese Pflanze heute nicht mehr in Gebrauch.

218 **MENYANTHES TRIFOLIATA** L. [167] **Menyanthaceae**
Fieberklee, Bitterklee, Sumpfklee (Trèfle d' eau, Ményanthe, Trèfle des marais / Bogbean)

Vorkommen, Standort: ganz Europa. Häufig in Teichen, Sümpfen, Torfmooren, kleinen Seen. *Beschreibung:* ausdauernde, im Wasser wachsende Pflanze; kriechendes Sproßende. Große, dreiblättrige, kahle Blätter; weiße, auf der Rückseite rosa gefärbte, in Trauben angeordnete Blüten. Die fünf Blütenblätter sind weiß gewimpert; unteres Sproßende unter dem Wasser. Die Blätter und der den Blütenstand tragende Stengel erheben sich jedoch über den Wasserspiegel; Mai/Juni. *Wirksame Inhaltsstoffe:* die Blätter (*Folia Trifolii fibrini*) und der Wurzelstock enthalten einen Bitterstoff, das Loganin. *Eigenschaften:* kräftigend, magenstärkend, nervenberuhigend. *Anwendung, Zubereitung:* Der Fieberklee wird wie der Gelbe Enzian als stärkende Bitterstoffdroge verwendet. Das Infus der Blätter wirkt bei Verdauungsstörungen, Amenorrhöe und Leberschwäche. Er wird als beruhigendes Mittel zusammen mit der Minze und dem Baldrian verwendet. *Verwendete Teile:* die Blätter. *Erntezeit:* April–Juni.

219 **SAMBUCUS EBULUS** L. [151] **Caprifoliaceae**
Attich, Zwergholunder (Hièble, Yèble / Dwarf elder)

Vorkommen, Standort: ganz Europa. Verbreitet; Waldränder, Hecken, Unterholz. *Beschreibung:* ausdauernde Pflanze mit aufrechtem, bis 160 cm hohem Stengel; kriechendes Rhizom. Kahle, dunkelgrüne Blätter mit zahlreichen lanzettlichen, schmalen Blättchen. Kleine, weiße, in Dolden angeordnete Blüten. Die Frucht ist eine kleine schwarze Beere. Der Attich strömt einen starken Geruch aus. Juli/August. *Wirksame Inhaltsstoffe:* Die Pflanze enthält einen nicht identifizierten Bitterstoff, ätherisches Öl, Gerbstoffe, Anthocyane und Saponin. *Eigenschaften:* Die Wurzel wirkt diuretisch, galletreibend und abführend. Die Früchte sind giftig und können mit denen des Schwarzen Holunders verwechselt werden. Vorsicht! *Anwendung, Zubereitung:* früher allgemein gebraucht (*Rad. Ebuli*); heute wird der Attich kaum mehr in der Medizin verwendet. Als Diureticum, Diaphoreticum und Laxans in der Volksmedizin noch verbreitet. *Verwendete Teile:* der Wurzelstock. *Erntezeit:* September/Oktober (Wurzeln).

220 **SILYBUM MARIANUM** (L.) Gaertner [142] **Asteraceae**
Mariendistel (Chardon Marie / Milk thistle)

Vorkommen, Standort: Süd- und Westeuropa. Steinige, nicht angebaute und trockene Böden. Häufig in Südfrankreich. *Beschreibung:* kräftige, ein- oder zweijährige Pflanze. 30–90 cm hoher Stengel; kahle, mit spitzen Dornen versehene, oberseits glänzende dunkelgrüne, entlang der Nerven mit sehr deutlichen weißen Flecken punktierte Blätter mit welligen Rändern. Purpurrote, einzelstehende Köpfchen; mit sehr spitzen Dornen endende Deckblätter; Juni–August. *Wirksame Inhaltsstoffe:* Die Samen enthalten ein ätherisches Öl, Amine (Thyramin und Histamin), einen Bitterstoff und Flavonole der Silymarin-Gruppe. *Eigenschaften:* galletreibend und leberspezifisch. *Anwendung, Zubereitung:* Früher verwendete man die Mariendistel als Ersatz für das Mutterkorn bei Metrorrhagien und Menorrhagien. Diese Verwendung wurde aufgegeben. In der Homöopathie verwendet man eine Tinktur der Samen bei Lebererkrankungen, Gelbsucht, Cholelithiasis, Peritonitis, Pleuritis, Husten, Bronchitis, Blutdrang in der Gebärmutter, sowie gegen Krampfadern. Als spezifisches Lebermittel hat sich das Präparat Legalon (R) (Fa. Madaus) bewährt.

221 **TARAXACUM OFFICINALE** Weber [143] **Asteraceae**
Löwenzahn, Kuhblume (Pissenlit, Dent-de-lion / Dandelion)

Vorkommen, Standort: ganz Europa und der größte Teil der nördlichen Hemisphäre. Überall sehr häufig, besonders auf Wiesen. *Beschreibung:* ausdauernd; sehr formenreich. Die tiefgezähnten oder gelappten Blätter bilden an der Basis eine Rosette, aus der sich die hohlen, mit einem lebhaft gelben Köpfchen gekrönten Blütenstengel erheben. Die Pflanze enthält einen weißen Milchsaft; April–Juni. *Wirksame Inhaltsstoffe:* Die Wurzel und der Milchsaft des Stengels enthalten den Bitterstoff Taraxacin, Gerbstoffe, Harz, Kautschuk und ätherisches Öl. *Eigenschaften:* galletreibend, stärkend, diuretisch. *Anwendung, Zubereitung:* Der Löwenzahn gilt als eines der besten bekannten Cholagoga. Die Pflanze ist offizinell (*Rad. Taraxaci cum Herba*). Daraus bereitet man Extrakte, Tinkturen und Lösungen. Wegen seiner wirkungsvollen galletreibenden Eigenschaft lindert er die Anfangsstadien der Zirrhose. Als hervorragendes Diureticum ist er heilsam bei der Wassersucht. Man verwendet auch das Infus der frischen Wurzel bei Gallensteinen, Gelbsucht und anderen Lebererkrankungen. Die jungen Blätter liefern einen stärkenden und blutreinigenden Salat, der besonders für Frühlingskuren empfohlen wird. *Geschichte:* Die altarabischen Ärzte Rhazes und Avicenna haben bereits den Löwenzahn erwähnt. Die Griechen verwendeten ihn wegen seiner Heilwirkung, und in allen Kräuterbüchern des Mittelalters wird er erwähnt.

222 **VERONICA BECCABUNGA** L. **Scrophulariaceae**
Bachbungen-Ehrenpreis (Cresson de cheval / Brooklime)

Vorkommen, Standort: ganz Europa, Westasien. Sehr häufig an feuchten Orten. *Beschreibung:* ausdauernde Pflanze mit verbreitetem Standort. Haftwurzeltreibender, fleischiger Stengel. Ovale, gezähnte Blätter. Kleine, dunkelblaue, in achselständigen Trauben angeordnete Blüten; Mai–September. *Wirksame Inhaltsstoffe:* Die Pflanze enthält das Glykosid Aucubin. *Eigenschaften:* diuretisch, hustenstillend, stimulierend und appetitanregend. *Anwendung, Zubereitung:* früher sehr geschätzt, heute wird der Bachbungen-

Ehrenpreis (*Herba Anagallidis aquaticae*) wenig verwendet. Er besitzt Eigenschaften, die denen der Kresse ähnlich sind. Die Homöopathie verwendet ihn als Diureticum bei Haut- und Lebererkrankungen. *Verwendete Teile:* die ganze Pflanze. *Erntezeit:* Mai–September.

223 **VERONICA OFFICINALIS** L. [167] **Scrophulariaceae**
Echter Ehrenpreis (Véronique officinale /Heath speedwell)

Vorkommen, Standort: ganz Europa. Auf leicht sauren Böden verbreitet; Gehölz und magere Wiesen. *Beschreibung:* ausdauernde Pflanze mit kriechendem Stengel; ovale, gezähnte, kurzgestielte, hellgrüne Blätter. Hellblaue, lilageäderte, in Trauben angeordnete Blüten; Mai–August. *Wirksame Inhaltsstoffe:* Die Pflanze enthält Aucubin, einen Bitterstoff und Gerbstoff. *Eigenschaften:* appetitanregend, stimulierend, hustenstillend, diuretisch. *Anwendung, Zubereitung: Herba Veronicae* war früher offizinell. Früher gerühmt, heute nur noch von untergeordneter Bedeutung. Man behandelte damit Jucken, Hauterkrankungen und Bronchitis. *Verwendete Teile:* die blühende Pflanze. *Erntezeit:* Mai–August. *Geschichte:* Die offizinelle Bedeutung dieser Pflanze war so groß, daß ihr 1690 der Botaniker Johannes Francus eine 300seitige Abhandlung widmete (*Polchresta Herba Veronica*).

224 **VIBURNUM OPULUS** L. [166] **Caprifoliaceae**
Schneeball (Boule de neige, Viorne obier / Guelder rose)

Vorkommen, Standort: ganz Europa. Sehr häufig in feuchtem Gehölz und Wäldern. *Beschreibung:* 2–4 m hoher Strauch oder kleiner Baum; glatte Zweige; 3–5 gelappte, gezähnte Blätter, die denen des Ahorns ähnlich sind. Weiße, in Doldentrauben angeordnete Blüten; 5-fach gelappte Blütenkronen. Die äußeren Blüten des Blütenstandes sind unfruchtbar und viel größer als die inneren; Juni/Juli. *Wirksame Inhaltsstoffe:* Die Blätter und die Früchte enthalten den Bitterstoff Viburnin. Die Rinde liefert Derivate der Isovaleriansäure und Salicosid. *Eigenschaften:* Die giftigen Beeren werden von den Vögeln nicht gefressen. Das Viburnin verursacht Gastroenteritiden; man kennt tödliche Vergiftungen, die durch das Essen dieser Früchte verursacht wurden. *Anwendung, Zubereitung:* Die Rinde ist offizinell (*Cortex Viburni Opuli*). Die Medizin und die Homöopathie verwenden sie in Form flüssiger Extrakte bei Dysmenorrhöe und bei Fehlgeburten als schmerzstillendes Mittel.

Kapitel 13 Pflanzen mit Cardenoliden

Unter Cardenoliden versteht man Steroidheteroside, die auf das insuffiziente Herz und die Nieren wirken. Sie leiten sich chemisch vom Cyclopentanoperhydrophenanthren ab und enthalten eine charakteristische Lactongruppierung. Die Cardenolidpflanzen sind schön anzusehen, besitzen aber einen bitteren, sehr unangenehmen Geschmack. Ihre therapeutische Wirkung, die sich in einer verstärkten Kontraktion des Herzmuskels äußert, ist lange Zeit unbekannt geblieben.

Im Jahre 1775 entdeckte der englische Arzt William Withering (Birmingham) die *Digitalis*-Pflanze für die Behandlung von Herzkrankheiten. Eines Tages analysierte er die Kräutermischung, die ihm ein Kräuterweiblein, Mrs. Hutton, zur Behandlung von Wassersuchtkranken verkauft hatte. Er fand ungefähr 20 verschiedene Pflanzenbestandteile, unter ihnen den Roten Fingerhut. Er untersuchte dann diese Pflanze etwas genauer und fand, daß sie von allen Kräutern die beste Wirkung auf das Herz hatte. Im Jahre 1785 veröffentlichte er eine Broschüre über den therapeutischen Wert des Fingerhutes. Darin gab er auch Hinweise, wie man ihn ernten und trocknen soll, ferner, wie man Arzneien daraus herstellen muß.

Der Fingerhut soll bei schönem Wetter geerntet werden, damit die jungen Blätter rasch trocknen können, denn durch längere enzymatische Einwirkung werden die wirksamen Stoffe zunehmend abgebaut. Aus diesem Grund wird von der Industrie an einem Tag nur die Menge geerntet, die sofort verarbeitet werden kann.

Durch Zuchtwahl konnte man *Digitalis*-Sorten erhalten, die einen immer gleichen Durchschnittsgehalt an wirksamen Stoffen gewährleisten.

Heute ist die chemische Struktur der Cardenolide aller wichtigen Herzdrogen bekannt. Während sie sich in der Substitution des Cyclopentanoperhydrophenanthren-Grundgerüstes nur wenig unterscheiden, variieren Zuckerart und Zuckergehalt der Glykoside sehr stark. Außerdem hat man zwischen Herzglykosiden mit einem 6-Ring-Lacton (Cardenolide) und einem 5-Ring-Lacton (Bufodienolide, z. B. Meerzwiebel) zu unterscheiden. Diese Unterschiede bedingen verschiedene Wirkungsstärke, Wirkungsdauer (Sofort- und Langzeitwirkung), Toxizität und zusätzliche Effekte auf Kreislauf und Nieren, die oft erwünscht sind. Besondere Bedeutung haben heute die Reinglykoside Digitoxin, Digitalin und Gitoxin von *Digitalis purpurea* und die Lanatoside A, B, C und D von *Digitalis lanata*.

Die wohltuende Cardenolidwirkung tritt nur zu Tage, wenn das Herz ermüdet ist und nicht mehr regelmäßig funktioniert, so daß eine Insuffizienz des gesamten Blutkreislaufes vorliegt.

Trotz dieser von synthetischen Stoffen bisher nicht erreichten optimalen Wirkung der Herzglykoside müssen wir dem Arzt die Behandlung der Herzkrankheiten überlassen, denn zur wirkungsvollen Therapie ohne Nebenwirkungen gehört eine exakte Diagnose des Herzschadens und eine ständige Überwachung. Die folgenden Angaben über die verschiedenen Herzdrogen dienen nur der wissenschaftlichen Unterweisung und sind nicht als ärztlicher Führer anzusehen.

225 ADONIS VERNALIS L. [130] Ranunculaceae
Adonisröschen, Frühlingsteufelsauge (Adonis du printemps / Adonis)

Vorkommen, Standort: Süd-, Ost- und Zentraleuropa, Asien. An steinigen, kalkhaltigen Südhängen. Kommt selten vor. *Beschreibung:* ausdauernde, 10 bis 30 cm hohe Pflanze. Geteilter Wurzelstock mit schwarzen Wurzeln, aufrechte Stengel mit zahlreichen, gefiederten Blättern. Sehr große, glänzende, hellgoldgelbe, in der Sonne sich flach öffnende Blüten; April/Mai. *Wirksame Inhaltsstoffe:* Alle Teile der Pflanze enthalten mehrere Glykoside (Cardenolide), die dem Digitalin verwandt sind: Adonidosid, Adonivernosid, Cymarin und Adonitoxin. Der Wurzelstock enthält das duftende Cumarinderivat Vernadin. *Eigenschaften:* Heilmittel gegen bestimmte Herzkrankheiten. Diuretische, schmerzstillende, herzstärkende Wirkung. Die Wirkung auf den Herzmuskel ist milder als die von *Digitalis.* Das Adonis erweitert die Koronargefäße. *Anwendung, Zubereitung:* Das Heilmittel kann nur von Ärzten verschrieben werden. *Verwendete Teile:* die oberirdischen Teile (*Herba Adonidis*), Achtung! Diese Pflanze ist in Deutschland und in der Schweiz geschützt! *Erntezeit:* April/Mai. *Giftigkeit:* Das Adonisröschen ist giftig. *Geschichte:* Hypokrates verwendete es schon in der Phytotherapie.

226 CONVALLARIA MAJALIS L. [156] Liliaceae
Maiglöckchen (Muguet / Lily-of-the-valley)

Vorkommen, Standort: ganz Europa; Nordasien, Japan. Verbreitet in lichten Wäldern, in Geröll und an steinigen Hängen. *Beschreibung:* ausdauernde Pflanze mit kriechendem Rhizom. Die zwei einzigen aufrechten Blätter sind elliptisch. Stark riechende, weiße, in Trauben angeordnete Blüten. Die Frucht ist eine rote Beere; Mai/Juni. *Wirksame Inhaltsstoffe:* Die ganze Pflanze enthält Glykoside (Cardenolide), die mit denen von *Digitalis* verwandt sind. Diese Glykoside sind Convallatoxin, Convallosid, Convallatoxol etc. und das Saponin Convallamarin. *Eigenschaften:* Das Maiglöckchen besitzt eine sehr hohe herzstärkende Wirkung, darüberhinaus eine antispasmodische, laxative und diuretische. *Anwendung, Zubereitung:* Die allopathische Medizin verwendet heute reine Glykoside in der Behandlung von Herzerkrankungen. Es empfiehlt sich, diese Pflanze nicht ohne Rezept des Arztes zu verwenden. *Geschichte:* Das Maiglöckchen wurde im 16. Jahrhundert zum ersten Mal therapeutisch verwendet, sein Gebrauch wurde aber wegen seiner Giftigkeit nicht volkstümlich.

227 CORONILLA VARIA L. [141] Fabaceae
Kronwicke (Coronille bigarrée / Crown Vetch)

Vorkommen, Standort: Westeuropa und Südeuropa; Westasien. Häufig an Abhängen, Wegrändern, auf Aufschüttungen, in Hecken. *Beschreibung:*

ausdauernde, 30–60 cm hohe Pflanze. Unpaarig gefiederte Blätter; blaßrosa gefärbte Blüten, die in kugeligen Blütenständen vom 4–5 cm Durchmesser angeordnet sind; Juni–August. *Wirksame Inhaltsstoffe:* Die Blätter und die Blüten enthalten das Glykosid Coronillin und mehrere andere Bestandteile, unter ihnen ein wohlriechendes Pseudocumarin. *Eigenschaften:* Das Coronillin ist giftig und besitzt eine dem Digitalin ähnliche Wirkung. In kleinen Dosen ist es ein wirksames herzstärkendes Mittel. *Anwendung, Zubereitung:* Früher in der Homöopathie verwendet, wurde die Kronwicke wegen ihrer zu hohen Giftigkeit seit Entdeckung des Digitalins aufgegeben. Tödliche Vergiftungen durch die Samen sind bekannt.

228 **CYNANCHUM VINCETOXICUM** (L.) Pers **Asclepiadaceae**
Syn. *Vincetoxium officinale* Moench
Schwalbenwurz, Hundswürger, Giftwurzel (Asclépiade blanche, Dompte-venin / Swallows wort)

Vorkommen, Standort: ganz Europa; Westasien. Verstreut auf steinigen Böden, in trockenem Unterholz und Wäldern; Böschungen und Brachböden. *Beschreibung:* krautartige, ausdauernde Pflanze mit Wurzelstock; aufrechter, bis 1 m hoher, stark verzweigter Stengel. Dunkelgrüne, ovale, lanzettliche, an der Basis herzförmige, kurz gestielte Blätter; gelblichweiße, in achselständigen Trauben angeordnete Blüten; die Pflanze strömt einen durchdringenden, starken Geruch aus; Juni/Juli. *Wirksame Inhaltsstoffe:* Die ganze Pflanze, und besonders die Wurzel, enthält das giftige Glykosid Vincetoxin, und mehrere andere chemische Bestandteile (Steroide, Pregnane). *Eigenschaften:* Das Vincetoxin besitzt Digitalinwirkung und wirkt auf das Herz und auf das Nervensystem etwa wie Aconitin. *Anwendung, Zubereitung:* Die Schwalbenwurz wird in der allopathischen Medizin kaum mehr verwendet, findet aber noch Anwendung in der Homöopathie; man bereitet eine Tinktur aus den frischen Blättern. Man schrieb dieser Pflanze die Fähigkeit zu, Schlangengift zu neutralisieren und den Tollwutvirus unschädlich zu machen.

229

229 **DIGITALIS LANATA** Ehrh. **Scrophulariaceae**
Wolliger Fingerhut (Digitale laineuse / Wholly foxglove)

Vorkommen, Standort: Südosteuropa, Schwarzmeergegenden. In den italienischen Gärten seit der Antike kultiviert. *Beschreibung:* zweijährige Pflanze, die dem Roten Fingerhut ähnlich ist. 1 m hoher Blütenstengel. Wollig behaarter Blütenstand; weiße oder blaßockergelbe, braun geäderte Blüten; Juli/August. *Wirksame Inhaltsstoffe:* Die ganze Pflanze enthält 63 Glykoside (die in fünf Gruppen eingeteilt sind: Lanatoside A, B, C, D und E),

Saponine und das Enzym Digilanidase. *Eigenschaften:* wirkungsvolles herzstärkendes Mittel. Äußerlich, als Kompressen, eignet sich die Pflanze hervorragend zur Behandlung von Wunden. *Anwendung, Zubereitung:* Der Wollige Fingerhut ist eine der bedeutendsten Heilpflanzen Europas. Man verwendet die Blätter (*Fol. Digitalis*) als Tinktur, Infus, Pillen und Zäpfchen. *Verwendete Teile:* Die Blätter. *Erntezeit:* Juli/August.

230 **DIGITALIS LUTEA** L. **Scrophulariaceae**
Gelber Fingerhut (Digitale jaune / Yellow foxglove)

Vorkommen, Standort: ganz Europa. Häufig in Laubwäldern, Unterholz, an steinigen Hängen, bevorzugt kalkhaltige Böden. *Beschreibung:* ausdauernde Pflanze; grundständige, eine Rosette bildende, kahle Blätter. Blüten mit einer 2–2,5 cm langen, cremeweißen oder gelblichweißen, nicht fleckigen Blumenkrone; Juni–August. Die wirksamen Inhaltsstoffe und die pharmazeutische Anwendung sind die gleichen wie beim Roten Fingerhut.

231 **DIGITALIS PURPUREA** L. [144] **Scrophulariaceae**
Roter Fingerhut (Digitale pourpre / Red foxglove)

Vorkommen, Standort: ganz Westeuropa, aber lokalisiert. Ziemlich häufig in lichten Wäldern, auf Lichtungen und Kahlschlägen, auf kieselhaltigen Böden. *Beschreibung:* zweijährige oder ausdauernde Pflanze. Der majestätische Blütenstengel erreicht eine Höhe von 160 cm. Lanzettliche, sehr große, flaumhaarige Blätter mit Wabenmusterung auf der Unterseite. Große, fingerhutförmige, rosa bis purpurfarbene, innen rot gefleckte, hängende, bis 5 cm lange Blüten; Juni–September. *Wirksame Inhaltsstoffe:* Die Blätter sind offizinell und enthalten mehrere Glykoside, darunter das Digitalin, Digitoxin und Gitoxin. Der Gehalt an wirksamen Stoffen hängt von zahlreichen äußeren Faktoren ab (Klima, Boden, Beschaffenheit, Vegetationsbedingungen, Ernte, Trocknung). *Eigenschaften:* herzstärkend. *Anwendung, Zubereitung:* Der Fingerhut wirkt nur auf die Herzmuskulatur. Die Anwendung (mit ärztlichem Rezept) ist die gleiche wie beim Gelben Fingerhut. Die Pflanze ist giftig. *Verwendete Teile:* die Blätter. *Erntezeit:* Juli/August. *Geschichte:* Der Fingerhut ist ein altes, schon im 13. Jahrhundert verwendetes Heilmittel. Er wurde damals zur Behandlung von Geschwüren verwendet. Die herzstärkenden Eigenschaften wurden 1775 von William Withering entdeckt.

232 **EUONYMUS EUROPAEUS** L. [147] **Celastraceae**
Pfaffenhütchen, Pfaffenkäppchen (Fusain d'Europe, Bonnet de prêtre / Spindle tree)

Vorkommen, Standort: ganz Europa. Häufig in lichten Wäldern, Unterholz, an den Waldrändern und buschigen Hängen. *Beschreibung:* 2–4 m hoher Strauch. Lanzettliche, schwach gezähnte Blätter. Unbedeutende, blaßgrüne, in kleinen Bündeln angeordnete Blüten. Fleischige, korallenrote, 4fächerige Früchte; Mai/Juni. *Wirksame Inhaltsstoffe:* Die ganze Pflanze enthält einen Bitterstoff. Die Samen enthalten herzstärkende Heteroside, darunter das Evonosid (Rhamnosid des Digitoxigenins). Die Früchte sind reich an Farbstoffen (Phyllorhodin, Physalin) und Estern. *Eigenschaften:* Das Pfaffenhütchen wirkt giftig, insektizid und diuretisch. *Anwendung, Zubereitung:* Die getrockneten und pulverisierten Früchte (*Fruct. Evonymi s. Tetragoniae*) wurden früher als Insecticidum gegen Milben und Läuse verwendet. Die Bauern trinken manchmal ein Dekokt der Früchte als Diureticum. In der Homöopathie verwendet man eine Tinktur aus der frischen Pflanze.

233 GRATIOLA OFFICINALIS L. **Scrophulariaceae**
Gnadenkraut, Gottesgnadenkraut, Purgierkraut (Gratiole / Hodge Hyssop)

Vorkommen, Standort: Europa; Nord- und Westasien, Nordamerika. Verbreitet an feuchten Orten, in Torfmooren, Sümpfen, Gräben, auf sumpfigen Wiesen. *Beschreibung:* ausdauernde, 15–30 cm hohe Pflanze, fleischiger Wurzelstock; aufrechter, hohler, nicht oder wenig verzweigter, an der Basis rundlicher und oben viereckiger Stengel; gegenständige, umfassende, lanzettliche, fein gezähnte Blätter; achselständige, einzelstehende, gestielte, hellrosa Blüten; Juni–August. *Wirksame Inhaltsstoffe:* Die Pflanze enthält das Cardenolidglykosid Gratiolin und mehrere andere wirksame, weniger untersuchte Substanzen. *Eigenschaften:* diuretisch und herzstärkend, abführend. Das Gnadenkraut ist giftig: tödliche Vergiftungen nach Anwendung als Abortivum. *Anwendung, Zubereitung:* Früher wurde die Pflanze medizinisch als Laxans, Depurativum und Vermifugum angewandt. Längere Zeit in Vergessenheit geraten, wird die Pflanze heute wieder in der Homöopathie in flüssiger Extraktform als Depurativum und Diureticum, bei Arthritis und Lebererkrankungen, chronischer Gastroenteritis, Koliken, Nierenbeschwerden und Nymphomanie verwendet. Die Volksmedizin empfiehlt das Gnadenkraut gegen Hauterkrankungen und Hämorrhoiden. *Verwendete Teile:* die blühende Pflanze (*Herba Gratiolae*). *Erntezeit:* Juni. *Geschichte:* Das Gnadenkraut hat eine bedeutende Rolle in der Volksmedizin des Mittelalters gespielt. Es wurde häufig angewandt, und seine Eigenschaften wurden in allen Medizinbüchern gerühmt.

234 HELLEBORUS NIGER L. [150] **Ranunculaceae**
Schwarze Nieswurz, Christrose (Héllebore noir, Rose de Noël / Black hellebore)

Vorkommen, Standort: Süd- und Zentraleuropa. Im Gebirge, Alpen, Apennin, Karpaten; lichte Wälder, Unterholz, auf kalkhaltigen Böden, in Gärten kultiviert. *Beschreibung:* ausdauernde, bis 35 cm hohe Pflanze mit Wurzelstock; immergrüne, lang gestielte, handförmig eingeschnittene, 7–9teilige, dunkelgrüne, glänzende, lederartige Blätter. Die Blattstiele sind lanzettlich und schmal. Jeder Schaft trägt eine einzelstehende, geneigte, aus 5 weißen, auf der Rückseite rosa gefärbten Kronblättern bestehende Blüte; blüht von Dezember bis März. Die Frucht ist eine Balgfrucht. *Wirksame Inhaltsstoffe:* jeder Teil der Pflanze, besonders der Wurzelstock, enthält noch nicht ganz genau erforschte Saponine, das Helleborein und das Helleborin, das Cardenolid Hellebrigenin, sowie ein Protoanemonin (ungesättigtes Lacton). *Eigenschaften:* Die Schwarze Nieswurz verursacht die gleichen Vergiftungen wie der Fingerhut. Das Hellebrigenin besitzt herzstärkende Eigenschaften. *Anwendung, Zubereitung:* Die Christrose wurde in der Phytotherapie als herzstärkendes Mittel verwendet, um die Wirkung des Digitalins und des Strophantins zu ergänzen. Der Wurzelstock wird gegen einige Hautgeschwüre verwendet. Die Homöopathie verwendet eine aus dem Wurzelstock zubereitete Tinktur zur Behandlung der Eklampsie, Epilepsie und gewisser Psychosen, auch zur Bekämpfung von Meningitis und starken Kopfschmerzen. *Verwendete Teile:* der Wurzelstock (*Rhizonia Hellebori*). *Geschichte:* Schon in der Antike wurde die Schwarze Nieswurz verwendet.

235 HELLEBORUS VIRIDIS L. [150] — Ranunculaceae
Grüne Nieswurz (Héllebore vert / Green hellebore)

Vorkommen, Standort: ganz Europa; verstreut und lokalisiert. Ziemlich selten in manchen Gegenden, häufig in anderen; helle Wälder, Unterholz, Lichtungen, Waldränder. Sie kommt bis 1500 m Höhe vor. *Beschreibung:* ausdauernde, 15–40 cm hohe Pflanze; handförmig eingeschnittene Blätter mit lanzettlichen, stark gezähnten, hellgrünen Segmenten. Lebhaft grüne, zu zweien bis vieren in breiten Trauben angeordnete Blüten. März–Mai. *Wirksame Inhaltsstoffe:* Der Wurzelstock enthält das Glykosid Helleborin und mehrere Alkaloide, unter ihnen das Celliamin, das Spintillamin und das Spintillin. *Eigenschaften:* Die herzstärkende Wirkung ist erwiesen, die Pflanze ist aber giftig. Die Grüne Nieswurz verursacht starkes Erbrechen, wirkt mild abführend und reizend. Sie wird als Mittel gegen Parasiten in Gärten empfohlen. *Anwendung, Zubereitung:* nur noch in der Homöopathie gegen Gallenerkrankungen verschrieben.

236 NYMPHAEA ALBA L. [157] — Nympheaceae
Weiße Seerose (Nénuphar blanc / White water-lily)

Vorkommen, Standort: ganz Europa; Nordasien. Verbreitet, häufig; Teiche, langsam fließende Wasserläufe, Seen, hinter dem Schilfgürtel. *Beschreibung:* ausdauernde, im Wasser wachsende Pflanze mit runden, auf dem Wasser schwimmenden Blättern und großen, weißen, duftenden Blüten von 10–20 cm Durchmesser. Die Blüten öffnen sich bei Sonne. Abgerundete, grüne, warzenartige Früchte; Juni–August. *Wirksame Inhaltsstoffe:* Die Pflanze (besonders der Wurzelstock) enthält mehrere Alkaloide, unter ihnen das Nupharin, das Cardenolid-Glykosid Nymphalin, Gerbstoffe, in den Blättern das Flavonglykosid Myricitrin. *Eigenschaften:* Das Nymphalin ist ein herzstärkendes Mittel. *Anwendung, Zubereitung:* Der Wurzelstock wurde als Antaphrodisiacum verwendet, um die sexuelle Überreiztheit zu dämpfen (»Vernichter der Liebe«). *Verwendete Teile:* der Wurzelstock.

Wermut 197
Sellerie
275
Acanthus
347
Kalmus
271
Herzgespann 30
Odermennig
164

Echter Sturmhut,
Blauer Eisenhut
1

Rosmarinheide
107

Mehlbeere 67

Adonisröschen
225

Windröschen
145

Knoblauchsrauke
81

Leberblümchen
149

Frauenmantel
166
Lampionblume
Judenkirsche
44
Engelwurz
272
Wundklee
240
Geissfuss
279
Arnika
277

Kuhschelle
150

Strandgrasnelke
71

Sanddorn
127

Spargel
241

Eingriffliger
Weissdorn
121

Osterluzei
340

Aronstab
280

Haselwurz 281

Waldmeister
135

Weissdorn
122

Grosse Klette 276

Schwarz-Erle
167

Echte Nelkenwurz
300
Bachnelkenwurz
299
Wiesen-
Bärenklau
139
Grosser
Merk
332
Wiesenknöterich Natterwurz
181
Kornblume
198

Heil-Ziest 191

Blasenstrauch
341

Tollkirsche
5

Seidelbast
296

Pyramiden-Günsel
165

Rotbeer. Zaunrübe
8

Melde
247
Grosse Königskerze
266
Birke
245
Hirtentäschelkraut
120
Boretsch
350
Faulbaum 156

Kriechender Günsel,
Günsel
165
Hauhechel
322
Buchsbaum
9
Bärentraube
108
Venushaar
163
Kamille 313
Kapuzinerkresse 79

Wiesenschaumkraut
92

Heidekraut 119

Wilde Karde
109

Bitteres
Schaumkraut
91

Moosbeere
194

Gemeine Pestwurz
43

Berg-Kornblume 199

Schwarze Johannisbeere 64

Vogelkirsche 102

Schriftfarn 169

Hanf 284

Bitterdistel 203

Feldmannstreu 249
Schöllkraut 11
Gartengeissblatt
216
Stieleiche 187
Wegwarte 202

Koriander 292
Klatschmohn 41
Schnittlauch
86
Hundspetersilie
3
Kronwicke 227
Herbstzeitlose 13

Brunnenkresse 62

Hohler Lerchensporn 15

Hopfenseide 155

Mariendistel 220

Alpenveilchen 248

Hundszunge 18

Kriechende Quecke 348
Waldrebe 148
Beinwell, Schwarzwurz 52
Löwenzahn 221
Wiesenkümmel 286
Silberwurz 170

Roter Fingerhut
231

Lorbeerblättriger
Seidelbast 295

Feld-Rittersporn 20

Kreuzblättrige
Wolfsmilch
206

Bittersüss 49

Rote Wolfsmilch 251

Hundsrose 65
Weiden-
röschen 171
Berberitze, Sauerdorn 6
Wasserdost
205
Augentrost
172
Fenchel
298

Wurmfarn
342
Walderdbeere
174
Himbeere
345
Esche 137
Gemeiner
Erdrauch 23

Bärwurz 317

Schachbrettblume 22

Besenginster 45

Färber-Ginster 125

Pfaffenhütchen 232

Wacholder 306
Geissraute
25
Kochs Enzian
207
Gelber Enzian
208
Heide-
Gamander
333
Margerite
287
Kalk-Kugelblume
301
Eibisch 349

Goldlack 93

Gefleckter Schierling 14

Eibisch 349

Mutterkraut 288

Mistel 56

Schwarze Nieswurz
234

Schmeerwurz 53

Grüne Nieswurz 235

Storchenschnabel 209

Echte Katzenminze 319

Hopfen
210

Gemeines
Sonnenröschen
176

Rotbuche
173

Stechpalme 211

Ysop 302

Attich 219

Wasserschwertel 305

Witwenblume
178

Springkraut 212

Hauswurz
190

Bilsenkraut 26

Trompetennarzisse,
Gelbe Narzisse,
Osterglocke
38

Gemeines Leinkraut 129

Wolfsfuss 217

Flachs
59

Ackerwinde 290

Gundelrebe
175

Segge 246

Lavendel
308
Rosskastanie
237
Zaunwinde
291
Weisser Andorn
312
Wilde Malve
60
Melisse 314

Schwarzer
Nachtschatten
50
Honigklee
140
Mahonie 36
Heidelbeere 193
Acker-Gauchheil 238
Schwarzer
Senf
89

Bachminze 315

Pfefferminze 316

Schafgarbe 270

Moos 78

Johanniskraut 157

Isländisches Moos 73

Maiglöckchen
226

Gelbe Teichrose 40

Märzbecher 31

Weisse Seerose 236

Mauerpfeffer 46

Manns-Knabenkraut 355

Hohlzahn 361

Sauerampfer 161

Walnussbaum
177

Dost 323

Weisse Taubnessel 128

Acker-Stiefmütterchen
268

Tausendgüldenkraut 200

Gänseblümchen
243

Sauerklee 344

Einbeere 257

Schlafmohn
42

Schneeglöckchen
24

Sumpfläusekraut
142

Hohes Fingerkraut 184
Gänse-Fingerkraut
131
Wildapfel
343
Sumpfdotterblume
146
Lungenkraut
364
Schwarzdorn
Schlehe
106
Gemeine Brunelle
185

Schwarzpappel 112

Waldkiefer 326

Spitzwegerich
356

Ackerschachtelhalm
123

Echtes Mädesüss 110

Duftende Schlüsselblume
259

Rundblättriger
Sonnentau 74
Scharfer Hahnenfuss
151
Pfirsichblättriger
Knöterich
327
Knolliger
Hahnenfuss
152
Gift-Hahnenfuss
153
Vogelknöterich
130
Acker-Rettich,
Hederich
95

Essigrose 359
Blutweiderich 179
Rosmarin 328
Silberweide 116
Wiesen-Salbei 330
Salbei 329

Eberesche 68

Seifenkraut 261

Echter Safran 293

Grosser Wiesenkopf
189

Ackersenf 98

Gemeines
Kreuzkraut
48

Sanikel
260

Hirschzunge 180

Ringelblume 282

Feld-Thymian 334

Rainfarn 289

Garten-Thymian
335

Kleinblättrige
Linde
336

Trollblume 154

Liguster 215

Feld-Täschelkraut 100

Schneeball 224

Tabak 39

Goldrute 263

Fieberklee 218

Huflattich
360

Baldrian 338

Echter Ehrenpreis 223

Eisenkraut
339

Veilchen 267

Kapitel 14 Pflanzen mit Saponinen

Unter Saponinen versteht man Steroid- oder Triterpenglykoside, die in Wasser löslich sind und wie die Seife einen Schaum bilden. Die Wurzel des Seifenkrautes (*Radix Saponariae*), die lange Zeit als Waschmittel verwendet wurde, gab dieser Stoffgruppe den Namen (lat. sapo = Seife).

Obwohl verschiedene Substanzen, wie z. B. die Stärke auch schaumbildend sind, zeichnen sich die Saponine dadurch aus, daß sie einen besonders feinen und dauerhaften Schaum bilden, der durch Verminderung der Oberflächenspannung zustande kommt. Man verwendet Saponine zur Herstellung von Emulsionen und dazu, um sonst unlösliche Substanz in Lösung zu bringen. Sie werden in der Fotografie als Netzmittel verwendet und in der Technik z. B. dem Benzin zugefügt, um Selbstentzündung zu verhindern. Auf Grund ihrer chemischen Struktur sind einige Saponine (Steroid-Saponine) verwandt mit den Nebennierenhormonen (Cortisone) und den Cardenoliden des vorigen Kapitels. Die Triterpensaponine unterscheiden sich in ihren Eigenschaften nur wenig von der ersten Gruppe. Chemisch besitzen sie einige Besonderheiten. Einige enthalten an Stelle von Glucose, Galactose oder Rhamnose die Glucuronsäure, wie z. B. die deutlich süß schmeckende Glyzirrhizinsäure des Süßholzes.

Die Genine der Saponine (Sapogenine) sind kristallisierbar und bilden kolloidale Lösungen, die die Durchlässigkeit von Membranen erhöhen können. Auf dieser Eigenschaft beruht z. B. die Erscheinung der sogenannten Hämolyse, bei der aus den roten Blutkörperchen infolge Zerstörung der Zellwände der Blutfarbstoff austritt. Das auf diese Weise hämolysierte Blut ist durchsichtig und lackfarben.

Die Stärke der hämolysierenden Wirkung einer Saponinpflanze hängt nicht nur vom Saponingehalt, sondern auch von der chemischen Struktur des jeweiligen Saponins ab.

Das Saponin des Alpenveilchens (*Cyclamen purpurascens*) z. B. besitzt eine sehr starke hämolysierende Wirkung, Ginseng, die Roßkastanie und die Sojabohne hingegen haben eine nur schwach ausgeprägte Wirkung, so daß man sie in Form von Extrakten ohne Gefahr für das Gewebe injizieren kann.

Die Saponine wirken auch direkt auf das Protoplasma der Zelle, indem sie wichtige physiologische Funktionen hemmen.

Fische können, wenn man Saponine ins Aquarium gibt, getötet werden. Im menschlichen Organismus wird ein großer Teil des Saponins durch Cholesterin gebunden und unlöslich. Schleimhäute können durch Saponine dagegen leicht gereizt werden. Deshalb werden einige Saponine als Niespulver oder als Expectorans verwendet.

Derselbe Effekt wird in Brusttees und -sirupen therapeutisch ausgenutzt. Viele Saponin-Pflanzen wirken auch diuretisch. Diese Wirkung ist aber nicht von

langer Dauer, nimmt laufend ab und kommt nach eine Woche völlig zum Erliegen, vermutlich weil die Saponine durch Cholesterin zunehmend neutralisiert werden. Man muß dann die Kur einige Tage unterbrechen.
Man hat nachweisen können, daß Saponine die Resorption anderer Wirkstoffe erhöhen und beschleunigen. Durch ihre Anwesenheit kommt es zu einer besseren Ausnutzung von Calcium und Kieselsäure im Organismus. Die Wirkung der Emodine und Herzglykoside wird durch Saponine gesteigert. Aus diesem Grund ist die Gegenwart in jedem Teegemisch erwünscht.
Zahlreiche Gemüsearten (Spargel, Spinat, Bohnen, Tomaten usw.) und auch Hafer fördern durch ihren Saponingehalt die Verdauung. Die Saponine des Efeus und der Süßholzwurzel wirken außerdem antispasmodisch, die der Roßkastanie antiphlogistisch.
In der Kosmetik verwendet man gern Extrakte dieser Pflanzen, um das »Make up« gleichmäßig auf der Haut zu verteilen und Hautunreinheiten zu bekämpfen. Der Tee des Ackerveilchens wird beim Milchschorf der Säuglinge empfohlen.

237 **AESCULUS HIPPOCASTANUM** L. [154] **Hippocastanaceae**
Roßkastanie (Marronnier d'Inde / Horse-Chestnut)

Vorkommen, Standort: Indien. In Zentral- und Südeuropa eingeführt. *Beschreibung:* bis 35 m hoher Baum. Große handförmige Blätter. *Wirksame Inhaltsstoffe:* verschiedene Saponine, von denen das Aescin das bedeutendste ist, Gerbstoffe, das Glykosid Aesculin mit Aesculetin (Cumarin) als Genin, ferner Flavone. *Eigenschaften:* gute Wirkung gegen Erkrankungen der Venen und Lymphgefäße, bei Krampfadern und Hämorrhoiden. Stimuliert den Blutkreislauf, bei Gastritiden, Enteritiden, Prostatitis verwendet. *Anwendung, Zubereitung:* flüssiger Extrakt der Kastanien. *Verwendete Teile:* Samen (Kastanien, *Fruct. Hippocastani*). *Erntezeit:* September/Oktober. *Giftigkeit:* Bei Kindern wurden Vergiftungen durch die grünen Schalen beobachtet. Die Vergiftung drückt sich in einer Gastroenteritis, Mydriasis, Gesichtsrötung und Schläfrigkeit aus. *Geschichte:* Die Roßkastanie wurde im 16. Jahrhundert nach Zentraleuropa eingeführt. Die französische Medizin schlug sie 1720 als Febrifugum und Chinarindeersatz vor.

238 **ANAGALLIS ARVENSIS** L. [155] **Primulaceae**
Acker-Gauchheil, Roter Gauchheil (Mouron des champs, Mouron rouge / Scarlet pimpernel)

Vorkommen, Standort: ganz Europa und Asien. Sehr häufig auf angebauten Böden, Brachflächen und in den Dünen. *Beschreibung:* einjährige, kriechende, sehr niedrige Pflanze. Viereckige Stengel, ungestielte, ovale Blätter. Kleine, zinnoberrote, in der Mitte purpurrote Blüten, manchmal auch hellrosa, bräunlich oder lila gefärbte Blüten. Es gibt eine Varietät mit blauen Blüten; Juni bis Oktober. *Wirksame Inhaltsstoffe:* Der oberirdische Teil enthält verschiedene Saponine und ein Enzym; die Wurzel ist reich an Cyclamin, einem kristallisierbaren Saponin. *Eigenschaften:* Das Cyclamin ist besonders für die Fische giftig. In einigen Gegenden Indiens verwendet man den Roten Gauchheil zum Fischen. *Anwendung, Zubereitung:* früher offizinell, heute wird der Rote Gauchheil (*Herba Anagallidis*) nur mehr in der Homöopathie verwendet. Aus der frischen Pflanze bereitet man eine Tinktur, die bei Hautausschlägen, Geschwüren und auch als Diureticum und Cholagogum empfohlen wird. *Verwendete Teile:* die ganze Pflanze. *Erntezeit:* Sommer.

239 **ANAGALLIS FOEMINA** Miller **Primulaceae**
Blauer Gauchheil (Mouron bleu / Blue pimpernel)

Vorkommen, Standort: ganz Europa. Angebaute Böden, aber nicht so häufig wie *A. arvensis. Beschreibung:* Auf den ersten Blick sieht dieser Gauchheil wie der Rote Gauchheil aus. Die immer blaue Blüte unterscheidet sich von der blauen Varietät der vorigen Art durch die schmäleren Lappen der Blumenkrone, die als Knospe von den Kelchzähnen überdeckt sind. Diese Art blüht den ganzen Sommer über von Anfang Juni–Oktober. *Wirksame Inhaltsstoffe:* die gleichen wirksamen Inhaltsstoffe wie bei der vorigen Art. *Anwendung, Zubereitung:* keine therapeutische Anwendung.

240 **ANTHYLLIS VULNERARIA** L. [131] **Fabaceae**
Wundklee (Anthyllide vulnéraire / Kidney vetch)

Vorkommen, Standort: in ganz Europa verbreitet. Sehr häufig auf trockenen Wiesen, von der Küste bis in den alpinen Bereich. *Beschreibung:* ausdauernde, bis 30 cm hohe Pflanze; gefiederte, graugrüne, sich seidig anfühlende Blätter. Gelbe, zu dichten Köpfchen angeordnete Blüten; bauchiger, an der Basis wolliger Kelch. Mai–September. *Wirksame Inhaltsstoffe:* Die Pflanze ist reich an Gerbstoffen und enthält Saponine. *Eigenschaften:* Nur die Volksmedizin verwendet den Wundklee (*Herba Vulnerariae*), um Geschwüre und Wunden zu behandeln. *Verwendete Teile:* die blühenden Teile der Pflanze. *Erntezeit:* Mai–September.

241 **ASPARAGUS OFFICINALIS** L. [132] **Liliaceae**
Spargel (Asperge officinale / Asparagus

Vorkommen, Standort: Zentral- und Südeuropa. Verbreitet auf sandigen Böden, in Dünen und Flußbetten; oft kultiviert, manchmal wildwachsend. *Beschreibung:* ausdauernde, hohe, stark verzweigte Pflanze, der Stengel ist mit zahlreichen Phyllokladienbündeln versehen, die weichen Dornen ähnlich sind. Diese sind umgewandelte Kurzsprosse. Diözische, ziemlich kleine, glockenförmige, grünlichweiße, an der Basis der Zweige stehende Blüten. Die Früchte sind rote Beeren. Juni–August. *Wirksame Inhaltsstoffe:* Die jungen Triebe (Spargel) waren früher offizinell unter dem Namen *Turiones Asparagi,* sie enthalten Saponin, Asparagin (das dem Urin einen charakteristischen Geruch nach Methylmercaptan gibt), Rutin, Gerbstoff, Kaliumsalze und Fluor in Spuren. *Eigenschaften:* Der Spargel ist ein hervorragendes Diureticum. *Anwendung, Zubereitung:* Außer als Nahrungspflanze im Frühling wird der Spargel in der Homöopahie als Diureticum gegen Hydrops und Rheumatismus verwendet.

242 **ATRIPLEX HORTENSIS L.** **Chenopodiaceae**
Gartenmelde (Arroche, Epinard rouge, Bonne Dame / Orache)

Vorkommen, Standort: Westasien. Als Nahrungspflanze seit dem Mittelalter kultiviert, aus den Gärten hervorgegangen und an manchen Orten wildwachsend. Wie Spinat ist die Gartenmelde reich an Saponinen. Sie wird als Salat gegessen, hat aber keine therapeutische Anwendung.

243 **BELLIS PERENNIS L.** [159] **Asteraceae**
Gänseblümchen (Pâquerette vivace / Daisy)

Vorkommen, Standort: ganz Europa. Überall sehr häufig, Wiesen, Rasen, Weiden. *Beschreibung:* ausdauernde, sehr niedrige Pflanze, die nicht höher als 10 cm wird; breite, spatelförmige, flaumhaarige Blätter, die eine grundständige Rosette bilden. Die Blütenstände sind einzelstehende Köpfchen; die Blüten der Scheibe (Röhrenblüten) sind gelb, die Strahlenblüten weiß, manchmal zartrosa oder rot gefärbt. Januar–Dezember. *Eigenschaften:* Das Gänseblümchen ist ein Expectorans und ein Heilmittel gegen Hauterkrankungen (Furunkulose, Pyrodermie), Leberbeschwerden und Gelbsucht. *Anwendung, Zubereitung:* Die Homöopathie verwendet das Gänseblümchen (Extrakt der blühenden Pflanze). Die Bauern legen manchmal die frischen, zerriebenen Blätter auf Wunden. *Verwendete Teile:* die Köpfchen (*Flores Bellidis*).

244 **BETA VULGARIS L.** **Chenopodiaceae**
Gemeine Rübe (Betterave / Beet)

Ssp. *crassa,* Futterrübe
Ssp. *saccharifera.* Zuckerrübe
Ssp. *cruenta,* Rote Rübe
Ssp. *cicla,* Mangold

Diese Varietäten der Gemeinen Rübe werden zur Ernährung der Menschen, zur Viehfütterung und zur Gewinnung von Zucker kultiviert; sie sind reich an Saponinen, enthalten Betain, Asparagin, Raphanol, ein Glycuronid. Die Zuckerrübe enthält außerdem Vanillin. Auf dem Land verwendet man die Rübe als Expectorans.

245 **BETULA PENDULA** Roth [136] **Betulaceae**
Birke, Weißbirke (Bouleau blanc, Bouleau verruqueux / Birch)

Vorkommen, Standort: ganz Europa und Nordasien. Häufig in der Ebene; Jungwälder, feuchte Böden. *Beschreibung:* kleiner Baum, der durch seine weiße, papyrusartige, in Bändern sich schälende Rinde charakterisiert ist. Die Stammbasis ist grau gefärbt und rauh; die Zweige tragen kleine Warzen; wechselständige, spitz-ovale, gezähnte, im Herbst goldgelbe Blätter. Einhäusiger Baum, dessen Frucht eine Nuß ist. April/Mai. *Wirksame Inhaltsstoffe:* Die jungen Blätter (*Fol. Betulae*) sind reich an Saponinen; sie enthalten diuretisch wirksame Flavonderivate, Sesquiterpene und Gerbstoff. Die Knospen (*Gemmae Betulae*) enthalten ein flüchtiges Öl. Die Rinde enthält Betulin und das Glykosid Betulosid. *Eigenschaften:* Die Blätter unserer Weißbirke wirken stark diuretisch, die Knospen choleretisch. Die Birke wird in verschiedener Form (Infus, Öl, Extrakt) bei Harnwegbeschwerden verwendet. In der Volksmedizin wird sie zur Bekämpfung bestimmter Hauterkrankungen verwendet, die Kosmetikindustrie benutzt Auszüge für verschiedene Haarwässer und -salben. Das Parfüm »Russisch Leder« wird aus einem Birkenteer hergestellt, der zur Lederverarbeitung dient. *Anwendung:* gegen Hydrops, Rheumatismus und Harnwegentzündungen. *Verwendete Teile:* die jungen Frühjahrsblätter.

246 **CAREX ARENARIA** L. [153] **Cyperaceae**
Segge, Sandsegge, Riedgras (Laiche des sables / Sand sedge)

Vorkommen, Standort: Osteuropa, Küsten in Frankreich, am Atlantik. Ziemlich verbreitet auf Meersand. *Beschreibung:* niedriges, 10–25 cm hohes Kraut. Wurzelstock mit Ausläufern (Stolonen), aufrechte, dreieckige Blütenstengel. Kurze Ähren. Mai–Juli. *Wirksame Inhaltsstoffe:* Der Wurzelstock (Rhizom) und die ganze Pflanze enthalten Silikate, Saponin, Gerbstoffe, ätherisches Öl und in Spuren Harz. *Eigenschaften:* diuretisch und diaphoretisch. *Anwendung, Zubereitung:* In der Volksmedizin verwendet man das Rhizom gegen Bronchitis und Rheumatismus. *Verwendete Teile:* das Rhizom und die Wurzeln. *Erntezeit:* März/April und September/Oktober.

247 **CHENOPODIUM BONUS – HENRICUS** L. [136] **Chenopodiaceae**
Melde, Guter Heinrich (Epinard sauvage, Bon Henri, Epinard du Bon Roi Henri / Good King Henry)

Vorkommen, Standort: ganz Europa. Sehr häufig an Wegrändern, in der Nähe der Bauernhöfe, auf angebauten Äckern, besonders im Gebirge. *Beschreibung:* ausdauernde, 30 cm hohe Pflanze; zahlreiche, dreieckige, zuerst wie mit Mehl überstäubte, später manchmal rötlich gefärbte Blätter. Sehr kleine, in ziemlich langen Ähren angeordnete Blüten; Mai–August. *Wirksame Inhaltsstoffe:* Die Pflanze ist reich an Saponinen. *Eigenschaften:* Die Melde wird manchmal als Gemüse gegessen. Die Pflanze hat keine therapeutische Anwendung, ihre Blätter werden aber noch manchmal in Form von Breiumschlägen als erweichendes Mittel verwendet.

248 **CYCLAMEN PURPURASCENS** Miller [142] **Primulaceae**
Syn. *Cyclamen europaeum*
Alpenveilchen (Cyclamen d'Europe / Snowbread)

Vorkommen, Standort: Westeuropa, Frankreich, Schweiz, Deutschland. Ziemlich selten; verstreut in Gebirgswäldern. *Beschreibung:* ausdauernde, niedrige Knollenpflanze, herzförmige, abgerundete, dunkelgrüne, dicke Blätter, charakteristisch rosa gefärbte duftende Blüten; Juni–September. *Wirksame Inhaltsstoffe:* Aus der Knolle isoliert man das kristallisierbare Saponin Cyclamin. Die Blüte enthält ein aromatisches ätherisches Öl mit Nerol und Farnesol als Hauptbestandteile, ferner Anthocyane. *Eigenschaften:* Das Cyclamin ist ein drastisches Purgans. In kleinen Dosen ist es für den Menschen schon giftig. *Anwendung, Zubereitung:* Früher offizinell; heute wird die Knolle des Alpenveilchens (*Tubera Cyclaminis*) in der Allopathie nicht mehr verwendet. In der Homöopathie wird die Tinktur gegen Arthritis, Rheumatismus, Migräne, Koliken und Hämorrhoiden, ferner zur Kropfbehandlung verschrieben. In Sizilien verwenden die Bauern die Knolle eines Alpenveilchens zum Fischen. *Geschichte:* Plinius d. Ä. schreibt, daß die Bewohner bestimmter Gegenden das Alpenveilchen als Pfeilgift verwendeten.

249 **ERYNGIUM CAMPESTRE** L. [140] **Apiaceae**
Feldmannstreu (Chardon Roland, Panicaut champêtre / Watling street thistle)

Vorkommen, Standort: Europa. Verstreut, sehr häufig an manchen Orten, trockenen Wiesen, sonnigen Hängen, Weiden, bevorzugt kalkhaltige Böden. *Beschreibung:* ausdauernde, 40–60 cm hohe Pflanze, dünne Stengel, stachlige Blätter. Kugelige Köpfchen, weiße Blüten; Juli/August. *Wirksame Inhaltsstoffe:* Die Wurzel enthält Saponine. *Eigenschaften:* diuretisch. *Anwendung, Zubereitung:* das konzentrierte Dekokt als Diureticum, gegen Harngrieß, um Chloride aus dem Blut auszuschwemmen, ferner gegen Hauterkrankungen. *Verwendete Teile:* die Wurzel und die blühende Pflanze. *Erntezeit:* Juli/August.

250 **EUPHORBIA CYPARISSIAS** L. **Euphorbiaceae**
Zypressen-Wolfsmilch (Euphorbe petit-cyprès / Cypress spurge)

Vorkommen, Standort: ganz Europa. Sehr verbreitet auf trockenen Böden und trockenen Wiesen. Sie bildet manchmal große Ansammlungen. *Beschreibung:* ausdauernde, buschige, 10–30 cm hohe Pflanze. Viele, lange, schmale Blätter, die sich im Herbst oft lebhaft rot färben. Mai– Juli. *Wirksame Inhaltsstoffe:* Der Milchsaft der Pflanze enthält das schleimhautreizende Euphorbon, Harz, Gummi und Euphorbin. *Eigenschaften:* Die Pflanze wirkt blasenziehend. *Anwendung, Zubereitung:* Der Milchsaft war früher unter dem Namen *Scamonium europaeum* offizinell. Die Zypressen-Wolfsmilch wurde als Vomitivum und drastisches Purgans verwendet, daher zahlreiche Vergiftungen. Diese Droge wird heute kaum mehr verwendet.

251 EUPHORBIA PEPLUS L. [144] Euphorbiaceae
Rote Wolfsmich (Euphorbe péplis / Purple spurge)

Vorkommen, Standort: Europa, Nordasien. Verbreitet in den Dünen von Meeresküsten. *Beschreibung:* einjährige, fleischige Pflanze. Liegende, rote ca. 10 cm lange Stengel. Sehr kleine, gegenständige, längliche, blaugrüne Blätter. Einzelstehende, unscheinbare Blüten; Juli–September. *Wirksame Inhaltsstoffe:* Der Milchsaft enthält Euphorbon und Saponine. *Anwendung, Zubereitung:* Die Rote Wolfsmilch (wie einige andere Arten der Gattung *Euphorbia*) wird auf dem Lande als Diureticum, Depurativum und zur Bekämpfung von Asthmaanfällen und bei Lebererkrankungen angewandt.

252 HEDERA HELIX L. Araliaceae
Efeu (Lierre / Ivy)

Vorkommen, Standort: ganz Europa und Asien (gemäßigtes Klima). Überall sehr häufig; Wälder, Felsen, Mauern. *Beschreibung:* immergrüne Holzpflanze, die mit Hilfe von Haftwurzeln klettert. Dunkelgrüne, lederartige, glänzende Blätter. Kleine, grüne, in Dolden angeordnete Blüten. Die Frucht ist eine schwarze Beere. September/Oktober. *Wirksame Inhaltsstoffe:* Die ganze Pflanze enthält das Saponin Hederin. *Eigenschaften:* antispasmodisch bei Keuchhusten. Die Beere ist giftig, hautreizend und blasenziehend. *Anwendung, Zubereitung:* In der Homöopathie verwendet man eine Tinktur gegen Rhinitis, Rachitis und den grauen Star. *Verwendete Teile:* die jungen Blätter. *Erntezeit:* August/September.

253 MERCURIALIS ANNUA L. Euphorbiaceae
Einjähriges Bingelkraut (Mercuriale annuelle / Annual mercury)

Vorkommen, Standort: ganz Europa, West- und Nordasien. Überall sehr verbreitet; Anbauflächen, Brachland, Aufschüttungen, Anhöhen und Ödland. *Beschreibung:* einjährige, bis 30 cm hohe Pflanze; verzweigter Stengel; lanzettliche, blaßgrüne, kahle Blätter. Die männlichen und weiblichen Blüten auf verschiedenen Pflanzen (diözisch), manchmal auch auf der gleichen Pflanze (monözisch). Mai–November. Anwendung und therapeutische Eigenschaften sind die gleichen wie bei dem ausdauernden Bingelkraut (*Mercurialis perennis L.*)

254 **MERCURIALIS PERENNIS L.** **Euphorbiaceae**
Ausdauerndes Bingelkraut (Mercuriale vivace / Perennial mercury)

Vorkommen, Standort: ganz Europa. Verbreitet, sehr häufig an manchen Orten; Laubwälder, Unterholz. *Beschreibung:* ausdauernde Pflanze mit kriechendem Wurzelstock; der Stengel erreicht eine Höhe von 20–30 cm. Flaumhaarige, gegenständige, breit-lanzettliche, gezähnte, dunkelgrüne Blätter. Die Pflanze strömt einen starken, unangenehmen Geruch aus. Diözische, grüne Blüten ohne Blütenblätter; die männlichen bilden Ähren, die weiblichen sind achselständig, gestielt und stehen zu zweien oder dreien, Februar–Mai. *Wirksame Inhaltsstoffe:* Die Pflanze enthält Saponine, ätherisches Öl, Bitterstoffe und die Amine Methylamin und Trimethylamin. *Eigenschaften:* diuretisch und abführend. *Anwendung, Zubereitung:* Die homöopathische Tinktur des Ausdauernden Bingelkrautes wird bei Rheumatismus und Magenerkrankungen empfohlen. Die Bauern verwenden die frische Pflanze als Laxans.

255 **NIGELLA DAMASCENA** L. **Ranunculaceae**
Türkischer Schwarzkümmel, Damaszener Schwarzkümmel (Nigelle de Damas, Poivrette / Damask Fennel)

Vorkommen, Standort: Südeuropa. Kultiviert, manchmal verwildert. *Beschreibung:* Diese Pflanze ist den Gartenliebhabern gut bekannt. Die zerquetschten Samen und Blätter strömen einen Erdbeergeruch aus. Mai–Juli. *Wirksame Inhaltsstoffe:* Die Pflanze enthält Saponin, ätherisches Öl und das Alkaloid Damascenin. *Eigenschaften:* Das Damascenin ist ein blutdrucksenkendes Mittel und wirkt spasmolytisch auf die glatte Muskulatur, fiebersenkend. Der Türkische Schwarzkümmel wird als Gewürz unter dem Namen »poćvrette« oder »Girth sauvage« verwendet. *Verwendete Teile:* die Samen. *Erntezeit:* August/September.

256 **NIGELLA SATIVA** L. **Ranunculaceae**
Echter Schwarzkümmel, Römischer Kümmel (Nigelle cultivée, Cumin noir / Small Garden Fennel)

Vorkommen, Standort: Südeuropa, Mittlerer Osten, Indien. In Europa kultiviert und an manchen Orten wildwachsend. *Beschreibung:* einjährige, 30 bis 60 cm hohe Pflanze mit fein gefiederten Blättern. Blaue, sternförmige Blüten. Die zunächst grüne, später zur Reifezeit braune Kapsel enthält dunkelgraue Samen. Juni–August. *Wirksame Inhaltsstoffe:* Die Samen enthalten das Glykosid Melanthin, den Bitterstoff Nigellin und ätherisches Öl, aus dem man das Nigellon gewinnt; ferner Gerbstoffe. *Eigenschaften:* Das Nigellon besitzt antispasmodische Eigenschaften bei Keuchhusten und Bronchitis. Seit der Antike verwendet man die scharf schmeckenden Samen des Echten Schwarzkümmels als Gewürz. In der Volksmedizin gebraucht man sie als Carminativum, Diureticum, Emmenagogum und Anthelminthicum. In der Homöopathie bereitet man eine Tinktur aus den reifen Samen. Im Orient (Ägypten) werden große Mengen dieser Samen wegen ihres pfefferähnlichen Geschmacks verwendet. In Deutschland als Pfefferersatz und als Gewürz in Broten und Kuchen. *Verwendete Teile:* die Samen (*Sem. Nigellae sativae* oder *Sem. Melanthii*). Erntezeit: August/September.

257 PARIS QUADRIFOLIA L. [159] **Liliaceae**
Einbeere (Parisette à quatre feuilles / Herb paris)

Vorkommen, Standort: ganz Europa. Verbreitet. Unterholz, besonders auf kalkhaltigen Böden. *Beschreibung:* ausdauernde Pflanze mit Wurzelstock; einzelner, steifer, 30–40 cm hoher Stengel, mit 4–6 wirtelig angeordneten Blättern. Eine einzige Blüte mit 4 dünnen, grünlichgelben Blütenblättern und 4 grünen Kelchblättern. Die Frucht ist eine braunschwarze Beere. April bis Juni. *Wirksame Inhaltsstoffe:* Die Pflanze enthält zwei hämolytisch wirkende Saponine, das Partistyphnin und das Paridin. *Eigenschaften:* narkotisch, antispasmodisch und brechenerregend. *Anwendung, Zubereitung:* Die Einbeere war früher offizinell (*Solanum furiosum*), in der Allopathie heute nicht mehr in Gebrauch. In der Homöopathie verwendet man eine aus der frischen Pflanze zubereitete Tinktur bei Gehirnschlag, starken Kopfschmerzen, Neuralgien, Ohnmacht und Verdauungsstörungen.

258 POLYGALA AMARA L. **Polygalaceae**
ssp. AMARELLA Crantz.
Bittere Kreuzblume (Polygala amer / Yorkshire milkwort)

Vorkommen, Standort: Europa, Westasien. Häufig; feuchte Böden, sumpfige Wiesen, bevorzugt Lehm- und Kalkböden. *Beschreibung:* ausdauernde, kleine bis mittelgroße Pflanze; dichter Wuchs; lanzettliche, wechselständige, kahle Blätter; längliche, in Trauben angeordnete Blüten. Die Färbung der Blüten variiert von blau bis rosa und weiß; Mai–Juli. *Wirksame Inhaltsstoffe:* Die Wurzeln enthalten die Saponine Senegin und die Polygalasäure, einen Bitterstoff, Polygalin und Gaultherin. *Eigenschaften:* expectorierend, magenstärkend, die Milchsekretion anregend. *Anwendung, Zubereitung:* früher offizinell (*Herba Polygalae amarae*), heute wird die bittere Kreuzblume noch bei Lungenerkrankungen verwendet. Auf dem Land wird sie als Galactagogum für stillende Frauen empfohlen. *Verwendete Teile:* die ganze Pflanze. *Erntezeit:* Mai–Juni. *Geschichte:* Der Name *Polygala* (= viel Milch) wurde dieser Pflanze gegeben, da bestimmte Arten die Milchsekretion bei Kühen und Ziegen anregen. Seit Einführung der wirksameren Virginischen Bitteren Kreuzblume, wird die einheimische Pflanze in der Pharmazie kaum mehr verwendet.

259 PRIMULA VERIS L. [161] **Primulaceae**
Syn. *Primula officinalis*
Duftende Schlüsselblume, Frühlings-Primel (Primevère officinale, Coucou / Cowslip)

Vorkommen, Standort: ganz Europa. Verbreitet auf trockenen Wiesen und in hellen Wäldern, Unterholz, Hecken, in der Ebene wie im Gebirge. *Beschreibung:* ausdauernde, lanzettliche, flaumhaarige Blätter, 8–20 cm hoher Blütenstengel; dunkelgelbe, duftende, in Dolden angeordnete, einseitswendige Blüten; hellgrüner Kelch. April/Mai. *Wirksame Inhaltsstoffe:* Die Pflanze (besonders die Wurzel) enthält Saponine, die bei der Hydrolyse Primula-Genin A, D und SG liefern, ferner die Glykoside Primulaverin und Primverin und Flavone. *Eigenschaften:* expectorierend, diuretisch, mild abführend. *Anwendung, Zubereitung:* Man verwendet das Dekokt der Wurzel (*Rhizoma Primulae*) oder den Extrakt (*Extr. Primulae fluidum*) bei Erkrankungen der Atmungswege (Keuchhusten, Bronchitis, Lungenentzündungen). In der Homöopathie benutzt man eine aus der frischen Pflanze zubereitete Tinktur zur Behandlung von Nierenbeschwerden und Neuralgien.

260 SANICULA EUROPAEA L. [164] **Apiaceae**
Sanikel, Heildolde (Sanicle d'Europe / Sanicle)

Vorkommen, Standort: ganz Europa. Verbreitet in Laubwäldern. *Beschreibung:* ausdauernde, 30–40 cm hohe Pflanze; kahler Stengel; handförmige, 3–5 gelappte, gezähnte, glänzende, langgestielte Blätter; kleine, weiße, in Dolden angeordnete Blüten; Mai–Juli. *Wirksame Inhaltsstoffe:* Der Wurzelstock und die Blätter enthalten Saponine, Gerbstoff, einen Bitterstoff und ätherisches Öl. *Eigenschaften:* schwach blutstillendes Mittel, wird vor allem äußerlich für eiternde Wunden und als Gurgelwasser verwendet. *Anwendung, Zubereitung:* Unter dem Namen *Herba Dispensiae* früher offizinell, wird die Heildolde heute noch auf dem Land gegen innerliche Hämorrhagien verwendet. *Verwendete Teile:* die Blätter. *Erntezeit:* Mai/Juni. *Geschichte:* Im Mittelalter wurde diese Pflanze sehr geschätzt.

261 SAPONARIA OFFICINALIS L. [164] **Caryophyllaceae**
Seifenkraut (Saponaire officinale, Savonnière / Soapwort)

Vorkommen, Standort: ganz Europa, Asien, Nordamerika. Sehr häufig; Anhöhen, Dämme, Wegränder. *Beschreibung:* ausdauernde Pflanze mit kriechendem Wurzelstock, dicke, 30–60 cm hohe Stengel; lanzettliche, blaßgrüne, kahle Blätter. Juli–September. *Wirksame Inhaltsstoffe:* Die Pflanze, besonders der Wurzelstock, enthält das Saponin Saporubin, das nach Hydrolyse Gypsogenin liefert. Die Blätter enthalten Saponarin und Vitexin (Flavon-C-glykosid) ferner Vitamin C. *Eigenschaften:* expectorierend, diuretisch, abführend und galletreibend. Blätter und Wurzeln können zum Wäschewaschen verwendet werden (reinigendes Mittel). *Anwendung, Zubereitung:* Der Wurzelstock (*Radix Saponariae*) wird als Dekokt bei Erkrankungen der Luftwege verwendet. Die Pflanze ist wirkungsvoll bei Dermatitis und Furunkulosen. *Verwendete Teile:* der Wurzelstock. *Erntezeit:* Mai–Juli und September/Oktober. *Geschichte:* von den griechischen Ärzten häufig verwendet.

262 SCROPHULARIA NODOSA L. **Scrophulariaceae**
Knotige Braunwurz, (Scrofulaire noueuse / Common figwort)

Vorkommen, Standort: ganz Europa. In den Wäldern verbreitet. *Beschreibung:* ausdauernde, 60–90 cm hohe Pflanze. Volle, viereckige Stengel. Kahle, ovale, spitze, gezähnte Blätter. Kleine, kugelige, in breiten Rispen angeordnete Blüten; Juni–August. *Wirksame Inhaltsstoffe:* Die Pflanze enthält Saponine, ferner Diosmin und Hesperidin (Gessner). *Eigenschaften:* diuretisch. *Anwendung, Zubereitung:* Die Knotige Braunwurz wird nur volksmedizinisch und in der Homöopathie verwendet. Eine Tinktur der frischen Pflanze wird bei Augenerkrankungen, Mastitis und Hämorrhoiden verschrieben.

263 **SOLIDAGO VIRGAUREA** L. [166] **Asteraceae**
Goldrute (Verge d'or / Golden rod)

Vorkommen, Standort: ganz Europa, Nordasien und Westasien. Überall häufig, Lichtungen, Wälder, Heiden, in der Ebene und im Gebirge. *Beschreibung:* ausdauernde, 10–60 cm hohe Pflanze, flaumhaariger, wenig verzweigter Stengel, längliche und lanzettliche, schwach gezähnte Blätter; lebhaft gelbgefärbte, in Rispen angeordnete Köpfchen; Juli–September. *Wirksame Inhaltsstoffe:* Die Pflanze enthält Saponine, ein ätherisches Öl, einen Bitterstoff und Gerbstoffe. *Eigenschaften:* Die Goldrute wirkt diuretisch und antidiarrhöisch; äußerlich bei Entzündungen und zur Beschleunigung der Narbenbildung. *Anwendung, Zubereitung:* Man verwendet den Extrakt, das Infus oder die Tinktur gegen chronische Nephritis, Arthritis, Menorrhagien und gewisse Ekzeme. In der Homöopathie wird eine aus den frischen Blüten zubereitete Tinktur gegen Nierenerkrankungen, bei Nephrolithiase und Hypertrophie der Vorsteherdrüse benutzt. *Verwendete Teile:* die blühenden Sprosse. *Erntezeit:* Juli–September.

264 **STELLARIA MEDIA** (L.) Villars **Caryophyllaceae**
Vogelmiere, Hühnerdarm (Mouron des oiseaux / Common chickweed)

Vorkommen, Standort: ganz Europa. Überall sehr häufig; als Unkraut auf angebauten Äckern. *Beschreibung:* einjährige, kriechende Pflanze; schwache, liegende und behaarte Stengel; ovale, spitze Blätter; sehr kleine Blüten mit weißen Blütenblättern; blüht das ganze Jahr. *Wirksame Inhaltsstoffe:* Die Pflanze enthält Saponin. *Anwendung, Zubereitung:* In der Homöopathie wird der Extrakt der frischen Pflanze innerlich verabreicht und zur Behandlung von Rheumatismus, Gelenkbeschwerden und Psoriasis empfohlen. Äußerlich zum Einreiben der Glieder bei rheumatischen Schmerzen. *Verwendete Teile:* die blühende Pflanze. *Erntezeit:* April-September.

265 **VERBASCUM PHLOMOIDES** L. **Scrophulariaceae**
Filz-Königskerze, Filziges Wollkraut (Molène fausse-phlomide, Bouillon blanc / Orange mullein)

Vorkommen, Standort: Zentral- und Südeuropa; Afrika. Ziemlich selten, auf steinigen Böden. *Beschreibung:* zweijährige, wollige und grau behaarte Pflanze. Aufrechter, 60–120 cm hoher Stengel; breitlanzettliche Blätter. Orangegelbe, in dichten Trauben angeordnete Blüten von 5 cm Durchmesser; Mai–September. *Wirksame Inhaltsstoffe:* Die Pflanze enthält viel Pflanzenschleim und Saponine, die Blüten sind reich an gelben Farbstoffen (Crocetin und Xanthophyll). *Eigenschaften:* erweichend, expectorierend. *Anwendung, Zubereitung:* Die Blüten (*Flor. Verbasci*) sind offizinell. Sie sind Bestandteil von Brusttees. Sie werden als Dekokt oder Infus verwendet (Gurgelwasser). *Verwendete Teile:* die Blüten. *Erntezeit:* Juni–September. *Geschichte:* In der Antike verwendete die Medizin die Filz-Königskerze bei Diarrhöen, Krämpfen, Augenentzündungen und als wundheilendes Mittel.

266 **VERBASCUM THAPSIFORME** Schrad. [136] **Scrophulariaceae**
Große Königskerze (Molène, Bouillon blanc, Bonhomme / Common mullein)

Vorkommen, Standort: ganz Europa, Kleinasien. Häufig auf Brachböden, auf Anhöhen, auf trockenen Wiesen. *Beschreibung:* zweijährige, wollige Pflanze mit aufrechtem, 70–120 cm hohem Stengel; lanzettliche, breite Blätter, mit weißer, dichter Behaarung. Gelbe, in dichten Trauben angeordnete Blüten von 2–2,5 cm Durchmesser; Juni–August. Eigenschaften und Anwendung wie bei der vorigen Art.

267 **VIOLA ODORATA** L. [167] **Violaceae**
Veilchen, Wohlriechendes Veilchen (Violette odorante / Sweet violet)

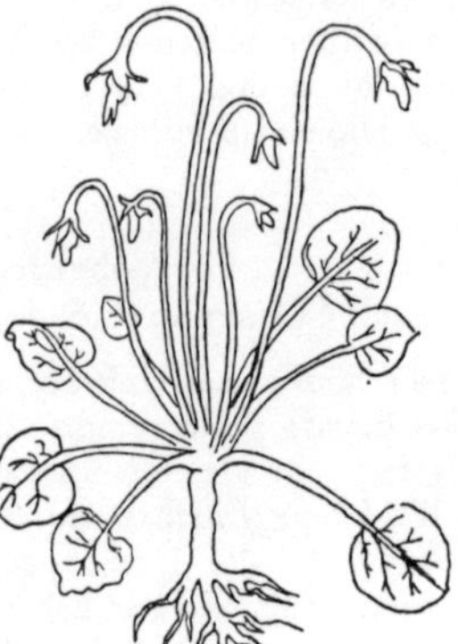

Vorkommen, Standort: ganz Europa. Häufig, unter Hecken; in Obstgärten, auf Rasen. *Beschreibung:* ausdauernde, 5–15 cm hohe, büschelartige Pflanze mit einem zentralen Wurzelstock. Unbehaarte Stiele; herzförmige, kahle Blätter; violette, manchmal weiß oder rosa gefärbte Blüten; es ist das einzige wildwachsende duftende Veilchen in Europa. Es kreuzt sich manchmal mit anderen Arten. März–Mai (blüht manchmal im Herbst wieder). *Wirksame Inhaltsstoffe:* Die ganze Pflanze, besonders der Wurzelstock, enthält Saponine, der unterirdische Teil führt außerdem das Alkaloid Odoratin. Der Blütenextrakt besteht aus einem blauen Farbstoff und dem duftenden

Iron. *Eigenschaften:* Die Blüten und der Wurzelstock wirken expektorierend, hustenstillend, in großen Dosen brechenerregend; das Alkaloid Odoratin wirkt blutdrucksenkend. *Anwendung, Zubereitung:* Die Wurzel (*Rad. Violae odoratae*) oder die ganze Pflanze sind offizinell. Man bereitet Auszüge und Abkochungen als Mittel gegen Erkrankungen der Luftwege. Auf dem Land verwendet man das Veilchen als Purgans. In der Homöopathie wird ein Extrakt der frischen Pflanze zur Linderung von Ohrenschmerzen, gewisser Augenerkrankungen und Keuchhusten verschrieben. Der Wurzelstock des Veilchens wirkt brechenerregend, wurde manchmal an Stelle der Brechwurzel verwendet. *Geschichte:* Hippocrates verschrieb bereits Veilchenauszüge.

268 **VIOLA TRICOLOR** L. ssp. **arvensis** [158] **Violaceae**
Ackerveilchen, Stiefmütterchen (Pensée sauvage / Heartsease)

Vorkommen, Standort: ganz Europa; Nordasien, Nordamerika. Sehr häufig auf Brachflächen, auf angebauten Äckern. *Beschreibung:* einjährige, im Aussehen sehr wechselnde Pflanze mit gelben, blauen, violetten oder zweifarbigen Blüten. Gezähnte, breite, lanzettliche Blätter. März–August. *Wirksame Inhaltsstoffe:* Die Pflanze und die Wurzel enthalten Saponine, Salicylate, das Flavonolglykosid Violaquercitrin und einige andere wirksame Bestandteile, die Blüten das blaue Violanin, ein Delphinidinglykosid. *Eigenschaften:* diuretisch, reinigend, mild abführend. *Anwendung, Zubereitung:* Das Ackerveilchen ist offizinell (*Herba Violae tricoloris*). Angewendet als Infus gegen Hautausschläge bei Kindern, gegen Diarrhöen und bei Harnwegerkrankungen. Das Ackerveilchen wird auch zur Frühlingskur verwendet. *Verwendete Teile:* die blühende Pflanze. *Erntezeit:* März–August. *Geschichte:* Seit der Antike bekannt, vom 16. Jahrhundert an in der Medizin bei Hauterkrankungen verwendet.

269 **ZEA MAYS** L. **Poaceae**
Mais (Maïs / Corn)

Vorkommen, Standort: heimisch in Süd- und Zentralamerika. In der ganzen Welt als Nahrungs- und Futterpflanze kultiviert. Die wildwachsende Form stammt aus dem tropischen Amerika. Juni/Juli. *Wirksame Inhaltsstoffe:* Die Griffel der weiblichen Blüten (*Stigmata Maydis*) enthalten Saponine, fettes Öl und Kaliumsalze. Die Narben führen außerdem Gerbstoffe, Sterole und Allantoin. Die tropischen Formen enthalten ein Alkaloid. *Eigenschaften:* In Peru werden die Maisgriffel als Betäubungsmittel verwendet. Es folgt eine psychische Anregung, die bis zum Delirium führen kann. Die frischen Maisgriffel wirken diuretisch. *Anwendung, Zubereitung:* In der Homöopathie verwendet man eine aus den Griffeln zubereitete Tinktur als Diureticum und gegen Cystitis. *Verwendete Teile:* die Griffel der weiblichen Blüten. Die Maisstärke (*Amylum Maydis*) wird für Nährpräparate, Puder, Bindemittel für Pillen und Tabletten und technisch als Appreturmittel verwendet.

Kapitel 15 Pflanzen mit ätherischen Ölen und Harzen

Bei den ätherischen Ölen handelt es sich um flüchtige, stark riechende Stoffgemische von ölartiger Konsistenz, die in Wasser schwer löslich sind und durch Extraktion oder Wasserdempfdestillation aus Pflanzen gewonnen werden.
Bei manchen Pflanzen, z. B. den Koniferen, unterliegen die ätherischen Öle Oxydationsprozessen und verwandeln sich in Harze.
Die in diesem Kapitel behandelten Pflanzen enthalten bezogen auf Frischgewicht zwischen 0,01% und 10% ätherisches Öl. Durch die Destillation erhält man immer Gemische verschiedener Verbindungen: Terpen-Kohlenwasserstoffe, Terpen-Alkohole, Äther, Phenole, Ester, Ketone, Aldehyde, Lactone usw. Bisher wurden ungefähr 600 definierte chemische Verbindungen als Bestandteile ätherischer Öle nachgewiesen. Beim Abkühlen der destillierten Öle erhält man bisweilen einen festen kristallinen Niederschlag, z. B. Kampfer, Thymol aus dem Tymianöl, Anethol aus dem grünen Anisöl, Menthol aus dem Pfefferminzöl. Es gibt drei verschiedene Anwendungsmöglichkeiten für diesselbe Pflanze: als Ganz-Droge, als dessen ätherisches Öl oder als isolierter Reinstoff. Zum Beispiel fördert der Pfefferminztee die Verdauung, sein ätherisches Öl hilft gegen Erkältungskrankheiten. Bei einer Reihe von Pflanzen findet sich das ätherische Öl in sogenannten Drüsenhaaren oder Drüsenschuppen, die aus Epidermiszellen entstehen. Bei anderen findet man es in Ölzellen, Ölbehältern oder Ölgängen, die im Innern des Gewebes verstreut vorkommen. Man kann es durch Auspressen, Enfleurage oder Destillation der Pflanze erhalten. Früher hat man die ätherischen Öle als reine Abfallprodukte angesehen, von denen sich die Pflanze zu befreien sucht. Diese Annahme ist nicht mehr ganz zutreffend, seit man z. B. weiß, daß die Terpene des ätherischen Öls der Orange als Vorstufe für die Bionsynthese des Vitamins A fungieren.
Die Pflanzen mit ätherischen Ölen werden hauptsächlich als Küchengewürze benutzt. Man unterteilt sie in aromatische, bitter und scharf schmeckende, oder noch einfacher, in Gewürze für bestimmte Gerichte, wie Suppe, Kartoffeln, Salat, Fleisch, Nachspeisen und Backwaren. Nur ein Spezialist kennt sämtliche möglichen Variationen und vorteilhaften Kombinationen bei der Verwendung dieser Aromatica. Wegen ihrer günstigen Wirkung auf den Magen und die Verdauung rechnet man sie zu den Stomachica (Kalmus, Ingwer).
Einige ätherische Öle, die sogenannten Carminativa, wie Kümmel und Fenchel, wirken darmdesinfizierend und spasmolytisch. Andere regen leicht die Nierentätigkeit an. Man bezeichnet sie als Diuretica.
Einige ätherische Öle dienen als Expectorantien, wie Thymian und Eucalyptus. Wieder andere sind Emmenagoga und regulieren die weibliche Monatsperiode. Bei Verwendung zu hoher Dosen kann es jedoch zu Unterleibsentzündungen oder sogar zu allgemeiner Vergiftung kommen. Zahlreiche Drogen mit ätherischen Ölen gelten seit ältester Zeit als Abortiva (z. B.

Petersilienöl). Eine schwangere Frau sollte deshalb die Einnahme von Emmenagoga, selbst in schwacher Dosierung, vermeiden.
Bei innerlicher oder äußerlicher Anwendung entfalten ätherische Öle, wie die des Thymians, Ysops oder Knoblauchs, antiparasitäre und antiseptische Wirkungen. Kampfer und Menthol halten die Insekten fern und das Öl verschiedener *Chrysanthemum*-Arten wirkt isektizid. Gegen Darmbeschwerden wirksam sind Thymian und Knoblauch. Thymian und Salbei werden als desinfizierende Zusätze in Mundwässern verwendet. Schon die alten Ägypter kannten diese Wirkung und konservierten ihre Mumien mit Ysop und Thymian. Das ätherische Öl der Baldrianwurzel wirkt sedativ.
Bei äußerlicher Anwendung regen die ätherischen Öle der Cruciferen den Blutkreislauf an und wirken antirheumatisch. Bei längerer Verwendung dienen sie z. B. in Form von Zugpflastern als Hautreizmittel.
Schließlich besitzen einige Pflanzen, wie die Kamille und Ringelblume, antiphlogistische (entzündungswidrige) Eigenschaften. Sie werden in der Medizin und Kosmetik wegen ihrer Antihistamin-Wirkung geschätzt. Das Öl der Kamille verdankt diese Eigenschaften den wirksamen Inhaltsstoffen Chamazulen, Bisabolol und Farnesen. Alkoholische Auszüge, die ätherische Öle enthalten, besitzen einen angenehmen Geschmack, können aber gefährlich werden, da ätherische Öle sehr häufig die Alkoholwirkung verstärken. Der Mißbrauch ätherischer Öle hat im allgemeinen toxische Nebenwirkungen zur Folge, z. B. können heftige allergische Reaktionen (Ekzeme, Abszesse) auftreten. Besonders konzentrierte und gereinigte Öle (z. B. Öle von Kiefernharz, Zitrone, Salbei usw.) rufen solche Entzündungen hervor. Auch allzu häufige Inhalationen mit ätherischen Ölen können schädlich sein. Es ist auch nicht zu empfehlen, längere Zeit einen mit Eukalyptusöl getränkten Wattebausch auf das Kopfkissen eines Säuglings zu legen, um ihn vor Erkältungen zu schützen. Der Mißbrauch konzentrierter Öle kann außerdem Leberschädigungen und Harnverhalten hervorrufen. Selten haben Gesamtpflanzenauszüge derartige Nebenwirkungen.

270 ACHILLEA MILLEFOLIUM L. [156] Asteraceae
Schafgarbe (Millefeuille / Yorrow Milfoil)

Vorkommen, Standort: vom Kaukasus stammend, auf der ganzen Welt verbreitet. Auf Wiesen, angebauten Feldern, Böschungen. Bevorzugt auf trockenem Boden. *Beschreibung:* kräftige Rhizompflanze, etwa 30–60 cm hoch. Blütenstand mit weißrosa Trugdolden. Die Pflanze und die Blätter besitzen einen charakteristischen Geruch. Mai–Oktober. *Wirksame Inhaltsstoffe:* Das ätherische Öl (*Ol. Millefolii*) enthält Cineol und Proazulen. Achillein ist der Bitterstoff der Pflanze. *Eigenschaften:* wirkt als bitteres Tonicum, Carminativum und Spasmolyticum. Das Cineol wirkt als Antisepticum, Expectorans, Anthelminthicum und Stomachicum. Proazulen ist ein wirksames Spasmolyticum, Achillein ein bitteres Adstringens. *Anwendung, Zubereitung:* bei vegetativer Dystonie des Beckens, Anorexie und Dyspepsie als Infus. *Verwendete Teile:* die ganze Pflanze ohne Wurzeln (*Herba Millefolii*). *Erntezeit:* während der Blüte. *Geschichte:* bereits im Altertum bekannt. Dioscurides verwendete sie als Haemostypticum. In nordischen Ländern ersetzte die Pflanze den Hopfen bei der Bierherstellung. Im 16. Jahrhundert wurden in Deutschland die Früchte zur Konservierung des Weines verwendet.

271 ACORUS CALAMUS L. [129] — Araceae

Kalmus (Acore vrai, Roseau aromatique / Sweet flag)

Vorkommen, Standort: Ursprung Südostasien, in den Mittelmeerländern. Verstreut, nicht häufig, am Rande von Gewässern, Moore, Flußufer. *Beschreibung:* kräftige Wasserpflanze, 60–150 cm hoch. Kriechendes, sich verzweigendes Rhizom, länger als ein Meter, mit einem Geruch, der an den der Mandarine erinnert. Längliche, schmale Blätter. Die Pflanze erinnert an die gelbe Iris. Der Blütenstand (Spadix) ist ein Kolben von 6–8 cm Länge. Die Blüten produzieren keine Samen wie im tropischen Asien. Juni/Juli. *Wirksame Inhaltsstoffe:* ein aromatisches, bitteres Öl (*Ol. Calami*) im Rhizom, das Asaron und Tannin enthält. Asaron besitzt antibiotische Wirkung. *Eigenschaften:* beruhigend, schweißtreibend, fiebersenkend, Emmenagogum. Als Stomachicum bei Anorexie, akuter und chronischer Dyspepsie, Gastritis, Hyperacidität. Als Carminativum bei Koliken und Durchfällen. In Arabien und im Iran wird es als Aphrodisiacum verwendet. *Anwendung, Zubereitung:* äußerlich als Abkochung von 10–20 g Rhizom pro Liter. Tinkturen, Pulver, tonische Bäder. Innerlich als Tinktur und Fluidextrakt. (*Tinct. Calami* und *Extr. Calami*). *Verwendete Teile:* Rhizom. *Erntezeit:* September/Oktober. *Geschichte:* Kalmus wurde schon im Altertum als Heilmittel und Gewürz verwendet. Im 13. Jahrhundert brachten ihn die Tataren nach Osteuropa. Von hier aus verbreitete er sich auf unserem ganzen Kontinent.

272 ANGELICA ARCHANGELICA L. [131] — Apiaceae

Engelwurz, Erzengelwurz (Angélique officinale / Angelica)

Vorkommen, Standort: Nordeuropa, Nordasien, verstreut an feuchten Orten, in Schluchten und am Ufer von Gewässern, vereinzelt kultiviert. *Beschreibung:* kräftige Pflanze, 1,40–2,30 m hoch. Sehr große Pfahlwurzel. Aufrechter Stengel, zylindrisch, hohl, verzweigt, breite Blätter, hellgrün, 2–3fach gefiedert, sehr klein im Vergleich zur Pflanze. Blüten weißgrünlich, in großen Dolden. Die ganze Pflanze riecht aromatisch. Juni–August. *Wirksame Inhaltsstoffe:* Alle Pflanzenbestandteile enthalten ätherisches Öl. Die Wurzel enthält 1% ätherisches Öl, bestehend aus Phellandren, organischen Säuren und dem Cumarin Angelicin. Die Samen enthalten die Furanocumarine Imperatorin und Bergapten. *Eigenschaften:* Die Engelwurz wirkt als Tonicum, Carminativum, Stomachicum und Spasmolyticum. *Anwendungen, Zubereitung:* Aus dem Rhizom (*Radix Angelicae*) wird das ätherische Öl (*Ol. Angelicae*) extrahiert. Es handelt sich um ein allgemeines Kräftigungsmittel. Äußerlich in Salbenform oder als beruhigende Einreibung gegen Rheumatismus, Arthritis und Entzündungen der Haut, innerlich bei Anorexie, Dyspepsie, Magengeschwüren und als Expectorans. Das Öl ist in zahlreichen Likören enthalten (Benediktiner, Chartreuse usw.) Die Stengel werden in der Bäckerei verwendet. *Geschichte:* Im Mittelalter nahm man an, die Pflanze sei göttlichen Ursprungs und verwendete sie für alle möglichen Riten.

273 **ANGELICA SYLVESTRIS L.** **Apiaceae**
Wald-Engelwurz, Wilde Brustwurz (Angélique des bois / Wild angelica)

Vorkommen, Standort: Gesamteuropa, sehr verbreitet in feuchten Wäldern, Schluchten und zwischen Felsen. *Beschreibung:* Pflanze mit kräftigem, hohem, 60–150 cm langem Stengel, zahlreiche, 2–3fach gefiederte Blätter. Blütenstand in breiten Dolden mit weißen, manchmal rosa gefärbten Blüten. Juli bis September. *Wirksame Inhaltsstoffe:* Die ganze Pflanze enthält ätherisches Öl und Cumarine. *Eigenschaften:* wirkt als Stomachicum. *Anwendungen, Zubereitung:* wie bei der vorhergehenden Pflanze. *Verwendete Teile:* Rhizom. *Erntezeit:* März/April und September/Oktober.

273

274

274 **ANTHEMIS NOBILIS L.** **Asteraceae**
Römische Kamille (Camomille romaine / Roman chamomille)

Vorkommen, Standort: West- und Südeuropa. Sandige und kieselhaltige Böden, trockene Felder. *Beschreibung:* Die Römische Kamille ist niedriger und breitwüchsiger als unsere Feldkamille. Die Blätter sind leicht segmentiert, auf der Unterseite nicht behaart. Die Pflanze besitzt einen starken, angenehmen Duft. Blüten duftend. Blütenboden gewölbt mit gelben Scheibenblüten, Randblüten weiß. *Wirksame Inhaltsstoffe:* Die Pflanze enthält ätherisches Öl (*Ol. Chamomill. roman.*), ferner Chamazulen, Cumarine und Flavon-Heteroside. *Eigenschaften:* wirkt als Spasmolyticum für die Verdauungswege, Tonicum, Stomachicum. *Anwendungen, Zubereitung:* Man verwendet einen Aufguß der frischen Pflanze gegen Migräne, Neuralgien,

Krämpfe der Verdauungswege, nervöses Erbrechen sowie als fiebersenkendes Mittel. Eine Abkochung ist zur Behandlung von Geschwüren, Wunden und Bindehautentzündungen wirksam. In der Kosmetik verwendet man die Römische Kamille zur Pflege des Haarbodens und zum Blondieren. *Geschichte:* Diese Pflanze ist seit dem 16. Jahrhundert offizinell.

275 **APIUM GRAVEOLENS** L. [129] **Apiaceae**
Sellerie (Céleri, Ache odorante / Wild celery)

Vorkommen, Standort: Westeuropa, auf salzhaltigen Böden (Meeresufer), selten im Innern des Landes. *Beschreibung:* zweijährige Pflanze, 30-90 cm hoch, leicht kenntlich an ihrem charakteristischen Geruch. Hängende, glänzende Blätter, ähnlich der von kultiviertem Sellerie. Weiße Blüten in lockeren, gipfelständigen Dolden. Der kultivierte Sellerie kommt in zwei Formen vor: Der Stielsellerie (*var. dulce*) und der Knollensellerie (*var. rapaceum*). Juni–August. *Wirksame Inhaltsstoffe:* Die Blätter, aber besonders die Samen, sind reich an ätherischem Öl (*Ol. Apii graveolentis seminum*). Außerdem enthält die Pflanze Flavonglycoside und das Furanocumarin Bergapten. *Eigenschaften:* Sellerie ist ein Diureticum und wird bei Nieren- und Blasenerkrankungen verwendet. Er bewirkt Uteruskontraktionen und Fehlgeburten bei Tieren. *Verwendungen, Zubereitung:* In der Homöopathie wird eine Tinktur aus reifen Samen gegen Harnverhalten und Nierenentzündungen verwendet. Die Bauern benutzen Sellerie gegen Rheumatismus und Arthritis. Mißbräulich als Abortivum. Die Anwendung des Selleries als Aphrodisiacum ist sehr zweifelhaft.

276 **ARCTIUM LAPPA** L. [133] **Asteraceae**
Große Klette (Grande bardane / Great Burdock)

Vorkommen, Standort: Gesamteuropa, verbreitet auf schweren Böden, an Wegrändern, Bahndämmen, auf Schutthalden und Lichtungen. *Beschreibung:* zweijährige, kräftige Pflanze, über 1 m hoch, rauhe, ovale Blätter, an den Spitzen abgerundet. Blütenstand: langgestielte, kugelige Köpfchen von 4 cm Durchmesser, in Doldentrauben angeordnet; purpurrote Blüten, Deckblätter hakenförmig endend. Bei der Reife bildet die Blüte eine stachelige Kugel, die leicht an Tierfellen und Kleidern haften bleibt. Juli–September. *Wirksame Inhaltsstoffe:* Die Wurzel enthält ein ätherisches Öl (*Ol. Bardanae*) und bis zu 45% Inulin. Die Samen enthalten das Glykosid Arctiin und ein fettes Öl. *Eigenschaften:* wirkt als Choleretícum, Diaphoreticum, Diureticum. *Anwendungen, Zubereitung:* früher offizinell; heute wird die große Klette nur noch in der Homöopathie verwendet. Eine Tinktur aus frischen Wurzeln wird zur inneren Anwendung bei Entzündungen der Haut (Akne, Furunkulose, Ekzeme der Kopfhaut) benutzt. Die Japaner verwenden die in Salzwasser gekochten Wurzeln wie den Bocksbart. *Verwendete Teile:* Wurzel (*Radix Bardanae*). *Geschichte:* Die große Klette wurde im Mittelalter wegen ihrer medizinischen Eigenschaften verwendet.

277 **ARNICA MONTANA** L. [131] **Asteraceae**
Arnika (Arnica / Mountain arnica)

Vorkommen, Standort: Zentral- und Südeuropa, Mittelasien, Nordamerika. Verbreitet im Gebirge auf sauren Böden, Wiesen und Torfmooren, bis in die höheren Alpenregionen. *Beschreibung:* kräftige Pflanze, 20–60 cm hoch; aufrechter, filziger, wenig verzweigter Stengel, ovale, am Boden rosettenförmig angeordnete Blätter; lebhaft gelbe Köpfchen mit etwa 2,5 cm langen Randblüten. Juni–August. *Wirksame Inhaltstoffe:* Die Pflanze enthält ätherisches Öl, Polyine, Flavonheteroside und Bitterstoffe. *Eigenschaften:* Sie ist ein wirksames Stimulans für den Kreislauf und ein Wundheilmittel; sie wird mit Erfolg bei innerlichen Blutergüssen (Kontussionen) sowie bei Phlegmonen und Schlaganfällen verwendet. *Anwendungen, Zubereitung:* Man benutzt eine stark verdünnte Tinktur (*Tinct. Arnicae*). In der Homöopathie wird eine Tinktur aus Blüten und eine Tinktur aus dem Rhizom verwendet. Die Bauern benützen sie bei Entzündungen der verschiedensten Art. Es ist ein altes volkstümliches Abortivum. *Verwendete Teile:* die Blütenköpfchen oder Blütenblätter (*Flor. Arnicae*). *Geschichte:* Die Wirkung von Arnika war schon den Germanen bekannt.

278 **ARTEMISIA DRACUNCULUS** L. **Asteraceae**
Estragon (Estragon, Armoise estragon / Tarragon)

Vorkommen, Standort: ursprünglich in Nord- und Ostasien; Rußland, Sibirien, Nordwestamerika. Kultiviert in verschiedenen Gartenvarietäten, blüht in Europa, trägt aber keine Früchte. Die Vermehrung erfolgt durch Teilung des Rhizoms oder durch Setzlinge. *Wirksame Inhaltsstoffe:* In der Pflanze finden sich ein ätherisches Öl (*Ol. Dracunculi*), das Phellandren, Ocimen, Methylchavicol sowie das Hydroxycumarin, Herniarin. *Eigenschaften:* Estragon ist ein ausgezeichnetes Gewürz, hauptsächlich in der französischen Küche; gehört zu den Bestandteilen der »fines herbes«. In großen Mengen wird er in der Konservenindustrie verwendet.

279 **ARTEMISIA VULGARIS** L. [131] **Asteraceae**
Beifuß, Gemeiner Beifuß (Armoise commune / Mugword)

Vorkommen, Standort: Gesamteuropa; überall sehr verbreitet, an Wegrändern, Dämmen usw. *Beschreibung:* kräftige, leicht aromatische Pflanze, erinnert an Wermut, aber größer (60–120 cm hoch). Flaumhaarige und gerillte Stengel, Blätter gefiedert und fast kahl auf der Oberseite, silbern und filzig auf der Unterseite; zahlreiche rötliche Köpfchen in dichten Trauben; August/September. *Wirksame Inhaltsstoffe:* Die Pflanze enthält ein an Cineol reiches ätherisches Öl und einen Bitterstoff. *Eigenschaften:* wirkt als Choleretieum und Wurmmittel. *Anwendungen, Zubereitung:* Die Abkochung wird zur Regulierung der Monatsperiode, zur Verdaungsförderung und zur Appetitanregung verwendet. In der Homöopathie benutzt man die Wurzel noch in Form einer Tinktur gegen Epilepsie und als Wurmmittel gegen Oxyuren. *Verwendete Teile:* Wurzel und Blätter. *Erntezeit:* Juni–August (blühende Pflanze); September/Oktober (Wurzel)

280 **ARUM MACULATUM L. [133] Araceae**
Aronstab, Eselsohr, Gefleckter Aron (Arum tacheté, Gouet maculé, Pied-de-veau / Lords-and-Ladies)

Vorkommen, Standort: Gesamteuropa, gewöhnlich unter Hecken, in hellen Wäldern und Hohlwegen. *Beschreibung:* kräftige Pflanze mit großen, pfeilförmigen, dunkelgrün glänzenden Blättern, die häufig rot oder schwarz gesprenkelt sind. Die Blätter erscheinen im Frühling in großer Zahl. Charakteristischer kolbenförmiger Blütenstand (Spadix), von einem großen, blaßgrünen Deckblatt (Spatha) umgeben, an der Basis eingerollt. Giftige rotorange Beeren. April/Mai. *Wirksame Inhaltsstoffe:* Die ganze Pflanze enthält das chemisch instabile und giftige Aroin. *Eigenschaften:* Aroin wirkt toxisch auf das Zentralnervensystem. Nicht selten Vergiftungen bei Kindern nach dem Genuß der roten, süßlichen Beeren. *Anwendungen, Zubereitung:* Der Aronstab wird noch in der Homöopathie verwendet. Die Tinktur aus der knolligen Wurzel ist angezeigt bei Erkältungen der Atemwege, Keuchhusten und Bronchitis. Sie wird verschrieben bei Gastritis, Blutungen und Erythemen. *Verwendete Teile:* Die knollige Wurzel (*Tuber. Ari*). *Erntezeit:* April/Mai. Trotz ihrer Giftigkeit kann die Wurzelknolle nach mehrmaligem Kochen verwendet werden; reich an Stärke, sehr nahrhaft. Farmentier hat ihre Verwendung in der Küche bereits 1822 beschrieben.

281 **ASARUM EUROPAEUM L. [133] Aristolochiaceae**
Haselwurz (Asaret d'Europe, Herbe de cabaret / Asarbacca)

Vorkommen, Standort: vereinzelt in verschiedenen Gebieten Europas. Laubwälder, teils häufig, teils selten. *Beschreibung:* kräftige, kriechende Pflanze, 10–15 cm hoch, nierenförmige, glänzende Blätter von 5–8 cm Durchmesser. Einzelstehende, grünlichrote, glockenförmige Blüten, gewöhnlich am Blattgrund versteckt. April/Mai. *Wirksame Inhaltsstoffe:* Das Rhizom enthält ein duftendes ätherisches Öl mit 30–35% Asarin. Diese kampferähnliche Substanz verflüchtigt sich zum großen Teil beim Trocknen der Pflanze. *Eigenschaften:* Asarin schmeckt bitter und reizt stark die Schleimhäute. Innerlich bewirkt es Gastroenteritis und Blutungen. Es ist ein Vomitivum, Emeticum und Diureticum. *Anwendungen, Zubereitung:* früher offizinell, wird die Haselwurz (*Rhiz. Asari*) heute nicht mehr in der Allopathie verwendet, da die Brechwurz (*Rad. Ipecac.*) an ihre Stelle getreten ist. In der Homöopathie wird eine Tinktur aus dem frischen Rhizom gegen Rheumatismus und Gastroenteritis verschrieben. In der Volksmedizin als Niespulver, bei Leberleiden, als Diureticum und Emmenagogum. Sie ist ein altbekanntes Abtreibungsmittel und soll auch gegen den Alkoholismus helfen. *Geschichte:* Die Haselwurz ist seit dem Altertum bekannt. Schon Plinius erwähnte sie auf seinen Reisen.

282 **CALENDULA OFFICINALIS L. [165] Asteraceae**
Ringelblume (Souci des jardins / Marigold)

Vorkommen, Standort: Ursprungsland Ägypten. Wegen ihrer Blüten häufig in Gärten und auf Feldern kultiviert. *Beschreibung:* einjährige Pflanze, auf der ganzen Welt bekannt. Es gibt davon zahlreiche Arten, mit gelben oder orangefarbenen, einfachen oder gefüllten Blüten; die Ackerringelblume ist die wilde Art. Die einjährige Pflanze erreicht eine Höhe von 50 cm, mit kleinen, orangefarbenen Köpfchen. Mai–Oktober. *Wirksame Inhaltsstoffe:* Das ätherische Öl der Köpfchen enthält Carotinoide (Carotin und Lycopin). Im Köpfchen außerdem ein Harz, ein Saponin und der Bitterstoff Calendulin. *Eigenschaften:* wirksam als Wundbalsam, begünstigt die rasche Vernarbung von Wunden, Choleretikum. *Anwendungen, Zubereitung:* früher verwendete bei Verwundungen und hartnäckigen Ulcera wie die Hamamelis. Für den inneren Gebrauch benutzt man eine Tinktur oder einen Extrakt mit denselben Eigenschaften wie Arnica. *Verwendete Teile:* Blüten (*Flores Calendulae*). *Erntezeit:* Mai–Oktober. *Geschichte:* Die heilsamen Eigenschaften der Ringelblume sind seit dem Altertum bekannt. Die Pflanze wird seit dem 12. Jahrhundert in europäischen Gärten kultiviert.

283 **CALLA PALUSTRIS L.** **Araceae**
Drachenwurz, Schlangenkraut (Calla des marais / Water arum)

Vorkommen, Standort: Europa, Nordasien, Nordamerika. Verbreitet, meist lokalisiert; Torfmoore, Sümpfe, Teiche, Flußufer. *Beschreibung:* kräftige Wasserpflanze mit einem langen, starken Rhizom. Große, ovale, langgestielte, am Grund gedrehte Blätter. Schaft 15–30 cm hoch. Grünlichweiße Spatha, gelber, zylindrischer Kolben; Beeren an der Ähre dichtgedrängt, in reifem Zustand rot. Mai–Juli. *Wirksame Inhaltsstoffe:* Die ganze Pflanze, vor allem das Rhizom, enthält eine scharfe, im Geschmack dem Aroin ähnliche Substanz, die chemisch noch nicht definiert ist. *Eigenschaften:* In früheren Zeiten schrieb man der Pflanze diaphoretische Eigenschaften zu. Die Bauern benützten eine Abkochung der Wurzel gegen die Schlangengiftwirkung. In der Homöopathie wird eine Tinktur aus dem Rhizom verwendet. *Verwendete Teile:* das Rhizom.

284 **CANNABIS SATIVA L.** [139] **Moraceae**
Hanf (Chanvre cultivé / Hemp)

Vorkommen, Standort: Zentralasien und Indien. Seit langem kultivierte Pflanze, im Aussehen und in der Größe von der Bodenbeschaffenheit abhängig. Die Art *C. vulgaris* liefert den Textil-Hanf, die Art *C. indica* den indischen Hanf oder die Haschisch-Pflanze. *Beschreibung:* diözische Pflanze, gegenständige Blätter an einem geraden, bis 1,5 m hohen, häufig verzweigten Stengel, zymöser Blütenstand, die Frucht ist eine Achäne. August–Oktober. *Wirksame Inhaltsstoffe:* In den Drüsenschuppen der weiblichen Blütenkrone finden sich in unterschiedlichen Mengen Cannabidiolsäure, Cannabidiol, Cannabiol und Tetrahydrocannabinol (THC). Von diesen Verbindungen besitzt nur das THC eine halluzinogene Wirkung. Die Frucht enthält 30% trocknendes Öl und Vitamin K. *Eigenschaften:* wirksam als Analgeticum, Aufputschungsmittel, Rauschgift. *Anwendungen, Zubereitung:* Die Anwendung von Haschisch ist verboten, da es die Willenskraft lähmt, Halluzinationen hervorruft und zu assozialem Verhalten führt. Die Früchte dagegen sind ein geschätztes Nahrungsmittel für Vögel. Die Ölkuchen (nach kalter oder warmer Auspressung) dienen als Viehfutter. *Geschichte:* Die arme Bevölkerung Asiens und Nordafrikas kultiviert die Pflanze seit mehr als 2000 Jahre wegen ihrer aufputschenden Wirkung.

285 **CARLINA ACAULIS** L. **Asteraceae**
Silberdistel, Eberwurz (Carline acaule / Carline thistle, Stemless Caroline).

Wirksame Inhaltsstoffe: Die Wurzel enthält hauptsächlich ein Öl. Beschreibung und Anwendung siehe Nr. 72, Kapitel 3, Antibiotica.

286 **CARUM CARVI** L. [143] **Apiaceae**
Wiesenkümmel, Kümmel (Cumin des prés, Carvi / Caraway)

Vorkommen, Standort: Gesamteuropa, Nordasien. Sehr verbreitet, vor allem in Gebirgsgegenden, auf Wiesen und Weiden. *Beschreibung:* zweijährige Pflanze, Stengel 30–70 cm hoch: unbehaarte, zweifach gefiederte Blätter; weiße, in aufrechten Dolden stehende Blüten, längliche, gefurchte, aromatische Früchte. Mai–Juli. *Wirksame Inhaltsstoffe:* Das ätherische Öl (*Ol. Carvi*) der Früchte enthält 60% Carvon, das dem Öl den spezifischen Kümmelgeschmack verleiht, 20% Limonen und einige andere Bestandteile (Carveol, Dihydrocarvon). *Eigenschaften:* Das Kümmelöl wirkt krampfstillend, als Carminativum und Stomachicum. Äußerlich verwendet man es als Hautreizmittel. *Anwendungen, Zubereitung:* Man bereitet eine Abkochung der Früchte für den inneren Gebrauch bei Rheumatismus, Pleuritis usw. Der Kümmel wird zur Herstellung von Spirituosen und Likören verwendet. *Verwendete Teile:* die reifen Früchte (*Fruct. Carvi*). *Erntezeit:* Juni–August.

287 **CHRYSANTHEMUM LEUCANTHEMUM** L. [148] **Asteraceae**
Margerite (Grande marguerite / Ox-eye-daisy)

Vorkommen, Standort: Gesamteuropa, Asien. Sehr verbreitet, Wiesen, Felder, Böschungen, Wegränder. *Beschreibung:* kräftige Pflanze, 30–65 cm hoch, kleine gezähnte, dunkelgrüne Blätter. Langgestielte Köpfchen von 3–5 cm Durchmesser. Die Röhrenblüten der Scheibe gelb, sehr große weiße Randblüten. *Eigenschaften:* wirksam als Wundbalsam, Diureticum und schweißtreibendes Mittel. *Anwendungen, Zubereitung:* Die große Margerite wird heute nur noch wenig in der Heilkunde verwendet.

288 **CHRYSANTHEMUM PARTHENIUM** (L.) Bernh. [149] **Asteraceae**
Mutterkraut (Grande camomille / Feverfew)

Vorkommen, Standort: kultiviert in Gesamteuropa. Wildwachsend in gewissen Gegenden, in der Nähe von Gärten, Mauern und Ruinen. *Beschreibung:* kräftige Pflanze, 14–45 cm hoch; grüngelbes Laubwerk, sehr aromatisch; doppelt gefiederte Blätter; Köpfchen in lockeren, gipfelständigen Trauben; gelbe Scheibenblüten; weiße Randblüten, kurz und breit. Juni–Ende August.

Wirksame Inhaltsstoffe: Die Pflanze enthält ein ätherisches Öl, bestehend aus Kampfer, Borneol, verschiedenen Estern und einer bitteren Substanz. *Eigenschaften:* wirkt als Abführmittel. *Anwendungen, Zubereitung:* in der Allopathie aufgegeben; die Pflanze wird heute in der Homöopathie wie die Römische Kamille verwendet. *Verwendete Teile:* Köpfchen. *Erntezeit:* Juni bis August.

288

290

289 **CHRYSANTHEMUM VULGARE** (L.) Bernh. [165] **Asteraceae**
Syn. *Tanacetum vulgare*
Rainfarn (Tanaisie commune / Tansy)

Vorkommen, Standort: Gesamteuropa, verbreitet an Wegrändern, Böschungen und Bahndämmen. *Beschreibung:* kräftige, widerstandsfähige Pflanze; Stengel 30—90 cm hoch; gefiederte, stark gezähnte, dunkelgrüne, aromatische Blätter. Kleine, goldgelbe, in dichten Trauben stehende Köpfchen, ohne Randblüten. Juli–September. *Wirksame Inhaltsstoffe:* Die Pflanze enthält ein ätherisches Öl (*Ol. Tanaceti*) mit 70% Thujon, Kampfer und Borneol. *Eigenschaften:* wirkt als Wurmmittel. *Anwendungen, Zubereitung:* Eine Abkochung der Blüten (*Flor. Tanaceti*) ist ein Wurmmittel gegen Ascariden und Oxyuren. Äußerlich wird das Öl gegen Rheumatismus verwendet. *Verwendete Teile:* die blühenden Köpfchen. *Erntezeit:* Juli—September.

290 **CONVOLVULUS ARVENSIS** L. [153] **Convolvulaceae**
Ackerwinde (Liseron des champs / Field-Bindweed)

Vorkommen, Standort: Gesamteuropa, Ost- und Nordasien. Sehr verbreitet, auf Feldern, Kulturen, Brachfeldern und Böschungen. *Beschreibung:* kräftige, kriechende oder kletternde Pflanze. Linkswindender Stengel von ca. 60 cm Länge. Blätter hellebardenförmig, spitz. Rotgefärbte, trichterförmige, manchmal blaßrosa Blüten von 3 cm Durchmesser. Juni–September. *Wirksame*

Inhaltsstoffe: die gleichen wie bei der Zaunwinde. *Eigenschaften:* Die Ackerwinde ist weniger wirksam als die anderen Arten der Gattung *Convolvulus.*

291 CONVOLVULUS SEPIUM L. [154] Convolvulaceae

Syn. *Calystegia sepium*
Zaunwinde (Liseron de haies / Hedge-Bindweed)

Vorkommen, Standort: Gesamteuropa, sehr verbreitet an Hecken, Bahndämmen, Böschungen und Waldsäumen. *Beschreibung:* kräftige, kletternde Pflanze von kräftigem Wuchs, Länge bis 2,5 m; pfeilförmige Blätter; 4–6 cm große, weiße, geruchlose Blüten. Juli–September. *Wirksame Inhaltsstoffe:* Das Rhizom enthält ein harzartiges Glykosid (Convolvulin) und Tannine. Die Blätter sind reicher an Tannin und enthalten mehr Harz. *Eigenschaften:* wirkt als Purgativum. *Anwendung, Zubereitung:* Es wird eine Abkochung verwendet. Wegen der Schwierigkeit einer genauen Dosierung ist die Zaunwinde in der Allopathie nicht im Gebrauch. *Verwendete Teile:* das Rhizom und die blühende Pflanze. *Erntezeit:* Juni/Juli.

292 CORIANDRUM SATIVUM L. [141] Apiaceae

Koriander (Coriandre cultivée / Coriander)

Vorkommen, Standort: Ursprung wahrscheinlich im östlichen Mittelmeergebiet und mittleren Orient. In Gärten kultiviert. Manchmal wildwachsend und eingebürgert in Nord- und Südamerika, Asien. *Beschreibung:* kräftige Pflanze mit unangenehmem Geruch (Wanzen!). Voller Stengel, 10–30 cm hoch; gefiederte, stark eingeschnittene Blätter; rosa gefärbte Blüten. Juni–August. *Wirksame Inhaltsstoffe:* Die Früchte enthalten ein ätherisches Öl (*Ol. Coriandri*), bestehend aus Linalool, Coriandrol (60–70%), Geraniol, Borneol und Terpenkohlenwasserstoffen. *Eigenschaften:* Die Früchte wirken als Stomachicum, Carminativum und Antispasmodicum. Früher schrieb man ihnen die Eigenschaften eines Aphrodisiacums zu. Zum äußerlichen Gebrauch verwendet man sie bei Rheumatismus und Gelenkschmerzen. *Anwendungen, Zubereitung:* In der Küche wird der Koriander als Stimulans für die Verdauung verwendet, in der Pharmazie dient er als Geschmackskorrigens. Er wird auch zur Herstellung des Karmelitergeistes benutzt. *Verwendete Teile:* die reifen Früchte (*Fruct. Coriandri*). *Geschichte:* Der Koriander wurde schon 1000 Jahre v. Chr. kultiviert. Seine Früchte sind in den Grabmälern der alten Ägypter gefunden worden. Alle medizinischen Schriften des Mittelalters erwähnen ihn.

293 CROCUS SATIVUS L. [164] Iridaceae

Echter Safran (Safran cultivé / Saffron)

Vorkommen, Standort: Südost-Europa, Westasien. Kultiviert in vielen Gebieten Europas. *Beschreibung:* Die kräftige, knollige Pflanze ähnelt unserem Garten-Krokus. Die hell-lila gefärbten Blüten sind sternförmig und bleiben nachts geöffnet. Kräftig orangefarbene Narben. September/Oktober. *Wirk-*

same Inhaltsstoffe: Die Blütennarben enthalten das Glykosid Pikrocrocin, aus dem das charakteristisch riechende Safranal entsteht, ferner das Karotinoid Crocetin, das aus dem Crocin gebildet wird. *Eigenschaften:* Appetit-Stimulans, Emmenagogum und Sedativum in normalen Dosen, Gewürz. Der Farbstoff Crocetin färbt noch in einer Verdünnung von 1 : 100 000 das Wasser kräftig gelb. Der Safran wirkt toxisch und ruft starke Blutungen hervor. Die Dosis letalis für den Menschen liegt zwischen 10 und 12 g. *Anwendungen, Zubereitung:* Vor seinem Ersatz durch synthetische Produkte hat der Safran eine wichtige Rolle als Gewürz und Lebensmittel-Farbstoff gespielt. Er wird auch vielfach als Abortivum benutzt. Er wird gelegentlich eingenommen, um eine Gelbsucht zu simulieren. Wegen seines hohen Preises ist Safran praktisch nicht mehr offizinell; heute wird er als Geschmackskorrigens und als Farbstoff verwendet.

294 **CURCUMA LONGA L.** **Zingiberaceae**
Gelbwurzel (Curry, Safran des Indes / Curry, Tumeric)

Vorkommen, Standort: Indonesien, Java und Sumatra; bei uns in den Gewächshäusern Botanischer Gärten. Kultiviert als Gewürz in tropischen Regionen. *Beschreibung:* kräftige Rhizom-Pflanze, ungefähr 1 m hoch. 5–10 langgestielte, ovale, lanzenförmige und spitze Blätter, weiße oder gelbliche Blüten, in stiellosen Ähren. *Wirksame Inhaltsstoffe:* Im Rhizom befindet sich ein ätherisches Öl, das das scharf schmeckende Turmeron, den wasserlöslichen Farbstoff Curcumin sowie ein Harz enthält. *Eigenschaften:* Die Curcuma ist ein Cholagogum. Das Curcumin besitzt eine Reizwirkung auf die Magenschleimhaut. *Anwendungen, Zubereitung:* wird als Arzneimittel in Indien wegen seiner digestiven, erweichenden und diuretischen Eigenschaften benutzt. Die Inder verwenden ihn zum äußerlichen Gebrauch gegen Katarrh und Gliederschmerzen. Allgemein als Gewürz. Bei übertriebenem Genuß treten Magenübersäuerung und Magengeschwüre auf. *Verwendete Teile:* das Rhizom (*Rhiz. Curcumae*). In der modernen Phytotherapie wird eine Abkochung des Rhizoms bei Leber- und Gallenleiden verwendet.

295 **DAPHNE LAUREOLA L.** [144] **Thymeleaceae**
Lorbeerblättriger Seidelbast (Daphné lauréole / Spurge-laurol)

Vorkommen, Standort: Europa und Westasien. Verbreitet in Laubwäldern und im Gebirge, auf Kalkboden. *Beschreibung:* niedriger Strauch, 40–60 cm hoch. Widerstandsfähige, dunkelgrüne, glänzende, fleischige, spitze Blätter. Sehr kleine grüne Blüten; die Frucht ist eine schwarze runde Beere. März/April. Die wirksamen Inhaltsstoffe, Eigenschaften und Anwendung sind die gleichen wie bei *Daphne mezereum.*

296 **DAPHNE MEZEREUM L.** [135] **Thymelaeaceae**
Seidelbast, Kellerhals, Ziland (Bois-gentil, Daphné / Mezereon)

Vorkommen, Standort: Gesamteuropa, Nordasien. In Gebüschen, im Unterholz, in Laubwäldern (Buchen), bis zu den Alpen. Geschützte Pflanze. *Beschreibung:* Der Halbstrauch kann 1 m Höhe erreichen; kleine, hellgrüne, spitze Blättchen. Kleine purpurrote, duftende Blüten, die sich vor dem Erscheinen der Blätter an den Zweigen entfalten. Frucht: korallenrote Beere. Februar–April. *Wirksame Inhaltsstoffe:* Die ganze Pflanze enthält das bittere Glykosid Daphnin, ferner Umbelliferon (Cumarin) und das toxische Mezerein. *Eigenschaften:* Seidelbast ist stark bitter, giftig und blasenziehend. Schwere Vergiftungsfälle sind bekannt. *Anwendung, Zubereitung:* Früher war der Seidelbast offizinell und wurde als Emeticum, Laxans, Rubefaciens und Zugpflaster verwendet. Heute in der Allopathie ohne Verwendung. In der Homöopathie wird eine Tinktur aus frischer Rinde hergestellt bei gewissen Hauterkrankungen (Gürtelrose) und Schleimhautentzündungen. Vorsicht, giftig! *Verwendete Teile:* die Rinde der jungen Zweige (*Cortex Mezerei*). *Geschichte:* Der Seidelbast war schon bei den alten Griechen als Therapeuticum bekannt. Andere *Daphne*-Arten enthalten gleichartige Substanzen, die alle sehr giftig sind.

297 **ERIGERON CANADENSIS** L. **Asteraceae**
Kanadisches Berufskraut (Vergerette du Canada, Erigéron du Canada / Canadian fleabane)

Vorkommen, Standort: Nordamerika, Gesamteuropa, Ödland, Bahndämme, Böschungen, Kulturen. *Beschreibung:* einjährige Pflanze mit aufrechten Stengeln. Zahlreiche, spitze, schmale Blätter. Köpfchen in verzweigten Trauben. Randblättchen cremeweiß, gelbe, runde Röhrenblüten. Juli–September. *Wirksame Inhaltsstoffe:* In den Blättern findet sich ein ätherisches Öl (*Ol. Erigerontis*), das Limonen, Dipenten, Terpineol, Flavone und Tannin enthält. *Eigenschaften:* wirkt als Diureticum, Antidiarrhoicum und Haemostaticum. *Anwendung, Zubereitung:* Man verwendet eine Abkochung oder den Fluidextrakt gegen typhusähnliche Erkrankungen, Ruhr, Bronchitis, Gebärmutterblutungen, Hämorrhoiden und Rheumatismus. *Verwendete Teile:* die Blätter (*Herba Erigerontis*).

298 **FOENICULUM VULGARE** Miller [145] • **Apiaceae**
Fenchel (Fenouil commun / Fennel)

Vorkommen, Standort: Südeuropa, Asien. Kultiviert und auf der ganzen Erde verbreitet. Ziemlich verbreitet auf Ödland, Dämmen, Brachland und Hügeln, vereinzelt in anderen Gegenden. *Beschreibung:* kräftige Pflanze, 80–150 cm hoch. In einer Scheide endende, fein gefiederte, blaugrüne Blätter. Glänzende, volle Stengel. Gelbe Blüten in großen Dolden. Juli/August. *Wirksame Inhaltsstoffe:* In der Pflanze, vor allem in den Früchten, findet sich ein ätherisches Öl (*Ol. Foeniculi*), das 50–60% Anethol (süß) und 20% Fenchon (bitter und scharf) enthält; ferner etwa 10 andere Komponenten. Die Früchte enthalten 10% fettes Öl. *Eigenschaften:* wirksam als Stimulans, Carminativum, Stomachicum, Expectorans, Diureticum, Galactagogum und Spasmolyticum. *Anwendung, Zubereitung:* Man verwendet die Früchte in Form eines Infuses und einer Tinktur. *Verwendete Teile:* die Früchte. *Erntezeit:* August/September. *Geschichte:* Der Fenchel wurde bereits von den Ägyptern verwendet.

299 **GEUM RIVALE** L. [134] **Rosaceae**
Bachnelkenwurz, Ufernelkenwurz (Benoîte des ruisseaux / Water avens.)

Vorkommen, Standort: Gesamteuropa. Sehr verbreitet an Bachrändern, auf feuchten Böden, in Gebirgsgegenden. *Beschreibung:* kräftige Pflanze, mit etwa 30 cm hoch aufgerichtetem Stengel. Langgestielte, gefiederte Grundblätter, gezähnte, behaarte Blätter von unterschiedlicher Größe. Rosa bis orangefarbene Blüten, gelegentlich hellgelb. Purpurrote Kelchblätter. Mai–Juli. *Wirksame Inhaltsstoffe:* Die Wurzel enthält das Glykosid Geosid, das nach der Hydrolyse Eugenol liefert. In der Pflanze findet man Gerbstoffe und einen Bitterstoff. *Eigenschaften:* wirkt als Stomachicum (aromatischer Bitterstoff), Tonicum, Adstringens, Antidiarrhoicum. *Anwendung, Zubereitung:* früher offizinell; heute wird die Wurzel (*Rad. Caryophyllatae*) nur noch in der Homöopathie und in der Volksmedizin als Abkochung oder auch als Tinktur der ganzen Pflanze verwendet. *Verwendete Teile:* die blühende Pflanze und das Rhizom. *Erntezeit:* Juli/August.

300 **GEUM URBANUM** L. [134] **Rosaceae**
Echte Nelkenwurz (Benoîte commune / Herb bennet)

Vorkommen, Standort: Gesamteuropa. Unterholz, Hecken, Lichtungen; sehr verbreitet. *Beschreibung:* kräftige, flaumhaarige Pflanze; 30–60 cm hoch; rund gefiederte und gezähnte Blätter, kleine, gelbe Blüten; fünf für sich stehende Blumenblätter. Diese Art kreuzt sich mit der Bachnelkenwurz. Juni–August. *Wirksame Inhaltsstoffe:* Die Pflanze enthält die gleichen Wirkstoffe wie die Bachnelkenwurz, jedoch mehr Gerbstoff. *Eigenschaften:* wirkt als Adstringens, Bitterstoff und Tonicum. *Anwendung, Zubereitung:* die gleiche begrenzte Verwendung wie bei der vorhergehenden Pflanze; in der Homöopathie wird nur das Rhizom verwendet.

301 **GLOBULARIA VULGARIS** L. [148] **Globulariaceae**
Syn. *Globularia elongata* Heg.
Kalk-Kugelblume (Globulaire / Globe flower, Blue daisy, Bone Flower)

Vorkommen, Standort: Mittel- und Südeuropa. Häufig auf trockenen und sonnigen Kalkböden, in der Ebene und im Gebirge. *Beschreibung:* kräftige, niederwüchsige Pflanze; ovale Blätter, in Rosettenform angeordnet. Blütenstiel 5–20 cm. Kugelförmige, kräftigblaue Blütenköpfchen. Mai/Juni. *Wirksame Inhaltsstoffe:* Die Pflanze enthält ein noch ziemlich unerforschtes Glykosid: Globularin (eine harzartige Substanz). *Eigenschaften:* Das Globularin ist ein wirksames Depurativum. In starken Dosen ruft es Erbrechen, Koliken, heftige Diarrhöen und Ohnmachtsanfälle hervor. *Anwendung, Zubereitung:* Die Bauern bereiteten einen Aufguß aus den Blättern als Depurativum. Die Kalk-Kugelblume wird nirgends mehr in der Phytotherapie verwendet. *Verwendete Teile:* die Blätter. *Erntezeit:* Mai/Juni.

302 **HYSSOPUS OFFICINALIS L.** [151] **Laminaceae**
Ysop, Essigkraut (Hysope / Ysope)

Vorkommen, Standort: Süd- und Mitteleuropa, Mittelmeerländer, Westasien, kultiviert in Gärten, wildwachsend in verschiedenen Gegenden. *Beschreibung:* niedriger Halbstrauch mit mehreren aufrechten, 20–60 cm hohen Stengeln, an der Basis verholzt und mehr oder weniger verzweigt. Das Blatt ist schwach filzig behaart. Lanzettförmige, schmale, längliche Blätter ohne Blattstiel. Rosa- bis malvenfarbene, manchmal weißliche Blüten, an gipfelständigen, 10 cm langen, einseitswendigen Ähren angeordnet. Die Pflanze riecht sehr aromatisch. Juli–September. *Wirksame Inhaltsstoffe:* Die Pflanze enthält ein flüchtiges Öl, das Flavon-Glykosid Diosmin und Gerbstoff. *Eigenschaften:* Der Ysop ist ein Tonicum, Stomachicum, Carminativum, Adstringens und Emmenagogum. *Anwendung, Zubereitung:* Der Ysop besitzt die gleiche Wirksamkeit wie der Salbei, früher im Gebrauch. Man verwendet die Pflanze (*Herba Hyssopi*) als Aufguß gegen chronische Bronchitis und Asthma, als hustenstillendes Mittel sowie als Carminativum, Anthelminthicum und Emmenagogum. Eine Abkochung von Ysop begünstigt die Narbenbildung; wirksames Antiphlogisticum. Als Gurgelwasser bei Angina. Der Ysop findet Verwendung in der Parfüm- und Likörherstellung.

303 **INULA HELENIUM L.** **Asteraceae**
Echter Alant (Inule aunée, Grande aunée / Elecampane)

Vorkommen, Standort: Europa, Westasien; selten und lokalisiert, manchmal wildwachsend. Wiesen, Waldränder, Hecken. *Beschreibung:* kräftige, große Pflanze. Die Blätter an der Basis erreichen eine Länge von 30 cm, elliptisch, gezähnt und behaart. Köpfchen von 6–8 cm Durchmesser, kräftig gelbe Strahlenblüten. Juli/August. *Wirksame Inhaltsstoffe:* Das Rhizom enthält ein braunes, dickflüssiges, ätherisches Öl (*Ol. Helenii*) mit drei Lactonen. Hauptbestandteil von diesen ist das Alantolacton Helenin. Außerdem ist das Rhizom reich an Inulin. *Eigenschaften:* wirkt als Tonicum, hustenstillend, als Diureticum, Cholagogum und schwaches Anthelminthicum. *Anwendung, Zubereitung:* Man verwendet ein Infus oder eine Mazeration in Rotwein gegen Bronchitis, Luftröhrenentzündung, Husten, sowie bei digestiver Atonie, Appetitlosigkeit und zur Behandlung von Entzündungen der Harnwege. *Verwendete Teile:* das Rhizom. *Erntezeit:* März/April und September/Oktober.

304 **IRIS GERMANICA L.** **Iridaceae**
Schwertlilie (Iris d'Allemagne / Flag lily)

Vorkommen, Standort: Südeuropa, kultiviert auch auf dem ganzen Kontinent, vor allem in Gartenanlagen, wildwachsend an alten Mauern. *Beschreibung:* kräftige Rhizompflanze. Unterscheidet sich von den anderen europäischen *Iris*-Arten durch die violetten, außen behaarten Blütenblätter. Mai/Juni. *Wirksame Inhaltsstoffe:* Das Rhizom (*Rhiz. Iridis*) enthält 50% Stärke, Pflanzenschleim und ein ätherisches Öl mit dem sehr aromatisch riechenden Keton Iron (Veilchengeruch!). *Eigenschaften:* Das Rhizom ist ein

Aromaticum und Geschmackskorrigens. *Anwendung, Zubereitung:* Die Schwertlilie erscheint in zahlreichen galenischen Zubereitungen und Brusttees. Auf dem Land gibt man kleinen zahnenden Kindern ein Stück trockenes Rhizom zum Kauen. *Verwendete Teile:* das Herbst-Rhizom. *Geschichte:* Plinius der Ältere und Theophrast erwähnen bereits die Iriswurzel als Aromaticum.

305 **IRIS PSEUDACORUS** L. [152] **Iridaceae**
Wasserschwertlilie, Wasserschwertel (Iris faux-acore / Yellow flag)

Vorkommen, Standort: Gesamteuropa, Nordasien. Sehr verbreitet; an Teichrändern, Wasserläufen und Sümpfen. *Beschreibung:* kräftige Rhizom-Pflanze, die bekannteste unserer wilden *Iris*-Arten. Starrer Blütenschaft, manchmal bis 2 m hoch; steife, lange Blätter mit starker Mittelnervatur; Blüten kräftig gelb. Juni/Juli. *Wirksame Inhaltsstoffe:* Die ganze Pflanze, vor allem das Rhizom, enthält einen scharfen Wirkstoff. *Eigenschaften:* Der Saft der Wasserschwertlilie ist ein Rubefaciens, Vesicans, Emeticum und Laxativum. In starken Dosen wirkt es toxisch. *Anwendung, Zubereitung:* In der Homöopathie wird eine Tinktur des Rhizoms verwendet. In der Volksmedizin dient der Saft des frischen Rhizoms zur Behandlung äußerer Verletzungen.

306 **JUNIPERUS COMMUNIS** L. [148] **Cupressaceae**
Wacholder (Genévrier commun / Juniper)

Vorkommen, Standort: Gesamteuropa und Asien, von der Ebene bis in die Gebirgsregion. Verbreitet auf trockenem, felsigen Boden, Lichtungen, Heideland und Weiden. *Beschreibung:* 1–3 m hoher Strauch, aufrecht, teils ausladend, spindelförmig; immergrüne, spitze, kurze Blätter; gelbe, sehr kleine Blüten, die männlichen und die weiblichen auf getrennten Pflanzen. Die Frucht ist eine Beere, im 1. Jahr grün, im 2. Jahr bläulichschwarz. Mai/Juni. *Wirksame Inhaltsstoffe:* Die ganze Pflanze, vor allem die Beeren (*Fruct. Juniperi*), enthalten ein ätherisches Öl, das reich an α-Pinen, Cadinen, Camphen und Terpineol ist. In den Beeren finden sich ein bitterer Wirkstoff, organische Säuren und 30% Zucker. *Eigenschaften:* wirkt als Diureticum, Tonicum, Stomachicum, Carminativum, Rubefaciens. *Anwendung, Zubereitung:* Die aromatischen Beeren verwendet man zum Würzen von Sauerkraut und anderen Speisen. Der Wacholder wirkt appetitanregend und als Digestivum. Ein Infus aus den Beeren verwendet man als Diureticum und Desinfiziens der Harnwege (Cystitis). Die Tinktur aus den Zweigen dient äußerlich zu Einreibungen bei Hauterkrankungen und Haarausfall. In der Homöopathie findet die Tinktur der Beeren Verwendung bei zahlreichen Erkrankungen. Der Wacholder wird auch zur Likör- und Spirituosenherstellung verwendet.

307 **LAURUS NOBILIS** L. **Lauraceae**
Lorbeerbaum (Laurier noble, Laurier d'Apollon / Laurel)

Vorkommen, Standort: Kleinasien, Mittelmeerländer, Südeuropa. Überall als Zierpflanze in Kästen angebaut. *Beschreibung:* kleiner Baum, mit grauer, glatter Rinde, immergrüne, dicke, lederartige Blätter. Die Blätter verwendet man als Gewürz. April/Mai. *Wirksame Inhaltsstoffe:* Die Beeren enthalten 25% fettes Öl und bis zu 3% flüchtiges Öl, bestehend aus Cineol, einem bitteren Wirkstoff und Gerbstoffen. *Eigenschaften:* wirkt als Antirheumaticum in Form von Salben und Linimenten. Die Früchte und Blätter wirken verdauungsanregend. Früher wurde das Öl der Lorbeer-Früchte in der Veterinärmedizin gegen Läuse und Milben verwendet. *Anwendung, Zubereitung:* Durch Auspressungen der Früchte erhält man das dickflüssige, grüne Lorbeeröl (*Ol. Lauri*) und aus den Blättern das *Ol. Lauri folii. Verwendete Teile:* die Früchte (*Fruct. Lauri*) und die Blätter ohne Blattstiele. *Geschichte:* Die stimulierenden Eigenschaften des Lorbeeröls sind schon seit langem bekannt. Die Beduinen geben in den Kaffee ein Lorbeerblatt zur Geschmacksverbesserung.

308 **LAVANDULA ANGUSTIFOLIA** Miller [154] **Lamiaceae**
Lavendel (Lavande officinale / Lavender)

Vorkommen, Standort: Mittelmeergebiet; Südeuropa. Trockene und sonnige Böden, in mehreren Gegenden Südeuropas eingeführt und wildwachsend. In großem Maßstab kultiviert. *Beschreibung:* 15–60 cm hoher Halbstrauch mit verholztem Wurzelstock; aufrechte und stark verzweigte Sprosse; gegenständige, sehr schmale, 2–5 cm lange, graugrüne, mehr oder weniger wollig behaarte Blätter; kleine, lebhaft blau gefärbte, stark riechende, in endständigen Ähren vereinigte Blüten; Juli/August. *Wirksame Inhaltsstoffe:* Die Blüten enthalten ein flüchtiges, farbloses, stark aromatisch riechendes Öl, das Linalylacetat und das Hydroxycumarin Herniarin enthält. *Eigenschaften:* Der Lavendel wirkt stimulierend, antispasmodisch und stärkend durch seinen Geruch in Form von Einreibungen (*Spir. Lavandulae*). Innerlich angewandt (ziemlich selten) als Carminativum, Stomachicum, Diureticum und Sedativum. *Anwendung, Zubereitung:* Man gewinnt das ätherische Öl (*Ol. Lavandulae*) durch Wasserdampfdestillation. Die Pflanze findet Anwendung vorwiegend in der Kosmetik und in der Parfümerie. In der Homöopathie verwendet man eine aus frischen Blüten gewonnene Tinktur. Die getrockneten Blüten dienen zum Parfümieren und als Mittel gegen Milben. *Verwendete Teile:* die sich öffnenden Blüten (*Flores Lavandulae*). *Erntezeit:* Juli/August. *Geschichte:* Früher wurden Lavendelzubereitungen bei Hauterkrankungen zu Einreibungen verordnet. Bei den Römern galt Lavendel als beliebter Badezusatz (lat. *lavare-lavandula*).

309 **LEVISTICUM OFFICINALE** Koch **Apiaceae**
Liebstöckel, »Maggikraut« (Livèche, »Herbe Maggi« / Lovage)

Vorkommen, Standort: Kleinasien, Südeuropa. In ganz Europa seit der Antike kultiviert. *Beschreibung:* ausdauernde Pflanze mit Wurzelstock; Blütenschaft rund, hohl, 1–2 m hoch. Langgestielte Blätter, die eine grundständige Rosette bilden; sie sind 70 cm lang, 2–3mal gefiedert und bis 60 cm breit; die oberen sind kleiner. Gelblichgrüne, in breiten Dolden angeordnete

Blüten; Juli/August. Die Pflanze strömt einen starken aromatischen Geruch aus, daher ihr Name. *Wirksame Inhaltsstoffe:* Die Wurzel enthält ein ätherisches Öl (*Ol. Levistici*), das aus Butylphtaliden, Umbelliferon und Bergapten besteht, ferner verschiedene Säuren, Harz, Zucker und Kautschuk. *Eigenschaften:* diuretisch. *Anwendung, Zubereitung:* Die getrocknete Wurzel ist Bestandteil diuretisch wirkender Abkochungen. Allerdings wird durch den Kochprozeß die Wirksamkeit stark erniedrigt. Der Liebstöckel wird auch als Carminativum, Expectorans und Emmenagogum verwendet. Die frischen Blätter dienen als Gewürz. *Geschichte:* Diese Pflanze ist seit der Antike bekannt.

310 **LINUM CATHARTICUM** L. **Linaceae**
Wiesen-Lein, Purgier-Lein (Lin purgatif / Fairy flax)

Vorkommen, Standort: ganz Europa. Sehr häufig; Magerwiesen, Weiden, in der Ebene bis in die Gebirge. *Beschreibung:* einjährige, kleine (5–15 cm) Pflanze; lanzettliche, gegenständige Blätter. Weiße, kleine in einem verzweigten Blütenstand angeordnete Blüten. Die Blütenblätter sind viel länger als die Kelchblätter; Juni–August. *Wirksame Inhaltsstoffe:* Die Pflanze enthält den Bitterstoff Linin, ein ätherisches Öl mit Harz und Gerbstoff. *Eigenschaften:* reinigend und brechenerregend. *Anwendung, Zubereitung:* Heute wird der Lein (*Herba Lini cathartici*) nur noch wenig als Infus eingnommen. In der Homöapathie wird die Tinktur der frischen Pflanze bei Bronchitis, Amenorrhöe und Hämorrhoiden verschrieben. *Verwendete Teile:* die ganze Pflanze. *Erntezeit:* Juni–Oktober.

311 **MAJORANA HORTENSIS** Moench **Lamiaceae**
Majoran, Wurstkraut (Marjolaine des jardins, Marjolaine cultivée / Majoran)

Vorkommen, Standort: Mittlerer Osten, Arabien, Mittelmeerländer, Nordafrika, Südspanien. In Europa und Amerika überall kultiviert. Kälteempfindliche Pflanze. *Beschreibung:* ausdauernde, zweijährige oder einjährige (je nach der Gegend) Pflanze. Höhe: 15–40 cm; wollig behaart; verzweigte, aufrechte Stengel; kleine abgerundete Blätter; kleine, weiße oder rosagefärbte, in Doldentrauben angeordnete Blüten. Die Pflanze strömt einen aromatischen, charakteristischen Geruch aus. Es existieren mehrere Anbauvarietäten; Juli–Oktober. *Wirksame Inhaltsstoffe:* Die ganze Pflanze enthält ein ätherisches Öl, das aus 40% Terpenen (Pinen, Salinen, Origanol) besteht, ferner expectorierend wirkende Verbindungen, Gerbstoffe. *Eigenschaften:* expectorierend, stimulierend und verdauungsfördernd. *Anwendung, Zubereitung:* Der Majoran wird als Gewürz, besonders zur Herstellung von Wurstwaren, verwendet, daher sein Name »Wurstkraut«. In der Kräuterkunde wird er zu Bädern und Räucherzwecken gebraucht. Aus den Blättern bereitet man ein Infus. *Verwendete Teile:* die blühende Pflanze. *Erntezeit:* Juli–September. *Geschichte:* Der Majoran ist seit langem bekannt und wurde schon von den Arabern und von den Ägyptern als Heilpflanze verwendet.

312 **MARRUBIUM VULGARE** L. [154] **Lamiaceae**
Weißer Andorn (Marrube blanc, Marrube commun / White horehound)

Vorkommen, Standort: in Europa, verstreut. In Heiden und auf trockenen Böden verbreitet. *Beschreibung:* ausdauernde, holzartige, 30–80 cm hohe Pflanze; aufrechter, steifer Stengel. Abgerundete, schwach gezähnte, wollig behaarte, weißlichgrüne Blätter. Weiße, in dichten Scheinquirlen angeordnete Blüten. Die Pflanze riecht nach Thymian. *Wirksame Inhaltsstoffe:* Die Pflanze enthält den Bitterstoff Marrubin, ätherisches Öl und Gerbstoff. *Eigenschaften:* magenstärkend, hustenstillend und expetorierend. *Anwendung, Zubereitung:* Man verwendet ein Infus als Expectorans bei verschiedenen Erkrankungen. In der Homöopathie wird die Tinktur bei Erkrankungen des Magen-, Darm-, Leber- und Galletraktes verwendet. *Verwendete Teile:* die blühende Pflanze. *Erntezeit:* Juni–September. *Geschichte:* Der Weiße Andorn war seit Hippokrates offizinell.

313 **MATRICARIA CHAMOMILLA** L. [137] **Asteraceae**
Kamille, Echte Kamille (Camomille vraie, Petite camomille / Scented mayweed)

Vorkommen, Standort: ganz Europa; Nordasien. Verbreitet; angebaute Äcker, Gärten, Aufschüttungen, Schutt, Abhänge. *Beschreibung:* einjährige, stark aromatische Pflanze; gefiederte Blätter; ziemlich kleine Köpfchen; Mai–September. *Wirksame Inhaltsstoffe:* Der dunkelblaue Extrakt der Blüte (*Ol. Chamomillae*) enthält das antiphlogistisch wirkende Azulen. Die Blüten enthalten Flavonheteroside und Cumarine (Umbelliferon). *Eigenschaften:* carminativ, magenstärkend, antispasmodisch, wundheilend, antiphlogistisch und wirksam gegen Allergien. *Anwendung, Zubereitung:* Das Infus der Blüten (*Flores Chamomillae*) innerlich und äußerlich angewandt lindert viele Leiden. Es ist ein Allheilmittel. *Verwendete Teile:* die Köpfchen. *Erntezeit:* Mai–August. *Geschichte:* Die Kamille wurde seit der Antike verwendet. Die arabische Medizin verschrieb das Öl für Einreibungen.

314 **MELISSA OFFICINALIS** L. [154] **Lamiaceae**
Melisse, Zitronenkraut (Mélisse officinale / Balm)

Vorkommen, Standort: Südeuropa, Mittelmeergegenden. In Korsika wildwachsend und verbreitet, in verschiedenen Gegenden Europas eingeführt. *Beschreibung:* ausdauernde, 40–70 cm hohe Pflanze mit charakteristischem Zitronengeruch. Ovale, spitze, gezähnte, gelblichgrüne Blätter. Sehr kleine, weiße Blüten; Juli–September. *Wirksame Inhaltsstoffe:* ein ätherisches Öl (*Ol. Melissae*), das Citronellal in kleinen Mengen, Citral, vor allem aber Linalool, Geraniol und verschiedene Aldehyde enthält. *Eigenschaften:* magenstärkend, carminativ, diaphoretisch, sedativ und antispasmodisch. *Anwendung, Zubereitung:* Die Melisse wird als Infus verwendet. Diese Pflanze ist Bestandteil des Karmeliten-(Melissen-)geistes. Dieses Präparat wurde im 17. Jahrhundert von den Barfüßerkarmeliten hergestellt. Es wird durch Mazeration der Blätter der Mellisse, von Zitronenschalen, Zimt, Gewürznelken,

Muskatnuß und Koriander mit Weißwein hergestellt. *Geschichte:* Die Alten Griechen und Römer verwendeten schon die Melisse.

315 **MENTHA AQUATICA** L. [156] **Lamiaceae**
Bachminze, Wasserminze (Menthe aquatique / Water mint)

Vorkommen, Standort: nördliche Hemisphäre. Wasseranzeigende Pflanze, sie kommt an Flußufern, feuchten Orten und in Sümpfen vor. *Beschreibung:* formenreiche, kahle Pflanze mit gestielten, ovalen, gezähnten und länglichen Blättern. Die Blüten bilden endständige, abgerundete, rote bis hellviolett gefärbte Köpfchen; Juli–Oktober. *Wirksame Inhaltsstoffe:* Die Blätter enthalten ein ätherisches Öl und Gerbstoff. Das Öl enthält im Gegensatz zur Pfefferminze kein Menthol. *Eigenschaften:* carminativ, galletreibend, antidiarrhöisch, spasmolytisch. *Anwendung, Zubereitung:* Durch das Zusammenwirken von ätherischem Öl und Gerbstoff findet diese Minze verschiedenartige Anwendungen. Das Infus der frischen Blätter als hervorragender windtreibender Tee, wie der Pfefferminztee, aber ohne die Nachteile des Menthols. Die Minze wirkt auch günstig auf die Leber sowie gegen Diarrhöen und besonders gegen Krämpfe. In der Volksmedizin wird ihr, als alkoholisches Präparat, ein nerven- und herzstimulierender Effekt zugeschrieben, der aber nie exakt bewiesen werden konnte! *Botanik:* Diese Minze wird zu zahlreichen Kreuzungen mit den deutschen, englischen und afrikanischen Pfefferminzen verwendet.

316 **MENTHA PIPERITA** L. [156] **Lamiaceae**
Pfefferminze (Menthe poivrée / Peppermint)

Vorkommen, Standort: Bastardpflanze zwischen der Bachminze und der Grünen Roßminze (*Mentha aquatica L. x M. spicata L.*); überall kultiviert. Manchmal wildwachsend; Brachböden, Aufschüttungen, Schutt, in der Nähe von Gärten. *Beschreibung:* ausdauernde, stark nach Menthol riechende Pflanze. Violettblauer Stengel; dunkelgrüne, manchmal purpurfarbene Blätter; lilafarbene, in Trauben angeordnete Blüten. Sie ist fast unfruchtbar und pflanzt sich mit Wurzelsprossen fort. *Wirksame Inhaltsstoffe:* Die ganze Pflanze enthält ein ätherisches Öl (*Ol. Menthae piperitae*), das 50 bis 85% Menthol, ferner Menthon, Jasmon, Alkohole, Aldehyde, Gerb- und Bitterstoffe enthält. *Eigenschaften:* Das Menthol ist ein starkes Aromaticum, das Menthon ein noch stärkeres. Die Minze ist antispasmodisch, galletreibend, stärkend, stimulierend, anregend und in höheren Dosen ein Aphrodisiacum. *Anwendung, Zubereitung:* Das Infus der Blätter und die Öle finden innerliche Anwendung bei Nervosität, Schlaflosigkeit, Krämpfen, Schwindel, nervösem Erbrechen, Husten, Migräne und Verdauungsschwäche. In mehreren Ländern wird die Minze als Gewürz und zur Bereitung von Soßen gebraucht. Schließlich bereitet man damit Liköre und Sirupe. Im industriellen Maßstab wird das Menthol aus dem japanischen Minzenöl (*Mentha japonica*) gewonnen, das davon 92% enthält. Man braucht 1 Tonne Blätter zur Gewinnung von 2 Litern Öl. Die Anwendungen des Menthols zum Aromatisieren sind unbeschränkt. *Geschichte:* Die Pfefferminze war schon von den Alten Ägyptern und Hebräern geschätzt. *Bemerkung:* Es gibt zahlreiche wildwachsende Bastardminzen. Alle enthalten ätherische Öle mit unterschiedlicher chemischer Zusammensetzung.

317 **MEUM ATHAMANTICUM** Jacquin [147] **Apiaceae**
Bärwurz (Fenouil des Alpes, Méon / Spignel-meu)

Vorkommen, Standort: Gebirgsgegenden Europas. Ziemlich selten, Weiden, feuchte Wiesen. *Beschreibung:* ausdauernde, 25–50 cm hohe, aromatische Pflanze; hohler, an der Basis von alten Blattresten umgebener Stengel; kahle Blätter mit fadenförmigen Segmenten. Sehr feine, weiße Blüten. Die Pflanze strömt einen aromatischen Geruch aus. Juni/Juli. *Wirksame Inhaltstoffe:* Die Wurzel (*Rad. Mei*) enthält ein ätherisches Öl, Harz und Gummi. *Eigenschaften:* wirkt als Antisepticum, Expectorans, Aperitivum. *Anwendung, Zubereitung:* In der Homöopathie verwendet man eine Tinktur der frischen Wurzel gegen Asthma, Blasenschmerzen und Amenorrhöe.

318 **MYRRHIS ODORATA** (L.) Scopoli **Apiaceae**
Süßdolde, Aniskerbel (Cerfeuil musqué / Sweet cicely)

Vorkommen, Standort: ganz Europa, manchmal wildwachsend oder kultiviert. Im Gebirge an steinigen Hängen, in hellen Wäldern und Lichtungen. In Belgien kultiviert. *Beschreibung:* ausdauernde, aromatische, 70–150 cm hohe Pflanze; zerquetschte Blätter strömen einen anisähnlichen Geruch aus; weiße, in großen Dolden angeordnete Blüten. Juni/Juli. *Wirksame Inhaltsstoffe:* Die Pflanze liefert ein anetholhaltiges ätherisches Öl. *Eigenschaften:* Die Süßdolde wirkt stärkend und diuretisch. *Anwendung, Zubereitung:* Auf dem Land wird sie an Stelle des Kerbels verwendet, um den Blutdruck zu senken, sie ist auch Bestandteil gewisser Liköre (Chartreuse).

319 **NEPETA CATARIA** L. [150] **Lamiaceae**
Echte Katzenminze, Katzenkraut (Népéta des chats, Herbe aux chats / Wild catmint)

Vorkommen, Standort: in Europa verstreut. Ziemlich selten; Aufschüttungen, Abhänge, Brachflächen, Wegränder; an vielen Orten wildwachsend. *Beschrei-*

bung: ausdauernde, graufarbene Pflanze. 20–60 cm hoher Stengel. Gestielte, wollig behaarte, herzförmige, am Rande gezähnte Blätter. Weiße Blüten, die eine verzweigte Ähre bilden. Die Pflanze strömt einen charakteristischen Geruch nach Minze aus, der Katzen anzieht, daher ihr Name; Juli–September. *Wirksame Inhaltsstoffe:* Die Pflanze enthält ein ätherisches Öl, das Carvacrol, Nepetol, Thymol und Nepetalacton enthält. *Eigenschaften:* antidiarrhöisch. *Anwendung, Zubereitung:* In der Volksmedizin wird die Echte Katzenminze bei chronischer Bronchitis und Diarrhöe verwendet.

320 **OCIMUM BASILICUM L.** **Lamiaceae**
Basilikum, Basilienkraut, Königskraut (Basilic / Basil)

Vorkommen, Standort: Südasien, Indien. In allen tropischen und subtropischen Gegend vorkommend. In den gemäßigten Ländern kultiviert. *Beschreibung:* ausdauernde, 20–50 cm hohe buschige Pflanze; lanzettliche, hellgrüne Blätter; weiße oder rosafarbene Blüten; die Pflanze ist sehr aromatisch; Juli/August. *Wirksame Inhaltsstoffe:* Die Pflanze enthält ein ätherisches Öl wechselnder Zusammensetzung, dessen Hauptbestandteil Estragol ist, daneben Linalool, Lineol und Kampher. Außerdem enthalten die Blätter Gerbstoff. *Eigenschaften:* Das Basilienkraut ist ein magenwirksames Antispasmodicum, stärkendes Stomachicum, Carminativum und ein Galactagogum. Sein Gebrauch als Gewürz ist allgemein verbreitet. *Anwendung, Zubereitung:* wird als Infus verabreicht. In der Homöopathie bereitet man eine Tinktur aus den frischen Blättern. *Verwendete Teile:* die ganze getrocknete Pflanze (*Herba Basilici*).

321 **OENANTHE AQUATICA** (L.) Poiret **Apiaceae**
Syn. *Phellandrium aquaticum*
Wasserfenchel (Oenanthe aquatique / Fine-leaved-Water-dropwort)

Vorkommen, Standort: In Europa verstreut. Verbreitet, aber nur an gewissen Orten; stehende oder sehr langsam fließende Gewässer. *Beschreibung:* zweijährige, im Wasser wachsende Pflanze; fleischige, hohle, 40–120 cm lange Stengel; glänzende, fein geteilte, gefiederte Blätter. Weiße, in Dolden angeordnete, auf kurzen Stielen stehende Blüten; Juni–September. *Wirksame Inhaltsstoffe:* Die giftigen Samen (*Fruct. Phellandrii*) enthalten ein ätherisches Öl, das aus 8% Phellandren und mehreren anderen charakteristischen Verbindungen dieser Gruppe, sowie Bergapten (ein Furanocumarin) besteht. *Eigenschaften:* Früher offizinell, wurden die Samen als Expectorans, Diaphoreticum, Carminativum und Diureticum verwendet. Die Wasserfencheltinktur wird in der Homöopathie verschrieben. *Anwendung, Zubereitung:* Dekokt oder Mazeration der Samen. *Verwendete Teile:* die Samen. *Erntezeit:* Juli–September.

322 **ONONIS SPINOSA L.** [137] **Fabaceae**
Hauhechel (Bugrane épineuse, Arrête-boeuf / Spring rest-harrow)

Vorkommen, Standort: ganz Europa. Ziemlich häufig; Äcker, trockene Wiesen, bevorzugt Lehm- und Kalkböden. *Beschreibung:* ausdauernde, manchmal verholzende Pflanze; steife, 25–40 cm hohe Stengel, die mit spitzen Stacheln versehen sind. Kleine, dreiblättrige oder ungeteilte, dunkelgrüne Blätter. Lebhaft rosa gefärbte Blüten; Juli–September. *Wirksame Inhaltsstoffe:* Die Wurzel (*Radix Ononidis*) enthält ein ätherisches Öl, ein Flavonglykosid, Ononin, Onocerin, Ononid und andere Bestandteile. *Eigenschaften:* diuretisch. *Anwendung, Zubereitung:* Man verwendet ein Infus bei Harngrieß und verschiedenen Erkrankungen der Harnwege. *Verwendete Teile:* die Blüten und die Wurzeln. *Erntezeit:* März bis April und September bis Oktober (Wurzeln), Juli bis September (Blüten). *Geschichte:* Der Dornige Hauhechel ist seit dem 16. Jahrhundert offizinell.

323 ORIGANUM VULGARE L. [158] **Lamiaceae**
Dost, Kostets, Wilder Majoran (Origan, Marjolaine sauvage / Origan)

Vorkommen, Standort: ganz Europa. Sehr häufig; trockene und steinige Orte. *Beschreibung:* ausdauernde, aromatische Pflanze; aufrechte, bis 60 cm hohe Stengel. Ovale, schwach gezähnte Blätter; purpurrosa gefärbte, sehr zahlreiche, in Doldenrispen angeordnete Blüten; Juli-September. *Wirksame Inhaltsstoffe:* Die Pflanze enthält ein ätherisches Öl, (Ol. Origani), das aus 16% Thymol, Carvacrol, Origanen besteht, ferner Gerbstoff. *Eigenschaften:* antispasmodisch, magenstärkend, windtreibend, diaphoretisch, hustenstillend und expectorierend. *Anwendung, Zubereitung:* Der Wilde Majoran wird als Infus bei heftigem Husten, Keuchhusten und anderen Erkrankungen der Luftwege verwendet, äußerlich in Form von Einreibungen, beruhigenden und stärkenden Bädern. *Verwendete Teile:* die blühende Pflanze. *Erntezeit:* Juli–Oktober.

324 PIMPINELLA ANISUM L. **Apiaceae**
Anis (Anis cultivé / Anise)

Vorkommen, Standort: in den östlichen Mittelmeerländern, Ägypten. In verschiedenen Ländern kultiviert: besonders Spanien und Rußland; manchmal wildwachsend. *Beschreibung:* einjährige, wollig behaarte Pflanze; aufrechter, bis 60 cm hoher Stengel; die unteren Blätter sind langgestielt, herzförmig, eingeschnitten und gezähnt, die oberen gefiedert. Gelblichweiße, in breiten Dolden angeordnete Blüten. Die Frucht besteht aus zwei Samen, die fest miteinander verbunden sind. Die ganze Pflanze ist aromatisch. Juli/August. *Wirksame Inhaltsstoffe:* Die Samen enthalten 2–6% farbloses, ätherisches Öl (*Ol. Anisi*), das bis 90% Anethol und Estragol (Methylchavicol) enthält. Außerdem enthalten die Samen 30% fettes Öl und Cholin. *Eigenschaften:* Das Anisöl ist ein starkes Spasmolyticum und Carminativum, das Anethol stimuliert die Drüsentätigkeit, daher trotz des Gehaltes an östrogenen Substanzen ein hervorragendes Galactagogum. *Anwendung, Zubereitung:* Das Öl wird durch Destillation der Samen gewonnen. Es wird immer stark verdünnt verwendet. Das Infus der Samen wird als eines der besten Mittel bei Blähungen angesehen. Der Anis wird auch zu Tinkturen (*Tinct. Anisi*) und zu Likören verarbeiten. In der Likör- und Parfümerie-Industrie verwendet man den Anis in großen Mengen; er wird auch beim Kochen allgemein gebraucht. *Verwendete Teile:* die reifen Samen (*Fruct. Anisi*). *Geschichte:* Die aromatischen Eigenschaften des Anis sind seit der frühesten Antike in Ägypten bekannt.

325 **PIMPINELLA SAXIFRAGA L.** **Apiaceae**
Kleine Bibernelle (Petit boucage, Boucage saxifrage / Burnet saxifrage)

Vorkommen, Standort: Europa. Überall sehr häufig, auf trockenen Kalkböden. *Beschreibung:* ausdauernde, 40–60 cm hohe Pflanze. Verschiedenartige, kahle, derbe Blätter mit breiten Segmenten. Juli–September. *Wirksame Inhaltsstoffe:* Die Wurzel enthält ein ätherisches Öl, Pimpinellin, Isopimpinellin, Gerbstoff und Harz. *Eigenschaften:* antispasmodisch, magenstärkend, diuretisch. *Anwendung, Zubereitung:* Die Wurzel (*Rad. Pimpinellae*) dient zur Bereitung einer Tinktur, die in der Volksmedizin gegen Angina, Pharyngitis, Laryngitis und Bronchitis verwendet wird. Die frische Wurzel wirkt antidiarrhöisch. Die homöopathische Tinktur wird bei Kopfschmerzen und Nasenbluten empfohlen. *Erntezeit:* März/April und September/Oktober.

326 **PINUS SYLVESTRIS** L. [161] **Pinaceae**
Waldkiefer, Föhre (Pin silvestre, Daille / Scots pine)

Vorkommen, Standort: ganz Europa. Sehr häufig auf leichten, sandigen Böden; oft gepflanzt und kultiviert. *Beschreibung:* Baum mit immergrünem, breitem Laubkranz; rötliche Rinde; nadelförmige, dunkelgrüne, 5–7 cm lange Blätter; die männlichen Blüten sind rötlichgrün; die Samenzapfen sind klein und holzartig. Mai/Juni. *Wirksame Inhaltsstoffe:* Der ganze Baum enthält ätherische Öle, die Blätter Pinen, Caren, Limonen, Bornylacetat. Der Stamm und die Rinde führen ein balsamisches Harz, das Terpentin. Das Öl der jungen, harzhaltigen Zweige besteht aus Estern, Phellandren und Pinen. Außerdem enthält die Waldkiefer verschiedene Glykoside (Pinicrin, Picein und Coniferosid). *Eigenschaften:* Die Waldkiefer produziert mehrere offizinelle Substanzen, das Harz Terebinthina und das Öl, das man aus dieser Substanz extrahiert (*Ol. Terebinthinae*), die Knospen (*Turiones Pini*) und das Knospenöl (*Ol. Pini silvestris*). *Anwendung, Zubereitung:* Die verschiedenen offizinellen Präparate werden in Form von Bädern und Einreibungen verwendet. In der Homöopathie wird das innerlich verabreichte Öl gegen Rheumatismus, Ischias, chronische Tracheitis, Husten, Pneumonie und Nephritis empfohlen.

327 **POLYGONUM PERSICARIA** L. [162] **Polygonaceae**
Pfirsichblättriger Knöterich (Renouée persicaire, Pied rouge / Redleg)

Vorkommen, Standort: Europa und über die ganze Erde verbreitet. Überall sehr häufig; als Unkraut auf angebauten Äckern. *Beschreibung:* einjährige Pflanze mit ausgedehntem Wuchs; kahle, rote, 20–50 cm lange Stengel; lanzettliche, dünne, in der Mitte dunklere, unterseits silbrig behaarte Blätter; rosa gefärbte Blüten, die endständige, längliche Ähren bilden; Juli–Oktober. *Wirksame Inhaltsstoffe:* Die Pflanze enthält ein ätherisches, stark reizendes Öl mit Persicariol. Außerdem enthält sie die Flavonoide Quercetin und Persicarin, ferner Gerbstoffe. *Eigenschaften:* In der Volksmedizin wird dieser Knöterich gegen Arthritis, Lungenerkrankungen, Diarrhöe, Gelbsucht und chronische Ekzeme empfohlen.

328 **ROSMARINUS OFFICINALIS** L. [163] **Lamiaceae**
Rosmarin (Rosmarin / Rosmarin)

Vorkommen, Standort: Mittelmeerländer. Häufig in Macchien und auf Heiden, an mehreren Orten wildwachsend. *Beschreibung:* bis 1m hoher Zwergstrauch; lanzettliche, dicke, lederartige, dunkelgrüne Blätter. Kleine, lebhaft blau oder hellviolett gefärbte Blüten. Die Pflanze strömt einen starken Kampfergeruch aus. Mai—Juli. *Wirksame Inhaltsstoffe:* Die Blätter und die Blüten enthalten ein ätherisches Öl (*Ol. Rosmarini*), das reich an Terpenen (Borneol, Kampfer, Cineol und Pinen) ist. *Eigenschaften:* Der Rosmarin ist ein hervorragendes Stimulans und Antispasmodicum, er regt die Gallensekretion an. Nach übermäßigen Dosen sind tödliche Vergiftungen bekannt geworden. *Anwendung, Zubereitung:* In der Volksmedizin wird das Infus der Blätter als Stomachicum, Antispasmodicum, Carminativum, Cholagogum, Rubefaciens und als starkes Emmenagogum verwendet. Auf dem Land wurde es früher als Abortivum benutzt. Die in Wein gekochten Blätter oder das zur Salbe verarbeitete Rosmarinöl werden äußerlich gegen Rheumatismus und zur Behandlung von Verstauchungen, Quetschungen, skrofulösen Geschwüren, Wunden, Ekzemen verwendet. Als Gurgelwasser wirksam gegen Mundfäule. Stärkende Bäder mit Rosmarinzusätzen bei schwächlichen Kindern und Rheumatikern. Außer seinen therapeutischen Anwendungen wird der Rosmarin als Gewürz für Fleisch und Fisch, besonders in der provenzalischen und italienischen Küche gebraucht. *Verwendete Teile:* Blätter und blühende Sprosse (*Folia Rosmarini*). *Geschichte:* Die Griechen und Römer schätzten den Rosmarin. In den Gärten des Mittelalters kultiviert; er wurde früher als Weihrauch verbrannt und seit dem 16. Jahrhundert in der Kosmetik verwendet.

329 **SALVIA OFFICINALIS** L. [163] **Lamiaceae**
Salbei, Garten-Salbei (Sauge officinale / Sage)

Vorkommen, Standort: Südeuropa, Mittelmeerländer. Eingeschleppt und eingebürgert oder in manchen Gegenden Zentraleuropas wildwachsend. *Beschreibung:* 50–80 cm hoher Halbstrauch mit verholzter Basis, krautartige, aufrechte Stengel; längliche, ovale, lanzettliche, graugrüne Blätter mit feinem Wabenmuster; violett gefärbte, in Ähren angeordnete Blüten; Juni/Juli. *Wirksame Inhaltsstoffe:* Die ganze Pflanze enthält ein ätherisches Öl (Ol. *Salviae*), bestehend aus 50% Thujon, 15% Cineol, Kampher, Bitterstoffen (Picrosalvin etc.), Gerbstoffen. *Eigenschaften:* Die bedeutendste therapeutische Eigenschaft ist die Hemmung der Schweißsekretion. Diese Wirkung tritt 2 Stunden nach Einnahme ein und kann mehrere Tage dauern. Der Salbei hemmt die Milchabsonderung; ist ein stimulierendes Spasmolyticum, Antidiarrhoicum mit deutlicher östrogener Wirkung. *Anwendung, Zubereitung:* Infus, Extrakt und Tinktur (*Tinct. Salviae*). Das Salbeiinfus wird bei Nervenstörungen, Schwindel, Zittern und Depressionen verschrieben; Salbei ist wirkungsvoll gegen Amenorrhöe, Dysmenorrhöe, Leucorrhöe. Er wird allgemein als Gewürz gebraucht. *Verwendete Teile:* die Blätter (*Folia Salviae*), die im Schatten getrocknet wurden. *Geschichte:* seit der frühesten Antike verwendet. Die Alten Ägypter ließen ihre Frauen Salbeitee trinken, damit sie fruchtbar würden.

330 **SALVIA PRATENSIS L. [163]** **Lamiaceae**
Wiesen-Salbei (Sauge des pres / Meadow sage)

Vorkommen, Standort: ganz Europa. Sehr häufig auf trockenen Wiesen. *Beschreibung:* ausdauernde, 30–60 cm hohe Pflanze. Wenig aromatisch. Lange, schmale, undeutlich gezähnte, kahle Blätter; blauviolette, 2 cm lange Blüten; Mai–Juli. Der Wiesen-Salbei enthält weniger ätherisches Öl als der Garten-Salbei und hat keine medizinische Anwendung.

331 **SATUREJA HORTENSIS L.** **Lamiaceae**
Bohnenkraut (Sariette des jardins, Sariette commune / Basil)

Vorkommen, Standort: Südeuropa, Mittelmeerländer. Überall als Gewürz kultiviert, wildwachsend und an zahlreichen Orten beheimatet. *Beschreibung:* einjährige, 15–30 cm hohe Pflanze; aufrechter, verzweigter, mehr oder weniger kahler Stengel; lanzettliche oder lineale, am Rand behaarte Blätter; gestielte Blüten, hell-lila gefärbte oder weiße, innen grüne oder violette Blütenkronen. Die Pflanze strömt einen starken aromatischen Geruch aus; Juni bis September. *Wirksame Inhaltsstoffe:* Die Pflanze enthält 1,4% ätherisches Öl, das u. a. aus ungefähr 30% Carvacrol und 20% Cymol besteht. *Eigenschaften:* magenstärkend, carminativ, expectorierend. Es ist ein hervorragendes Antidiarrhoicum, nervenstimulierendes Mittel und Aphrodisiacum. *Anwendung, Zubereitung:* Der Gebrauch des Bohnenkrautes als Gewürz wird durch seine magenstärkende Wirkung gerechtfertigt. Als Gurgelwasser wirkungsvoll gegen Halsschmerzen. Es wird als Infus verwendet. *Verwendete Teile:* der oberirdische, im Schatten getrocknete Teil der Pflanze (*Herba Saturejae*). Die Droge wird in gut schließenden Gefäßen aufbewahrt. *Erntezeit:* Juli/August. *Geschichte:* Der »Salbei der armen Leute«, so nannte Tragus (1552) das Bohnenkraut, war ein seit der Antike bekanntes Gewürz. Sein Anbau wurde von Karl d. G. in seinem »Capitulare de Villis« empfohlen. 1582 wurde das Bohnenkraut erstmals erwähnt.

332 **SIUM LATIFOLIUM L. [134]** **Apiaceae**
Großer Merk, Merk, Merle (Berle à larges feuilles / Waterparsnip)

Vorkommen, Standort: Europa. In stehenden oder sehr langsam fließenden Gewässern, verstreut. *Beschreibung:* ausdauernde, im Wasser wachsende Pflanze mit breiten Blättern. *Blütezeit:* Juli/August. *Wirksame Inhaltsstoffe:* Die Samen enthalten 6% ätherisches Öl, das 80% Limonen enthält. In der Wurzel findet man eine harzartige giftige Substanz. *Eigenschaften:* Die Einnahme des Großen Merk verursacht Erbrechen, Diarrhöen, einen allgemeinen Schwächezustand, Bradykardie und Muskellähmung. *Anwendung, Zubereitung:* Der Große Merk hat heute praktisch keine therapeutische Anwendung mehr.

333 **TEUCRIUM CHAMAEDRYS L. [148]** **Lamiaceae**
Heidegamander (Germandrée petit chêne / Wall Germander)

Vorkommen, Standort: ganz Europa. Verbreitet auf steinigen Kalkböden, trockenen Wiesen, Heiden. *Beschreibung:* ausdauernde, buschige, 30 cm hohe Pflanze; oval-spitze, gezähnte, glänzende Blätter; purpurfarbene Blüten, die kurze und beblätterte Ähren bilden. *Wirksame Inhaltsstoffe:* ätherisches Öl, Gerbstoff, Bitterstoffe. *Eigenschaften:* stimulierend, diuretisch und galletreibend. Der Heidegamander ist ein Volksheilmittel und wird heute selten verwendet.

334 **THYMUS SERPYLLUM** (L.) Fries [165] **Lamiaceae**
Feld-Thymian, Kleiner Kostets, Quendel (Serpolet à feuilles étroites / Wild thyme)

Vorkommen, Standort: ganz Europa. Verbreitet auf trockenen Wiesen. An manchen Orten häufig. *Beschreibung:* ausdauernde, liegende, rasenbildende, Ausläufer treibende, duftende Pflanze. Ovale, sehr kleine, aufrechte Blätter; Blütenstengel behaart und zylindrisch; purpurfarbene, sehr kleine Blüten; Juli/August. *Wirksame Inhaltsstoffe:* Die Pflanze enthält ein ätherisches Öl (*Ol. Serpylli*), das Cymol, Thymol, Carvacrol und Gerbstoffe enthält. *Eigenschaften:* aromatischer Bitterstoff, stärkend, expectorierend, antispasmodisch, als desinfizierendes Mittel bei Verdauungsstörungen. *Anwendung, Zubereitung:* Der Feld-Thymian (*Herba Serpylli*) ist Bestandteil aromatischer Auszüge. Er wird als Infuß verwendet, in der Homöopathie findet sich ein Extrakt der frischen Pflanze. Er stellt ein hustenstillendes Mittel dar. *Verwendete Teile:* die blühende Pflanze. *Erntezeit:* Juli/August.

335 **THYMUS VULGARIS** L. [165] **Lamiaceae**
Garten-Thymian (Thym cultivé / Garden Thyme)

Vorkommen, Standort: Mittelmeerländer. In Süd- und Zentraleuropa kultiviert. An gewissen Orten heimisch und wildwachsend. *Beschreibung:* Zwergstrauch, der nicht höher als 40 cm ist; sieht graufarben aus. Aufrechte, holzartige, stark verzweigte, viereckige Stengel. Kleine, ovale, am Rand eingerollte, unterseits wollig behaarte Blätter. Kleine, rosafarbene, in Doldentrauben angeordnete Blüten. Die Pflanze strömt einen starken, charakteristischen, aromatischen Geruch aus; Mai–Oktober. *Wirksame Inhaltsstoffe:* Die Pflanze enthält bis zu 2,5% ätherisches Öl (*Ol. Thymi*), das aus 40% Thymol, Carvacrol, Cymol, Borneol, Linalool besteht, daneben Gerbstoffe, Bitterstoffe und antibiotisch wirksame Substanzen. *Eigenschaften:* Das Thymol ist ein sehr starkes Antisepticum, 25mal wirksamer als Phenol und von geringerer Reizwirkung auf Schleimhäute, wirkungsvolles Desodorans und Vermifugum (Askaris und Spulwürmer). Der Thymianextrakt ist antispasmodisch und windtreibend. *Anwendung, Zubereitung:* Die Gewürzeigenschaften des Thymians sind allgemein bekannt. In der Therapie verwendet man ein Infus, einen konzentrierten flüssigen Extrakt (*Extr. Thymi fluidum*) und ein Liniment bei Geschwüren, Wunden und gewissen Pruritisfällen. Der Thymian wird auch als Badezusatz, zu Kompressen und zu Gurgelwässern gebraucht, als Infus und Extrakt innerlich bei Darmschwäche, Anorexie, Dyspepsie und chronischer Gastritis. Der Thymian findet Anwendung als Antidiarrhoicum und lindert akute Bronchitis, Laryngitis und Krampfhusten. *Verwendete Teile:* die krautartigen blühenden Zweige (*Herba Thymi*). *Geschichte:* Der Thymian ist seit der Antike bekannt. Im 16. Jahrhundert wurde der Thymian in Pharmacopöen aufgenommen.

336 **TILIA CORDATA** Miller [165] **Tiliaceae**
Kleinblättrige Linde, Steinlinde (Tilleul à petites feuilles / Small-leaved lime)

Vorkommen, Standort: ganz Europa. Häufig; Unterholz, lichte Wälder. *Beschreibung:* unebener Stamm, glatte, dunkelbraune Rinde. Herzförmige, unterseits blaugrüne Blätter. Aufrechte Blütenstände; Juni/Juli. *Wirksame Inhaltsstoffe:* Die Blüten enthalten ein ätherisches Öl, dem das Farnesol seinen angenehmen Geruch gibt, ferner Flavonolglykoside, Katechin-Gerbstoffe und eine bedeutende Menge Pflanzenschleim. Die Rinde enthält Polyphenole und Cumarine. *Eigenschaften:* hustenstillend, diaphoretisch, antispasmodisch, erweichend. *Anwendung, Zubereitung:* Die offizinellen Blüten (*Flor. Tiliae*) werden in Infusform als Diaphoreticum, Antispasmodicum und gegen Katarrhe der Luftwege verwendet. Die Rinde wird als Cholereticum benutzt. *Verwendete Teile:* die Blüten und die Rinde ohne Kork. *Erntezeit:* Juni/Juli, die Rinde im Winter.

337 **TILIA PLATYPHYLLOS** Scopoli **Tiliaceae**
Sommerlinde (Tilleul à larges feuilles / Largeleaved lime)

Vorkommen, Standort: ganz Europa. Sehr häufig in lichten Laubwäldern. *Beschreibung:* Baum mit aufrechtem Stamm. Die jungen Zweige sind wollig behaart; große, unterseits kahle Blätter mit hervortretenden Nerven. In Dreiergruppen stehende Blüten, die größer als die der Kleinblättrigen Linde sind; Juni/Juli. Therapeutische Eigenschaften und Anwendungen wie bei der vorigen Art.

338 **VALERIANA OFFICINALIS** L. [167] **Valerianaceae**
Baldrian (Valériane officinale, Herbe aux chats / Common valerian)

Vorkommen, Standort: ganz Europa. Sehr häufig in der Nähe von Gewässern, in Lichtungen und lichtem Unterholz. *Beschreibung:* ausdauernde, sehr formenreiche Pflanze mit einfachem, 20–120 cm hohem Stengel; gefiederte Blätter mit gezähnten Blättchen; kleine hellrosa, in endständigen, dichten Doldentrauben angeordnete Blüten. Juni–August. *Wirksame Inhaltsstoffe:* Die Wurzel enthält ein ätherisches Öl, das aus flüchtigen Estern, z. B. Bornyl-Isovalerianat und Butyrat besteht, ferner Alkaloide (Chatinin und Valerin), die erst kürzlich isolierten »Valepotriate«, die in erster Linie für die beruhigende Wirkung des Baldrians verantwortlich sein dürften, daneben Gerbstoffe und Polysaccharide. *Eigenschaften:* antispasmodisch, beruhigend und magenstärkend. *Anwendung, Zubereitung:* Obwohl die wässerigen Extrakte wirksamer sind, verwendet man meistens eine Tinktur aus der Wurzel (*Rad. Valerianae*) als Nervenberuhigungsmittel. Sie wird bei Nervenstörungen, Hysterie, Neurasthenie, Migräne und Verdauungsstörungen verwendet. *Verwendete Teile:* der Wurzelstock mit den Wurzeln. *Erntezeit:* August bis Oktober. *Geschichte:* Die offizinelle Verwendung des Baldrians stammt aus dem Mittelalter.

339 **VERBENA OFFICINALIS L.** [167] **Verbenaceae**
Eisenkraut (Verveine officinale / Vervain)

Vorkommen, Standort: ganz Europa. Sehr häufig; trockene Wiesen, Abhänge, Straßenränder. *Beschreibung:* ausdauernde, 30–60 cm hohe Pflanze; sehr steife, viereckige Stengel. Lanzettliche, gegenständige Blätter; sehr kleine, in länglichen und dünnen Ähren angeordnete Blüten; Juni–September. *Wirksame Inhaltsstoffe:* Die Pflanze enthält die zwei Glykoside Verbenalin und Verbenin, ein ätherisches Öl, Gerbstoff, Pflanzenschleim und einen Bitterstoff. *Eigenschaften:* diuretisch, die Milchsekretion anregend, die Monatsblutung fördernd, wundheilend, stimulierend und antidiarrhöisch. *Anwendung, Zubereitung:* Das Eisenkraut war früher offizinell (*Herba Verbenae*), es wird aber heute nur mehr in der Homöopathie in Form einer Tinktur verwendet. In der Volksmedizin als Infus oder Dekokt zur Wundheilung. *Verwendete Teile:* die ganze blühende Pflanze. *Erntezeit:* Juni–September. *Geschichte:* Alle Völker der Frühzeit kannten und verwendeten verschiedene Eisenkraut-Arten. Im Mittelalter bereitete man aus ihm Zaubersalben.

Kapitel 16 Pflanzen mit organischen Säuren

In der Natur entstehen die organischen Säuren aus den entsprechenden Aldehyden durch Oxydation. Ihre chemischen Eigenschaften sind denen der anorganischen Säuren sehr ähnlich. Zur Zeit der Fruchtbildung ist der Gehalt an Hydroxysäuren (Zitronen-, Weinsäure) in den Pflanzen am höchsten. Sie spielen eine bedeutende Rolle bei der ganzen Entwicklung der Pflanzen und kommen vergesellschaftet mit Alkaloiden, ätherischen Ölen, Pflanzenschleim, Pektinen, Zucker und Gerbstoffen vor.

Die organischen Säuren machen einen Teil des Nährwertes und des erfrischenden Charakters von Fruchtsäften aus. Das Vitamin C, eine Hydroxysäure, kann man, wie alle anderen Säuren, sowohl in den Blättern einer Pflanze (Petersilie, Löwenzahn) als auch in unterirdischen Teilen (Kartoffel) antreffen.

Die Zitronen- und die Weinsäure erhöhen den Speichelfluß und wirken wegen ihrer bactericiden Eigenschaften gegen Zahnfäule und andere Infektionen der Mundhöhle. Sie wirken auch schwach abführend und diuretisch, denn sie werden nur sehr langsam resorbiert. Dadurch erhöht sich der osmotische Druck, und es kommt durch Einsickern von Wasser zur Verflüssigung des Darminhaltes. Deshalb sind sie angezeigt bei Hämorrhoiden oder nach einem chirurgischen Eingriff, um jede Überanstrengung der Unterleibsmuskulatur zu vermeiden.

Die Gallussäure und die Äpfelsäure wirken adstringierend und entfalten eine stopfende Wirkung.

Die Salizylsäure, eine Phenolcarbonsäure, und die Salizylate besitzen antirheumatische Wirkung, lindern Entzündungen und Schmerzen. Die Vertreter dieser Gruppe sind im Kapitel »Pflanzen mit einfachen, phenolischen Heterosiden« beschrieben.

Die Säfte von säuerlich schmeckenden Früchten werden zur Bereitung von Erfrischungsgetränken verwendet oder Medikamenten als Geschmackskorrigens zugesetzt. Außer Säuren enthalten solche Säfte Zucker, Mineralsalze und bedeutende Mengen von Vitaminen. Ihr Nährwert und Anwendungsbereich in der Diätetik erhöht sich dadurch bedeutend.

Unter den organischen Säuren, die in den Heilpflanzen vorkommen, sei auch die Oxalsäure erwähnt, die in freier und gebundener Form (Kaliumsalze) anzutreffen ist. Sie fördert die Bildung von Nierensteinen und erniedrigt den für Herz und Kreislauf so wichtigen Calciumgehalt. Sie kommt z. B. in den Blättern des Sauerampfers (*Rumex*), des Sauerklees (*Oxalis*) und des Rhabarbers (*Rheum*) vor. Aus diesem Grund sollen diese Pflanzen nicht für längere Kuren gebraucht werden. Wegen ihres Oxalsäuregehaltes darf man auch die Blätter nicht für die Bereitung des Rhabarberkompotts verwenden.

340 **ARISTOLOCHIA CLEMATITIS** L. [132] **Aristolochiaceae**
Osterluzei (Aristoloche clématite, Pipe / Birthwort)

Vorkommen, Standort: ganz Mittel- und Südeuropa. In Unterholz, Hecken, in der Nähe von bewohnten Ortschaften, verstreut. Wildwachsend, früher kultiviert. *Beschreibung:* ausdauernde Pflanze, die Kolonien bildet. Die großen, hellgrünen, herzförmigen, kahlen Blätter strömen einen unangenehmen Geruch aus. Hellgelbe, lange, röhrenförmige Blüten, die in Trauben an der Basis der Blätter erscheinen. Juni–September. *Wirksame Inhaltsstoffe:* Der Wurzelstock und der Stengel enthalten die Aristolochiasäure und das kristallisierbare Aristolochin, ein ätherisches Öl und verschiedene, noch weitgehend unbekannte Verbindungen. *Eigenschaften:* Die Aristolochiasäure wirkt stark reizend auf die Kapillargefäße, der Wirkung des Colchicins ähnlich, entfaltet beträchtliche antibiotische Eigenschaften. Sie wurde früher als Abortivum und bei Entbindungen verwendet. *Anwendung, Zubereitung:* Das Dekokt der frischen Pflanze wird zur Behandlung von infizierten Wunden und chronischen Geschwüren empfohlen. Innerlich wird es als Emmenagogum bei Menorrhagien, Dysmenorrhöe und anderen Menstruationsbeschwerden, ferner zur Behandlung von Arthritis und Rheumatismus verwendet. Die Bauern verwenden sie immer schon als Abortivum und gegen Schlangenbisse. *Geschichte:* Die Osterluzei ist eine sehr alte Heilpflanze. In der Antike wurde sie von den Ägyptern gegen Schlangenbisse verabreicht. Hippokrates verwendete sie bei Entbindungen.

341 **COLUTEA ARBORESCENS** L. [135] **Fabaceae**
Blasenstrauch (Baguenaudier arborescent / Bladder senna)

Vorkommen, Standort: Europa und Westasien. Selten und verstreut auf Kalkböden, Unterholz, buschige Hänge. *Beschreibung:* 1–3 m hoher Strauch; wechselständige, gefiederte Blätter mit kahler Unterseite. Dunkelgelbe, rot gefleckte Blüten. Sie sind ungefähr 1 cm lang und in Trauben angeordnet. Die bauchige Hülse sieht wie eine 6–8 cm lange, pergamentartige Blase aus. Mai–Juli. *Wirksame Inhaltsstoffe:* Die Blätter enthalten mehrere sauer und bitter schmeckende Verbindungen, die Samen sind reich an fettem Öl. Diese Substanzen sind noch nicht restlos definiert. *Anwendung, Zubereitung:* Der Blasenstrauch wird in der Volksmedizin als Diureticum, Laxans und Depurativum verwendet. Seine Wirksamkeit ist verhältnismäßig schwach, er kann gut durch andere Drogen ersetzt werden.

342 **DRYOPTERIS FILIX-MAS** (L.) Schott [146] **Polypodiaceae**
Wurmfarn, Waldfarn, Federfarn (Fougère mâle / Male fern)

Vorkommen, Standort: über ganz Europa und die Erde verbreitet. Sehr häufig in Wäldern. *Beschreibung:* kräftig, bis 120 cm hoch, lanzettliche, gefiederte, direkt aus dem Rhizom entspringende Wedel. Trägt Sporangien von Juni bis September. *Wirksame Inhaltsstoffe:* Die Pflanze enthält einen Wirkstoffkomplex (Filicin), bestehend aus Aspidinol, Albaspidin, Phloraspin und Filicinsäure. *Eigenschaften:* Der Wurm-Farn ist giftig und wirkt anthelminthisch; er hat eine spezifische, lähmende Wirkung auf verschiedene Bandwürmer, tötet diese aber nicht ab. *Anwendung, Zubereitung:* Der pulverisierte Wurzelstock (*Rhiz. Filicis*) und der Wurzelstockextrakt werden als Vermifugum verwendet. Es ist notwendig, diese Droge sehr sorgfältig zu dosieren und sie zusammen mit einem salinischen Abführmittel (Na_2SO_4) oder mit Ricinusöl zu verabreichen. Bei Kombination mit Alkohol besteht Vergiftungsgefahr. Die Farnwirkstoffe müssen zwei Stunden nach Einnahme wieder ausgeschieden sein. In der Homöopathie verwendet man eine Tinktur und in der Volksmedizin ein Dekokt bei vereiterten Wunden, Geschwüren und Krampfadern. *Geschichte:* Der Wurm-Farn war schon den Alten Griechen bekannt. Theophrast erwähnt ihn in seinen Werken, Dioscurides und Plinius beschreiben die Pflanze und ihre Anwendung.

343 MALUS SILVESTRIS Miller (160) **Rosaceae**
Syn. *Pirus malus* L.
Wildapfel (Pommier sauvage / Wild apple)

Vorkommen, Standort: ganz Europa, Westasien. Häufig in hellen Wäldern. *Beschreibung:* kleiner Baum, dessen Aussehen stark variiert. Dornige Zweige mit braunroter Rinde. Spitz-ovale, gezähnte, manchmal kahle, kurzgestielte Blätter; rosaweiße, in dichten Büscheln angeordnete Blüten mit gelben Staubbeuteln; Der Wildapfel ist sehr klein, säuerlich, von grüngelber oder rötlicher Farbe; zahlreiche, angebaute Varietäten. Mai. *Wirksame Inhaltsstoffe:* Der Apfel ist reich an Pektin, er enthält Säuren (Äpfelsäure und Zitronensäure), Zucker, Araban, Galactan, Gerbstoff, Quercetin und Enzyme. *Eigenschaften:* antidiarrhöisch. *Anwendung, Zubereitung:* als Nahrungsmittel in Pulverform bei Kleinkindern zur Behandlung von Gastroenteritiden.

344 OXALIS ACETOSELLA L. [159] **Oxalidaceae**
Sauerklee (Pain de coucou, Petite oseille / Wood sorrel)

Vorkommen, Standort: ganz Europa. Unterholz; ziemlich häufig in der Ebene und im Gebirge. *Beschreibung:* ausdauernde, kriechende Pflanze; dreigelappte, blaßgrüne Blätter. Weiße, rosa geäderte Blüten von 1,5 cm Durchmesser. Der Blütenschaft ist nicht höher als 10 cm; April/Mai. *Wirksame Inhaltsstoffe:* Die Blätter enthalten Calciumbioxalat (Kleesalz) und Oxalsäure, Substanzen mit Reizwirkung, die trotz ihres angenehmen Geschmacks Vergiftungen mit hämorrhagischen Diarrhöen verursachen können. *Eigenschaften:* magenstärkend, menstruationsfördernd, schmerzstillend. *Anwendung, Zubereitung:* Der Sauerklee wird nur in der Volksmedizin gegen Hautkrankheiten, Schleimhautentzündungen und für »Frühjahrskuren« verwendet.

345 RUBUS IDAEUS L. [146] **Rosaceae**
Himbeere (Framboisier / Raspberry)

Vorkommen, Standort: ganz Europa. Überall kultiviert. Sehr häufig in Wäldern und Unterholz, Lichtungen, an Waldrändern. *Beschreibung:* ausdauernde, 1–2 m hohe Pflanze; zweijährige, holzige, mit sehr kleinen Stacheln versehene Stengel; gezähnte Fiederblätter; sehr kleine, grünlichweiße, in Doldentrauben angeordnete Blüten. Rote, sehr aromatische Früchte. Mai–Juli.

Wirksame Inhaltsstoffe: Die Früchte enthalten 1–2% organische Säuren, darunter mehr als 90% Zitronensäure. Sie enthalten außerdem Vitamin C, verschiedene Zucker und Pektin. Die Samen enthalten 24% fettes Öl. *Eigenschaften:* Außer ihrem Nährwert geben die Früchte einen offizinellen, angenehm schmeckenden Sirup (*Sir. Rubi idaei*). Er wird als Färbemittel und Geschmackskorrigens verwendet. Die Blätter werden in Form eines Infuses als adstringierendes Mittel bei Diarrhöen benützt. *Verwendete Teile:* die Früchte und die Blätter. *Erntezeit:* August/September. *Geschichte:* Plinius d. Ä. bereits kannte die Himbeere und andere römische Arzneikundige berichten über die Bereitung von Himbeersirup.

346 **VITIS VINIFERA L.** **Vitaceae**
Weinrebe (Vigne cultivée / Grape)

Vorkommen, Standort: Westasien; Südosteuropa. Es ist wahrscheinlich die älteste, angebaute Pflanze. In mehr als 3000 Sorten und Varietäten kultiviert. Juni/Juli. *Wirksame Inhaltsstoffe:* Die Beeren (Trauben) enthalten Weinsäure, Äpfelsäure, Tartrate, Zucker (Dextrose und Fructose), Pektin und Gerbstoff. Die Schale der roten Trauben enthält außerdem das blaue Anthocyanglykosid Oenosid, der Saft Xanthophyll, Carotin, Vitamine A, B_1, B_2 sowie C und die Samen 20% fettes, halb trocknendes Öl. Die Beeren und die Blätter enthalten bis 2% Kalium- und Calciumbitartrat. Bei der Weinbereitung setzt sich das Kaliumbitartrat an den Wänden der Bütte als Weinstein ab. Es wird gereinigt und wird pharmazeutisch als Laxans angewendet. *Pharmakologische Wirkung:* Die Traube ist ein Laxans und Diureticum, sie wird gegen Fettleibigkeit sowie Herz- und Nierenerkrankungen empfohlen. *Anwendung, Zubereitung:* Auf dem Land fängt man den Saft, die »Tränen« des Weinstocks, auf. Er enthält die gleichen Substanzen wie die Trauben und wird gegen Ekzeme und Darmhämorrhagien verwendet. Die Bauern empfehlen den Saft als Augentropfen.

Kapitel 17 Pflanzen mit Kohlenhydraten (Polysaccharide)

Jede Pflanze erzeugt Polysaccharide, die sie für ihren Aufbau (Gerüstsubstanzen) und für ihren Energiestoffwechsel z. T. als Reservesubstanzen benötigt. Die Getreidearten (Poaceen), die ebenfalls Kohlenhydrate, und zwar die bekannte Stärke, produzieren, werden in diesem Kapitel nicht erwähnt.
Die Pflanzen mit Kohlenhydraten, die uns hier interessieren, enthalten Pflanzenschleim, Gummi und Polysaccharide.
Nach ihrem chemischen Aufbau unterscheiden wir Pektine, die aus Galacturonsäureketten bestehen, Mannane, die bei der Hydrolyse ausschließlich den Zucker Mannose liefern, Gummen, die zumeist ein Gemisch aus Kohlenhydraten und Terpenharzen darstellen und Pflanzenschleime, die neben Galacturonsäure verschiedene andere Zucker enthalten.
Die einzelnen Polysaccharidtypen liefern in kaltem oder warmem Wasser viskose Lösungen, die unter gewissen Bedingungen »gelieren«. Der Grad der Fähigkeit zu quellen und viskose Lösungen zu bilden, hängt außer von der chemischen Struktur (Zuckergehalte, Kettenlänge, Verzweigungsgrad der Polysaccharid-Ketten) von dem pH der Lösungen, von der Temperatur und der Gegenwart von Salzen ab. Die Polysaccharide lassen sich durch pflanzeneigene Enzyme (z. B. Pektasen u. Pektinasen), aber auch durch Verdauungs-Fermente teilweise abbauen.
In kleineren Dosen eingenommen, hemmen sie die peristaltische Bewegung des Verdauungskanals und wirken antidiarrhöisch. In größeren Dosen dagegen wirken sie abführend, indem sie durch Quellung für eine beschleunigte Passage des Darminhaltes sorgen. Nach ihrem Eintritt in den Verdauungskanal überziehen die Pflanzenschleime die Schleimhäute mit einer viskosen Schicht und mindern dadurch Entzündungen. Sie verzögern das Eindringen chemischer Substanzen in die Schleimhaut, reduzieren so die Wahrnehmbarkeit für den Geschmack bitter, scharf und sauer. In gleicher Weise lindern die kolloidalen Pflanzenschleime den Husten, denn dieser entsteht ja durch Entzündung der Schleimhäute der Luftwege. Schließlich wirken solche Kohlenhydrate in Verbindung mit Mineralsalzen wie im Falle der Quecke (Triticin) diuretisch. Die antibiotische Wirkung des in der gleichen Droge vorhandenen Agropyrens wird dadurch verstärkt.
Seit Jahrhunderten verwendet man die Pflanzen dieser Gruppe zu erweichenden Kompressen, denn sie speichern über lange Zeit die Wärme. Die Pflanzen mit Kohlenhydraten besitzen zudem eine wundheilende, geschwürehemmende und haemostatische Wirkung.
Dadurch, daß die Schleimdrogen die Viscosität der Nahrung erhöhen, werden sie auch als Diäteticum in der Kinderheilkunde, z. B. bei ständigem Erbrechen (Pylorus-Spasmus), verwendet.

347 **ACANTHUS MOLLIS** L. [129] **Acanthaceae**
Acanthus, Bärenklau (Acanthe / Bear's Breech)

Vorkommen, Standort: Mittelmeerländer. Stammt aus den afrikanischen und asiatischen Steppen, in vielen Gärten als Zierpflanze heimisch geworden. Seine Blätter sind eines der Motive des korinthischen Stils. *Beschreibung:* ausdauernde Pflanze mit Pfahlwurzeln, bildet breite, tief eingeschnittene, glänzende, schön dunkelgrüne Grundblätter. Große, in Ähren angeordnete, am Ende eines schön gewachsenen Schaftes stehende, weiße oder manchmal rosa gefärbte Blüten; Juni/Juli. *Wirksame Inhaltsstoffe:* In den Blättern und in der Wurzel befinden sich verschiedene Kohlenhydrate (Oligosaccharide) und eine bittere Substanz. Außerdem ist die ganze Pflanze reich an Mineralsalzen. *Eigenschaften:* appetitanregend, choleretisch; bei äußerlichem Gebrauch wundheilend. *Anwendung, Zubereitung:* Der frische Saft der Pflanze oder das Infus der Blätter und Blüten regt den Appetit an, entlastet die Leber und reguliert die Verdauung.
Die zerkleinerte, im kalten Wasser mazerierte, bei entzündeten Wunden angewandte Pflanze hat beruhigende, lindernde und narbenbildende Eigenschaften. Im Süden Frankreichs wird diese Zubereitung selbst für erweichende Klistiere verwendet. Im letzten Jahrhundert benutzte man den *Acanthus*-Tee gegen Entzündungen der Blase und gegen Blutbrechen.

348 **AGROPYRON REPENS** (L.) Pal. Beauv. [143] **Poaceae**
Kriechende Quecke, Gemeine Quecke (Chiendent commun, Chiendent rampant / Common Couch)

Vorkommen, Standort: über die ganze Erde verbreitet, vor allem in Europa, Nordasien, Nordamerika, Nordafrika. Auf allen angebauten oder brachliegenden Böden, Gärten, Abhängen. Kommt im Gebirge bis 2000 m Höhe vor. *Beschreibung:* ausdauerndes, 20–120 cm hohes Kraut. Verschieden im Aussehen. Weißer, kriechender, Ausläufer treibender Wurzelstock. Sehr häufig. Unkraut; Juni–September. *Wirksame Inhaltsstoffe:* eine pflanzenschleimartige Substanz, das Triticin (Fructosan), ein ätherisches Öl, das aus dem stark antibiotisch wirkenden Agropyren besteht, ferner Vanillosid (Glucovanillin). *Eigenschaften:* wird als diuretisches Erfrischungsmittel gegen Cystitis, Urethritis und andere Harnwegerkrankungen und ebenfalls als erweichendes Mittel verwendet. Man schreibt ihr einige heilende Eigenschaften bei Gelbsucht, Gallensteinen und Harngrieß zu. *Anwendung, Zubereitung:* Fluidextrakt des Wurzelstocks (*Extr. Graminis fluid.*) und Dekokt von 30–50 g Wurzelstock in 1 l Wasser. *Verwendete Teile:* Wurzelstock und Wurzelsprosse. (*Rhiz. Graminis*). *Erntezeit:* März/April und September/Oktober. *Geschichte:* Seit dem Mittelalter verwendet, wird diese Pflanze heute in Pharmakopöen aufgeführt.

349 **ALTHAEA OFFICINALIS** L. [148, 149] **Malvaceae**
Eibisch, Weiße Malve (Guimauve officinale / Marsh mallow)

Vorkommen, Standort: Europa, Westasien. Der Eibisch kommt auf frischen und feuchten Böden der Ebene vor. Man findet ihn auch auf salzigen Böden in der Nähe des Meeres. *Beschreibung:* ausdauernde Pflanze, die ungefähr 1 m hohe Büsche bildet. Breite, schwach gelappte, sich samtartig und weich anfühlende Blätter. Schöne, hellrosa gefärbte Blüten von 2,5 cm Durchmesser; August/September. *Wirksame Inhaltsstoffe:* Die Pflanze enthält viel Pflanzenschleim (die Wurzel enthält 7–20% davon), ferner Pektin, Zucker; Asparagin nur in Spuren. *Eigenschaften:* Der Eibisch wirkt erweichend und beruhigend; er wird gegen Reizungen, Entzündungen, Katarrhe der Luftwege und auch bei Gastroenteritis verschrieben. *Anwendung, Zubereitung:* Man bereitet Eibischsirupe und -säfte; er wird auch in Form von Breiumschlägen verwendet. Das Eibischkraut wird Bädern als reizmilderndes Mittel zugefügt. Man gibt manchmal zahnenden Kindern die Wurzel zum Kauen. *Verwendete Teile:* die Blätter (*Fol. Althaeae*), die Blüte und die Wurzel. *Geschichte:* Schon die alten Griechen sahen den Eibisch als eine der kostbarsten pflanzenschleimhaltigen Gewächse an.

350 **BORAGO OFFICINALIS** L. [136] **Boraginaceae**
Boretsch, Gurkenkraut (Bourrache officinale / Borage)

Vorkommen, Standort: ganz Europa. Kultiviert und wildwachsend; Gemüsegärten, Aufschüttungen. *Beschreibung:* einjährige, kräftige, 30–60 cm hohe, mit steifen Haaren bedeckte Pflanze. Ovale, rauhe Blätter; lebhaft blau gefärbte, breit sternartig geöffnete Blüten von 2,5 cm Durchmesser, sie sind in verzweigten zymösen Blütenständen angeordnet, dunkelbraune Staubbeutel; Mai–September. *Wirksame Inhaltsstoffe:* Die Pflanze enthält Pflanzenschleim, Gerbstoff und in Spuren ein ätherisches Öl. *Eigenschaften:* Die Blüten des Gurkenkrautes wirken erweichend und reizmildernd, die Blätter und die Stengel schweißtreibend und diuretisch, wertvoll bei Rheumatismus. *Anwendung, Zubereitung:* Die in Essig eingeweckten Blätter besitzen Gurkengeruch und -geschmack. Sie werden als Vorspeise gegessen. Das Gurkenkraut wurde lange als Nährpflanze kultiviert. Man kann das gekochte Gurkenkraut wie Spinat essen. Das Infus des Gurkenkrautes lindert Katarrh, Bronchitis und Pneumonie.

351 **CYDONIA OBLONGA** Mill. **Rosaceae**
Quittenbaum, (Cognassier / Quince)

Vorkommen, Standort: Westasien, Arabien, östliche Mittelmeerländer, Kreta (Kydon, daher sein Name). In Europa kultiviert, wildwachsend in gewissen Gegenden Südeuropas. *Beschreibung:* kleiner Obstbaum; Stamm mit grauer Rinde, ovale, wollig behaarte Blätter; sehr große, rosa gefärbte Blüten; gelbe, große, birnenförmige, eckige und gerippte Früchte mit sehr hartem Fruchtfleisch, reifen im Spätherbst. April/Mai. *Wirksame Inhaltsstoffe:* Die Frucht (Quitte) ist reich an Pektin. Die Kerne enthalten mehr als 22% Schleim, besonders Pentosane, die nach der Hydrolyse Arabinose und Xylose liefern. *Eigenschaften:* Der Pflanzenschleim der Kerne wirkt erweichend und reizmildernd. Die gekochte Frucht liefert ausgezeichnete Gelees und Konfitüren. Der Sirup hat eine Wirkung gegen Heiserkeit und Halserkrankungen. Er wirkt antidiarrhöisch und adstringierend, in größeren Mengen abführend. *Anwen-*

dung, Zubereitung: früher offizinell; heute werden die Samen (*Sem. Cydoniae*) nur mehr in der Kosmetik verwendet. Auf dem Land bereitet man aus den Quitten Konfitüren, Gelees und Sirupe, die schleimhaltigen Samen werden gegen Frostbeulen, Schrunden, Hautbrandwunden und Augenentzündungen verwendet.

352 **GLYCINE SOJA** Sieb. et Zucc. **Fabaceae**
Syn. *Glycine max.* L., *Soja hispida* Maxim.
Sojabohne (Soja, Soya / Soja)

Vorkommen, Standort: Südosteuropa, Westasien. Die Sojabohne wird in gemäßigten Gegenden in großem Maßstab kultiviert. Diese Hülsenpflanze ist von großer wirtschaftlicher Bedeutung und stellt heute einen wertvollen Grundnährstoff für Mensch und Tier dar. *Wirksame Inhaltsstoffe:* Der Kohlenhydratgehalt beträgt 20% (Holoside, Pentosane und Galactosane), hoher Fett- und Eiweißgehalt. Die Samen enthalten 20% Fett, 40% Proteide, 2% Lecithin und Steroidsaponine. Außerdem wurden ungefähr 10 Substanzen gefunden, darunter: Vitamine B und E, Carotinoide (Provitamin A), Isoflavonglykoside und essentielle Aminosäuren. *Anwendung, Zubereitung:* Die Sojabohne eignet sich als Diät für Diabetiker, denn die Kohlenhydrate sind wenig assimilierbar. Die Sojabohne ist 4mal reicher an Kalorien als Ochsenfleisch.

353 **HORDEUM VULGARE** L. **Poaceae**
Gerste (Orge cultivée / Barley)

Vorkommen, Standort: in der ganzen Welt kultiviertes Getreide; einjährig. *Wirksame Inhaltsstoffe:* Der Keimling ist reich an Vitamin B_1 und E; das Korn enthält Proteide, Lipide, Stärke (70–80%) und Enzyme. Das gekeimte Korn (*Hordeum germinatum*) enthält das Alkaloid Hordenin und ein Aminophenol. *Eigenschaften:* Das Hordenin ist ein sehr wertvolles Alkaloid, das wegen seiner sympathicomimetischen Wirkung zu der Adrenalin-Gruppe gezählt wird. Es ist wenig giftig und besitzt eine große Anzahl therapeutisch wertvoller Eigenschaften. Es stimuliert den peripheren Blutkreislauf durch Verengung der Gefäße. Das Hordenin ist wie das Ephedrin auch ein Broncholyticum. *Anwendung, Zubereitung:* als Nahrungsmittel. *Geschichte:* In der Antike verwendeten schon die Griechen die pflanzenschleimhaltigen Stoffe der Gerste (franz. Name »ptisane«) um Entzündungen des Verdauungsapparates zu behandeln.

354 **LAVATERA ARBOREA** L. **Malvaceae**
Stockrose, Malve (Lavatère arborescente, Mauve des jardins / Tree mallow)

Vorkommen, Standort: Europa, Mittelmeerländer, Kleinasien, in den an der Küste gelegenen Gegenden Westeuropas. An der Küste auf steinigen Böden; in mehreren Gegenden verwildert. *Beschreibung:* zweijährige, kräftige, bis 2,5 m hohe Pflanze. Am Grunde holziger, überall wollig behaarter

Stengel; gezackte Blätter, den Efeublättern ähnlich; Blüten von 5 cm Durchmesser, rosapurpurfarbene Blütenblätter. Mai–September. *Wirksame Inhalts-*Stengel; gezackte Blätter, den Efeubaum ähnlich; Blüten von 5 cm Durch- und Gerbstoff. *Eigenschaften* und *Anwendungen:* die gleichen wie die der Eibischblüte (*Althaea officinalis*) und die der Malve (*Malva silvestris*).

355 **ORCHIS MASCULA** L. [157] **Orchidaceae**
Manns-Knabenkraut, Stattliche Orchis (Orchis mâle / Early purple orchid)

Vorkommen, Standort: ganz Europa. Sehr verbreitet in Laubwäldern, auf kargen Wiesen, in Steppen. *Beschreibung:* ausdauernde Pflanze mit knolligen Wurzeln; aufrechter, 30 cm hoher Stengel; längliche, braungefleckte Blätter; ziemlich große, mehr oder weniger dunkelpurpurfarbene Blüten in Ähren; Mai/Juni. *Wirksame Inhaltsstoffe:* Die Knollen sind reich an Pflanzenschleimen und Stärke, sie werden in der Pharmazie unter dem Namen *Tubera Salep* verwendet. Sie enthalten bis 15% Proteide. *Eigenschaften:* erweichend, antidiarrhöisch. Die Pflanze ist in fast ganz Europa geschützt. Die Handelsware stammt aus Kleinasien. *Anwendung, Zubereitung:* Wegen ihres hohen Preises wird sie heute selten verwendet. Die Knollen des Manns-Knabenkrautes werden zur Herstellung galenischer Präparate für Kinder verwendet. Die Orientalen bereiten mit diesen Knollen Suppen und Gelees für Rekonvaleszente. Der Absud der Knolle wirkt antidiarrhöisch.

356 **PLANTAGO LANCEOLATA** L. [161] **Plantaginaceae**
Spitzwegerich (Plantain lancéolé / Ribwort plantain)

Vorkommen, Standort: ganz Europa. Sehr häufig auf trockenen Böden, Abhängen, an Wegrändern. *Beschreibung:* ausdauernde Pflanze. 15–60 cm hoher Blütenschaft. Sehr kleine, dunkelbraune, in endständigen Ähren angeordnete Blüten; April–Oktober. *Wirksame Inhaltsstoffe:* Die ganze Pflanze enthält Pflanzenschleime und ein Glykosid, das Aucubin, das sich bei der Hydrolyse in Aucubigenin und Glucose aufspaltet. *Eigenschaften:* antidiarrhöisch, expectorierend, reizmildernd und narbenbildend. *Anwendung, Zubereitung:* Man verwendet die ganze Pflanze in Form eines Dekoktes, in Form eines Sirups oder eines Fluidextraktes, um Katarrhe, Bronchitis, Asthma, Lungentuberkulose zu behandeln. Äußerlich: Die Blätter (*Fol. Plantaginis*) sind narbenbildend (Wunden, Krampfadergeschwüre usw.). Als Gurgelwasser lindert der Spitzwegerich Angina; als Augentropfen wird er bei Konjunktivitis und Augenlidentzündungen empfohlen. *Erntezeit:* Mai/Juni. Geschichte: Die Alten Griechen schon kannten die Eigenschaften des Spitzwegerichs.

357 **PLANTAGO MAJOR** L. **Plantaginaceae**
Großer Wegerich, Breitblättriger Wegerich (Plantain majeur, Grand platain / Ratstail plantain)

Vorkommen, Standort: ganz Europa. Überall sehr häufig; Aufschüttungen, Brachflächen, Abhänge. *Beschreibung:* ausdauernde, kahle, sehr kräftige Pflanze, zwischen 10 und 50 cm hoch; ovale, breite, gestielte, eine grundständige Rosette bildende Blätter; sehr kleine, grünliche Blüten, die 10–13 cm lange Ähren bilden. Juli–September. Der Große Wegerich hat die gleichen Eigenschaften und Anwendungen wie die vorige Art. Er ist ein wirksames Diureticum.

357

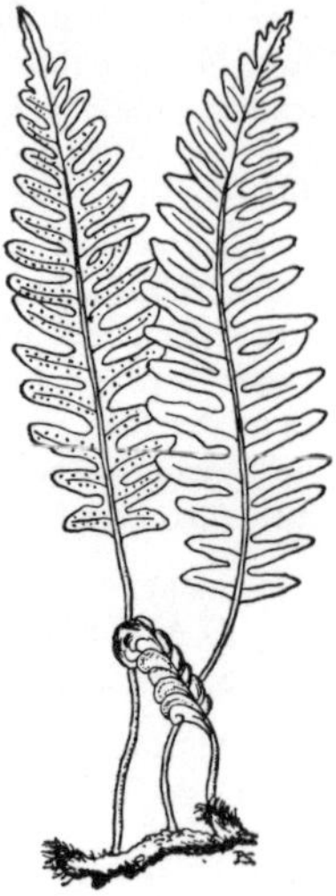

358

358 **POLYPODIUM VULGARE L.** **Polypodiaceae**
Tüpfelfarn (Polypode vulgaire / Common polypody)

Vorkommen, Standort: ganz Europa und gemäßigte Gegenden der nördlichen Hemisphäre. Sehr häufig auf schattigen Felsen, am Fuß von Mauern und Stämmen. *Beschreibung:* mit gefiederten, mehr oder weniger widerstandsfähigen Wedeln; Wuchs sehr verschieden (5–35 cm hoch). Kriechender, dicker, mit braunen Schuppen bedeckter Wurzelstock. *Wirksame Inhaltsstoffe:* Der Wurzelstock (*Rad. Polypodii*) enthält einen harzartigen Bitterstoff, ein ätherisches Öl und Pflanzenschleim. *Eigenschaften:* anthelmintisch, galletreibend, reinigend, hustenstillend. *Anwendung, Zubereitung:* Das Dekokt wird bei Erkrankungen der Luftwege als Cholagogum und Purgans verwendet. *Verwendete Teile:* der Wurzelstock. *Erntezeit:* März/April und September/Oktober. *Geschichte:* Der Tüpfelfarn wurde zum ersten Mal von Theophrast erwähnt.

359 ROSA GALLICA L. [163] Rosaceae

Essigrose (Rosier de Provins, Rosier de France / French rose)

Vorkommen, Standort: Europa, Westasien. Auf Kalkböden verbreitet; helle Wälder, Hecken, Abhänge, Magerwiesen. *Beschreibung:* niedriger Strauch mit Wurzelsprosse treibendem Rhizom; aufrechte, 50–100 cm hohe, mit langen Stacheln versehene Zweige; große, breit geöffnete, rosa oder purpurfarbene Blüten. Die Essigrose ist die wichtigste Urpflanze unserer Anbauvarietäten. Juni. *Wirksame Inhaltsstoffe:* Die Blütenblätter enthalten ein ätherisches Öl (*Ol. Rosae*), Gerbstoff und Glykoside (Cyanidin und Quercitrin). *Eigenschaften:* Die Blütenblätter der Rose sind antidiarrhöisch und adstringierend. Das Rosenöl wird weitgehend in der Parfümerie und als Geschmackskorrigens für bestimmte Medikamente verwendet. *Anwendung, Zubereitung:* Das Infus der getrockneten Blütenblätter, das reich an Gerbstoff ist, wird als Antidiarrhoicum verwendet. Das ätherische Öl ist sehr teuer (man braucht 3000–4000 kg frische Blütenblätter, um 1 l Öl zu gewinnen), es ist Bestandteil zahlreicher kosmetischer und pharmazeutischer Präparate. Man bereitet davon Schüttelmixturen, Gurgelwasser und Rosenhonig. *Verwendete Teile:* die Blütenblätter (*Flor. Rosae*). *Geschichte:* Die Rose wurde seit der frühesten Antike verehrt. Sie hat eine bedeutende Rolle in der arabischen Medizin gespielt. Plinius und Dioscorides zählen in ihren Werken mehrere Rosenvarietäten auf. Das Rosenwasser ist ein altes Heilmittel. Im 16. Jahrhundert bereitete man davon Augentropfen.

360 TUSSILAGO FARFARA L. [167] Asteraceae

Huflattich (Tussilage, Taconnet, Pas d'âne / Coltsfoot)

Vorkommen, Standort: ganz Europa, Nordasien. Überall auf Lehmböden sehr häufig. *Beschreibung:* ausdauernde Pflanze. Große, herzförmige, stark wollig behaarte, zuerst weißlichgrüne, später grüne Blätter mit eckigem Rand. Die fleischigen, wolligen, mit braunen Schuppen bedeckten Blütenschäfte entwickeln sich vor der Entfaltung der Blätter. Goldgelbe Köpfchen; Februar–April. *Wirksame Inhaltsstoffe:* Die Blätter enthalten viel Pflanzenschleim, etwas Inulin. Die vom Xanthophyll gelbfarbenen Blüten enthalten ebenfalls Pflanzenschleim, der durch Hydrolyse Pentose und Galactose liefert. *Eigenschaften:* erweichend, expectorierend, adstringierend. *Anwendung, Zubereitung:* Das Infus der Blätter (*Fol. Farfarae*) hat eine lindernde Wirkung bei Bronchitis, Tracheitis und Erkältungen. Der Huflattich ist Bestandteil von Brusttees. *Verwendete Teile:* Die Blätter und Blüten. *Erntezeit:* März/April (Blüten) und Mai/Juni (Blätter). *Geschichte:* Plinius und Dioscurides erwähnten schon die medizinischen Eigenschaften des Huflattichs.

Kapitel 18 Pflanzen, die überwiegend anorganische Stoffe enthalten

Wenn man eine getrocknete Pflanze verbrennt, die gesamte organische Substanz zu Asche geworden ist, enthält die zurückbleibende weiße oder grauweiße Substanz die charakteristischen Mineralsubstanzen einer Pflanze. Ein und dieselbe Pflanze wird zur gleichen Jahreszeit und auf gleichem Boden prozentual immer den gleichen Aschegehalt und die gleiche Anzahl an chemischen Bestandteilen ergeben. Abweichungen findet man bei veränderter Bodenbeschaffenheit, Meereshöhe, Jahreszeit und bei Klimaänderung.
Die Pflanzen dieser Gruppe liefern dem Organismus die nötigen Mineralstoffe und führen zu einem teilweisen Austausch von Elementen. Die Calciumsalze sind notwendig für die Knochenbildung und erhöhen den Widerstand gegen Infektionskrankheiten. Sie normalisieren außerdem Nerven- und Herzfunktion während der Rekonvaleszenz. Ein weiteres wichtiges Element ist das Silizium, das in der Brennessel und dem Lungenkraut vorkommt und durch längeres Kochen extrahiert werden kann. Obwohl die genaue Funktion des Siliziums noch nicht bekannt ist, ist soviel sicher, daß es dem Lungenbindegewebe Elastizität gibt und der Haut, den Haaren und den Nägeln Stabilität verleiht. Entgegen der früheren Anschauung, der Kieselsäure käme eine diuretische Wirkung zu, weiß man heute, daß diese von den sie begleitenden Flavonen und Saponinen herrührt.
Dagegen hat das Kalium mit Sicherheit eine diuretische Wirkung, besonders, wenn seine Salze mit Flavonheterosiden und Saponinen appliziert werden. Es führt zu einer vermehrten Ausscheidung von Natrium aus dem Körper. Dadurch wird gleichzeitig eine große Menge Wasser mit Schlackenstoffen, die sich bei verminderter Blutzirkulation angesammelt haben, entfernt.
In den Meerespflanzen kommen manchmal geringe Jodmengen vor. Durch verstärkten Aufbau des jodhaltigen Schilddrüsenhormons Thyroxin, das den Gesamtstoffwechsel reguliert, kann das Jod abmagernd wirken, wenn es gleichzeitig mit einem Laxans kombiniert wird.
Das zum Kochen verwendete echte Meersalz ist ein bedeutender Lieferant von Spurenelementen (Oligo-Elemente).

361 **GALEOPSIS TETRAHIT** L. [157] **Lamiaceae**
Hohlzahn, Sandhohlzahn (Galéopsis, Ortie royale / Common hemp-nettle)

Vorkommen, Standort: ganz Europa. Sehr häufig auf Getreideäckern und Brachflächen. *Beschreibung:* einjährige, kräftige, 15–70 cm hohe Pflanze. Die Stengel zeigen Anschwellungen an den Knoten. Lanzettliche, gezähnte und gestielte Blätter. Purpurrosa gefärbte Blüten in achselständigen Scheinquirlen. Die Blüten sind weiß oder gelb und tragen spitze Zähne. Juli/August. *Wirksame Inhalts-*

stoffe: Die Pflanze ist reich an Siliziumdioxyd; sie enthält auch Saponine und Gerbstoff. *Eigenschaften:* diuretisch, adstringierend, expectorierend. *Anwendung, Zubereitung:* Der Hohlzahn wird in der Volksmedizin bei Milzbeschwerden, Lungentuberkulose und chronischer Bronchitis verwendet. *Verwendete Teile:* die ganze, getrocknete Pflanze (*Herba Galeopsidis*). *Erntezeit:* Juli.

362 LITHOSPERMUM OFFICINALE L. **Boraginaceae**
Echter Steinsame (Herbe aux perles, Grémil / Common Gromwell)

Vorkommen, Standort: ganz Europa. Häufig auf Kalkböden, Abhängen, Waldrändern, Auen. *Beschreibung:* ausdauernde, 50–80 cm hohe Pflanze. Zahlreiche ungestielte, lanzettliche, glänzende Blätter; kleine cremeweiße, wirtelig angeordnete Blüten. Runde, glatte, porzellanartig aussehende Samen. Juni/Juli. *Wirksame Inhaltsstoffe:* Die Pflanze ist reich an Silizium und Calcium, ferner Lithospermsäure. *Eigenschaften:* antithyreotrope und antigonadotrope Wirkung. *Anwendung, Zubereitung:* Die Samen (*Sem. Milii solis*) waren früher offizinell und werden heute in der Volksmedizin gegen Harngrieß und Nierensteine verwendet. *Verwendete Teile:* die Samen. *Erntezeit:* Juli/August.

363 PHASEOLUS VULGARIS L. **Fabaceae**
Bohne, Gartenbohne (Haricot cultivé / Bean)

Vorkommen, Standort: Zentral- und Südamerika. Überall in zahllosen Varietäten kultiviert. *Blütezeit:* Mai–September. *Wirksame Inhaltsstoffe:* Die Samen enthalten ein Toxalbumin, das Phasin. Diese giftige Substanz wird nicht durch Austrocknen, sondern durch längeres Kochen zerstört. Die ohne Samen ungiftige Hülsen enthalten ungefähr zehn Substanzen, darunter das Betain, das Trigonellin, das Tyrosin, das Arginin und Mineralstoffe (Kalium). *Eigenschaften:* Die Einnahme der rohen Bohnensamen verursacht Erbrechen, Diarrhöen, sogar hämorrhagische Enteritis; es sind tödliche Vergiftungen vorgekommen. Die getrockneten Hülsen, ohne die Samen, wirken diuretisch, sie werden in der Volksmedizin bei Diabetes verwendet. *Anwendung, Zubereitung:* Außer als Nahrungsmittel wird die Bohne als starkes Diureticum verwendet. Sie wird in Form eines Dekoktes (getrocknete Hülsen) verabreicht, nachdem diese vorher einige Stunden in kaltem Wasser mazeriert wurden. In der Homöopathie bereitet man eine Tinktur aus der gesamten grünen, nach der Blüte geernteten Pflanze. Dieses Präparat wird gegen Ischias, Rheumatismus und Nierenbeschwerden verschrieben. *Verwendete Teile:* die getrockneten, von ihren Samen befreiten Hülsen.

364 **PULMONARIA OFFICINALIS L.** [160] **Boraginaceae**
Lungenkraut (Pulmonaire officinale / Common lungwort)

Vorkommen, Standort: ganz Europa. Ziemlich verbreitet in Wäldern. *Beschreibung:* ausdauernde, 15–30 cm hohe Pflanze mit einfachen Stengeln; rauhe, ovale, langgestielte, weißgefleckte Blätter; rosa Blüten, die blau werden. Diesselbe Pflanze trägt nebeneinander zwei verschieden gefärbte Blüten. März–Mai. *Wirksame Inhaltsstoffe:* Die Pflanze enthält Pflanzenschleim, ein Saponin, Gerbstoff, Silizium und Mineralsalze. *Eigenschaften:* erweichend, expectorierend, adstringierend. *Anwendung, Zubereitung:* Die Volksmedizin verwendet das Lungenkraut (Infus) bei Erkrankungen der Luftwege, Diarrhöen und Hämorrhoiden. *Verwendete Teile:* die blühende Pflanze. *Erntezeit:* März/April.

365 **SALICORNIA EUROPAEA L.** **Chenopodiaceae**
Salicornia, Glasschmalz (Salicorne d'Europe Glasswort)

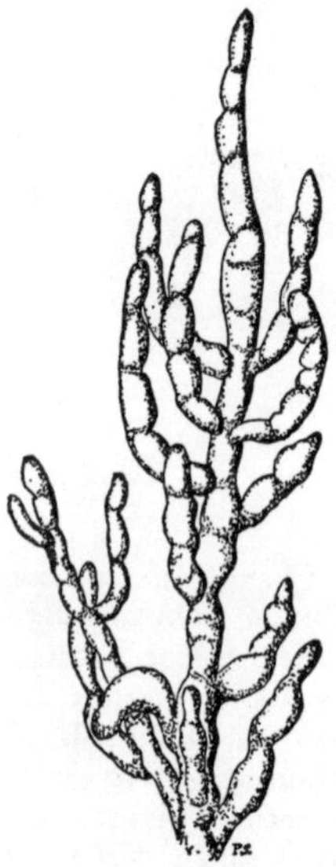

Vorkommen, Standort: an den Küsten Europas. Häufig am Meeresstrand, an kahlen Watträndern. *Beschreibung:* einjährige, wohlschmeckende, an salzige Böden angepaßte Pflanze von charakteristischem Aussehen. Zylindrische, aufrechte, gelblichgrüne Stengel mit paarig stehenden Zweigen; grüne, winzige Blüten in Ähren. August/September. *Wirksame Inhaltsstoffe:* Die Pflanze ist sehr reich an Mineralstoffen: Kaliumsalze, Mangan, Kalzium, Silizium, Bor, Jod. *Eigenschaften:* diuretisch und blutreinigend. *Anwendung, Zubereitung:* Die Bauern essen die *Salicornia* als Salat oder Gemüse und verwenden sie gegen Erkrankungen der Harnwege.

366 **SALSOLA KALI L.** **Chenopodiaceae**
Gemeines Salzkraut (Soude, Salsovie / Saltwort)

Vorkommen, Standort: Meeresküsten Nordeuropas. An der Küste verbreitet, im Landesinneren selten. *Beschreibung:* einjährige, liegende Pflanze. Dicke, grüne, hellrot gestreifte Stengel; kurze, fleischige, steife, manchmal kahle, an der Spitze mit einem Dorn versehene Blätter; grüne, alleinstehende, unscheinbare Blüten. Juli–September. *Wirksame Inhaltsstoffe:* Sie speichernt in ihren Organen eine große Menge von Mineralstoffen, wie Kalium, Kalzium, Mangan, Aluminium, Phosphate, Sulfate und Karbonate. Heute besitzt die Pflanze keine medizinische Anwendung mehr. In den Mittelmeerländern findet man die *Salsola soda*, die zum gleichen Typenkreis gehört, und die besonders Natrium speichert.

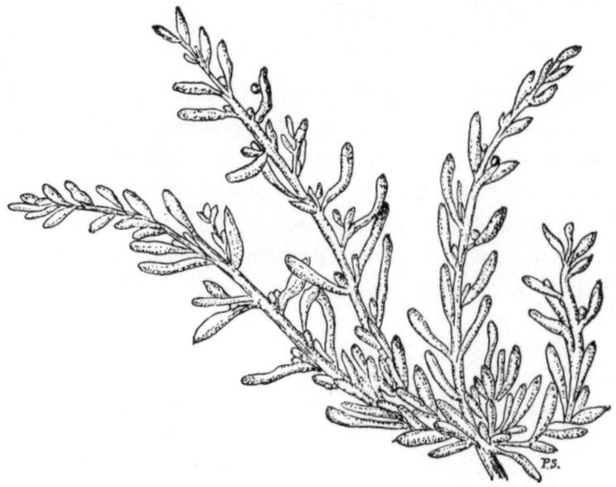

367 **URTICA DIOICA** L. **Urticaceae**

Große Brennessel (Ortie dioïque, Grande Ortie / Stinging nettle)

Vorkommen, Standort: ganz Europa und über die Erde verbreitet. Sehr häufig; Brachflächen, Aufschüttungen, Hecken, gedüngte stickstoffhaltige Böden, in der Nähe bewohnter Orte, wo sie manchmal bedeutende Ansammlungen bildet. *Beschreibung:* ausdauernde Pflanze mit aufrechtem, einfachem, 50–120 cm hohem Stengel; herzförmige, gezähnte Blätter; diözische, sehr kleine, grüne Blüten. Die ganze Pflanze ist mit Brennhaaren bedeckt. Juni bis September. *Wirksame Inhaltsstoffe:* Die Blätter enthalten einen histaminartigen Stoff, Ameisensäure, Silizium, Kalium, Gerbstoff, Glucochinine, Chlorophyll und die Vitamine A und C in Spuren. *Eigenschaften:* hämostatisch, antianämisch, antidiabetisch, diuretisch, reinigend und milchtreibend. *Anwendung, Zubereitung:* Die Blätter (*Herba Urticae*) werden als Infus oder Dekokt verwendet. Sie sind Bestandteil zahlreicher diuretischer Arzneitränke. Ein Fluidextrakt der frischen Blätter wird in der Homöopathie bei Ekzemen, Dysmenorrhöe, Metrorrhagien, Nasenbluten, Hämoptysie verwendet. Man bereitet Flüssigkeiten, die den Haarwuchs verbessern sollen. Äußerlich verwendet man die Brennessel zur Behandlung von Wunden und Geschwüren. *Erntezeit:* Juni–September. *Geschichte:* Die medizinischen Eigenschaften der Brennessel sind seit der Antike bekannt.

368 **URTICA URENS L.** **Urticaceae**
Kleine Brennessel (Ortie brulante, Ortie grièche / Small nettle)

Vorkommen, Standort: ganz Europa. Häufig in der Nähe von Bauernhöfen und Dörfern, auf Schutt. *Beschreibung:* einjährige, ziemlich niedrige Pflanze; verzweigter Stengel; abgerundete, lebhaft grüne Blätter, weniger flaumhaarig als die der Großen Brennessel. Männliche und weibliche Blüten auf der gleichen Pflanze. Mai–Oktober. Gleiche Wirkstoffe und Anwendung wie bei der vorigen Art. Die homöopathischen Tinkturen werden aus der Kleinen Brennessel zubereitet.

Einige berühmte Gestalten aus der antiken und mittelalterlichen Heilkunde

AVICENNA (genannt Abou Ibn Sînâ)

Persischer Arzt und Philosoph, der »Fürst der Ärzte« genannt wurde. Er war einer der berühmtesten Gestalten der arabischen Welt. Geboren 980 in Afshena, gestorben 1037 in Hamadan.

BOCK, Hieronymus

Deutscher Arzt und Botaniker, 1498 in Hedersbach geboren, 1554 in Horbach gestorben. Er war einer der ersten deutschen Pharmakologen. 1539 veröffentlichte er das *New Kreutterbuch*.

BRUNFELS, Otto

Botaniker, Arzt und Pastor. 1485 in Mainz geboren, 1534 in Bern gestorben. Er veröffentlichte das erste deutsche Lehrbuch der systematischen Botanik, das *Contafayt Kreuterbuch*.

DIOSCORIDES, Pedanios

Griechischer Arzt, der im 1. Jahrhundert n. Chr. lebte. Geboren in Anazarbos, Kilikien. Er ist der Autor des Monumentalwerkes *De Medica Materia*, in dem mehr als 500 Pflanzen erwähnt werden. Dieses Werk diente als Grundlage für alle Lehrbücher des Mittelalters.

FUCHS, Leonhard

Deutscher Arzt und Botaniker (1501–1566). Er übersetzte und bearbeitete die Werke von Galen und Hippokrates.

GALEN (Galenos), Claudius

Griechischer Arzt. 130 in Pergamon geboren, 202 in Rom gestorben. Er war einer der berühmtesten Ärzte der Antike und genoß bis in das 17. Jahrhundert größtes Ansehen. Er lieferte bedeutende Beiträge für die pharmazeutische Wissenschaft. Einige »galenische« Präparate, die er selbst hergestellt hatte, werden heute noch verwendet.

HILDEGARD (Heilige) von Bingen

Deutsche heiliggesprochene Benediktinerätbtissin. 1098 in Böckelheim geboren, 1179 im Ruppertsbergkloster, in der Nähe von Bingen, gestorben. Sie veröffentlichte zwei wichtige Werke über die Arzneipflanzen.

HIPPOKRATES

Der berühmte Arzt der Antike. 460 v. Chr. auf der Insel Kos geboren, 337 in Larissa gestorben. Er gilt als der »Vater der Heilkunde«. Er legte die wissenschaftliche Grundlage für die Therapeutik.

Karl der Große

742 in Neustrien geboren, 814 in Aachen gestorben. König der Franken und Kaiser des Westreiches. Als Gesetzgeber erließ er die sogenannten Kapitularengesetze. Man schrieb ihm die Kapitulare »de Villis« zu; die heutigen Historiker aber sind sich einig, daß nicht er, sondern sein Sohn, Ludwig der Fromme, im Jahre 795 diese Verordnung erlassen hat. Sie enthielt eine Liste von Pflanzen, die in den königlichen Besitzungen angepflanzt werden sollten.

Plinius (der Ältere), (Gaius Plinius Secundus)

Römischer Naturforscher, 23 n. Chr. in Como geboren, 79 beim Vesuvausbruch gestorben. Er schrieb eine *Naturgeschichte* in 37 Bänden, in der er die zur damaligen Zeit verwendeten Arzneipflanzen behandelt.

Rhazes

Der berühmteste Klinik-Arzt des Islams und des Mittelalters. 850 in Rai, Chorassan (im Nordosten des Irans), geboren, 923 gestorben.

Theophrastus (Tyrtamos)

372 v. Chr. in Eresos, auf der Insel Lesbos, geboren, 287 in Athen gestorben. Großer griechischer Philosoph, Schüler von Platon und Aristoteles. Seine Abhandlung über die Pflanzen brachte ihm den Ehrentitel »Vater der Botanik«.

Gebräuchliche Abkürzungen

1. *In der Drogenkunde:*

Abkürzung	lateinisches Wort	deutsches Wort
Bacc.	Baccae	Beeren
Bulb.	Bulbus	Zwiebel
Cort.	Cortex	Rinde
Flor.	Flores	Blüten
Fol.	Folia	Blätter
Gland.	Glandulae	Drüsen
Gem.	Gemmae	Knospen
Herb.	Herba	Kraut (grüner Teil der Pflanze)
Lich.	Lichen	Flechte
Lign.	Lignum	Holz
Pericarp.	Pericarpium	Fruchtschale
Rad.	Radix	Wurzel
Rhiz.	Rhizoma	Rhizom (Wurzelstock)
Sem.	Semina	Samen
Stip.	Stipites	Stengel
Summ.	Summitates	Zweigspitzen
Tub.	Tubera	Wurzelknollen
Tur.	Turiones	Junge Triebe (Sproß)

2. *Für die Drogenform:*

Conc.	Concisa	Geschnitten
Cont.	Contusa	Zerrieben
Dep.	Depurata	Gereinigt
Expulp.	Expulpata	Vom Fruchtfleisch befreit
Pulv.	Pulvis	Pulver (pulverisiert)
Pulv. subt.	Pulvis subtilis	Fein pulverisiert
Tot.	Tota	ganz

Verzeichnis der botanischen Fachausdrücke

Ableger (Stolonen), wurzeltragende Jungpflanzen, die aus vorjährigen Trieben der Mutterpflanze entstehen.

Achäne, Nüßchen, aus unterständigen Fruchtknoten entstanden, für die meisten Kompositen charakteristische Schließfrucht, bei der Fruchtwand und Samenschale miteinander verwachsen sind.

Achselständig, siehe Blattachsel.

Apikal, die Spitze betreffend.

Arillus, Samenmantel; nach der Befruchtung am Samen sich entwickelndes, lappiges oder sackartiges, fleischiges Gewebe, das von verschiedenen Stellen des Integuments aus, vom Nabel, von der Mikropyle oder von der Raphe her entstehen kann.

Ausdauernde, perenne Pflanzen, mehrfach blühende bzw. fruchtende Pflanzen mit vorwiegend krautartigen Assimilationssprossen.

Ausläufer, teils ober-, teils unterirdische Seitenzweige mit stark verlängerten Internodien und reduzierten Blättern, die in einiger Entfernung von der Pflanze Wurzeln schlagen und durch Absterben des zwischenliegenden Stückes neue Individuen bilden.

Blättchen (Foliola), Teilblättchen der zusammengesetzten Laubblätter.

Blattachsel, der Winkel zwischen Stengel oder Stamm und Blatt; was in diesem Winkel steht, heißt achselständig oder axillär.

Blatthäutchen, kleine hautartige Wucherungen, die sich bei Poaceen zwischen Blattscheide und -spreite befindet.

Blattspreite, der verbreitete Teil des Blattes, der mit einem Blattstiel oder direkt dem Sproß aufsitzt.

Blütenboden, der oberste Teil der Blütenachse der Angiospermen, sofern er an der Blütenbildung teilnimmt.

Blütenschaft, ein langer, blattloser oder nur mit wenigen kleinen Hochblättchen versehener Blütenstiel oder eine diesem ähnliche Achse, die an ihrem oberen Ende einen Blütenstand trägt.

Blütenstand, der blütentragende Teil der Blütenpflanze, der gegen die Laubblattregion scharf abgegrenzt ist.

borstig, mit langen, rauhen Haaren bedeckt.

Deckblatt, ein im Bau vom Laubblatt meist verschiedenes Hochblatt, aus dessen Achsel eine Blüte hervorgeht.

diözisch (zweihäusig), Pflanzen mit eingeschlechtigen Blüten, bei denen männliche und weibliche Blüten auf verschiedene Individuen verteilt sind.

Doldentraube, Blütenstand aus traubig angeordneten Dolden, bei dem die unteren Blütenstiele so lang sind, daß die Blüten fast in einer Ebene liegen.

Epiphyten, auf anderen pflanzlichen Individuen wachsende Pflanzen, die sich im Gegensatz zu den Parasiten selbständig ernähren.

gefiedert, unpaarig, ein mit einem Endblättchen versehenes gefiedertes Blatt.

Gefingert, gefingerte Blätter, zusammengesetzte Blätter, deren Teilblättchen fingerartig an einem gemeinsamen Hauptstiel sitzen.

Griffel, der faden- oder säulenförmige Teil des Stempels, der dem Fruchtknoten aufsitzt und, wo er vorhanden ist, die Narbe trägt. Er dient in seinem Inneren der Leitung und Ernährung der Pollenschläuche und bringt die Narbe in eine für die Bestäubung günstige Lage.

Köpfchen, ein razemöser Blütenstand mit verkürzter und mehr oder weniger verbreiteter Hauptachse, an der die Einzelblüten sitzen. Sieht äußerlich einer Einzelblüte ähnlich (»Scheinblüte«).

Lappen, eingeschnittener und abgerundeter Teil eines Blattes.

Latex (Milchsaft), eine milchige Flüssigkeit, die eine Emulsion von Gummi, Harzen, Kautschuk und Fetten im Wasser darstellt.

Pulpe (Fruchtfleisch), die saftigen oder fleischigen Teile einer Frucht.

Raphiden, Kristallnadeln, Bündel feiner Nadeln aus oxalsaurem Kalk im Zellsaft.

Rhizom, unterirdische oder dicht über dem Boden wachsende, ausdauernde Sprosse zahlreicher Stauden, die meist horizontal gerichtet sind, fast stest mit schuppenförmigen Niederblättern und Blattnarben versehen sind und meist stammbürtige Wurzeln tragen.

Rispe (Blütenstand), eine zusammengesetzte Traube. An der Spindel einer Traube stehen wiederum Trauben.

Schote, mehr-, vielsamige Kapselfrucht mit falscher Scheidewand, aus zwei Fruchtblättern bestehend, die sich klappig von ihren die Plazenten tragenden Rändern ablösen.

Seitenwurzeln, Wurzeln, die in einiger Entfernung vom Vegetationspunkt in akropetaler Reihenfolge von innen heraus endogen entstehen.

sitzend, ein Blatt oder eine Blüte ohne Stiel.

Spatha, Blütenscheide, ein mächtig entwickeltes, oft lebhaft gefärbtes Hochblatt, das in der Ein- oder Mehrzahl an den kolbigen Blütenständen sitzt.

Splint, der äußere Teil des Holzes, der meist heller, lockerer, wasserreicher ist als der Kernteil und der noch lebende Elemente enthält.

Sporangium, Sporenbehälter der niederen Pflanzen, entweder eine einfache Zelle oder ein kapselartiges, kompliziert aufgebautes Gehäuse, in dem die Sporen entstehen.

Sporophyllstand, Sporangientragende Blattorgane, die dicht beieinander stehen und einen Verband bilden.

Staubbeutel, der die Pollensäcke tragende Teil der Staubblätter in den Blüten.

Stiel, stellt die Verbindung zwischen Blüte (oder Blatt) und Stengel dar.

Stigma, Narbe der Blütenpflanzen.

Suberin, eingelagert in der Korkschicht zwischen Rinde und Stamm.

Symbiose, Lebensgemeinschaft, aus der beide Partner Nutzen ziehen. Mutualistische Symbiose bei gleichem Nutzen für beide Teile. Helotismus, wenn der eine Partner wesentlich im Vorteil ist.

Torfmoos, lebt an sumpfigen Orten und bildet große Polster oder Decken, die an ihrer Oberfläche von Jahr zu Jahr weiterwachsen, während die tieferen Schichten absterben und schließlich in Torf übergehen.

wechselständig, am Stengel entlang, in verschiedenen Höhen, einmal rechts, einmal links und nur in Einzahl an den Knoten stehende Blätter.

Wedel, große, nervenreiche Farnblätter.

Wirtel, kreisförmiger, um eine Achse angeordneter Blattkranz.

Zwitter, Individuum, welches die Fortpflanzungsorgane beider Geschlechter oder Teile derselben besitzt.

Zymöse Blütenstände, Blütenstände, die aus mehreren auseinander hervorgegangenen Achsen zusammengesetzt sind und deren Seitenachsen die primäre Achse überragen.

Verzeichnis der Krankheiten und ihrer Behandlungen

Die Zahlen verweisen auf die Nummern der Pflanzen

Verzeichnis der therapeutischen und anatomischen Fachausdrücke

Die Zahlen verweisen auf die Nummern der Pflanzen

Abortivum, Mittel zur Unterbrechung einer Schwangerschaft.

Adjuvans, Mittel, das die Wirkung eines Arzneimittels unterstützt. Z. B. verstärkt der Spiräentee die Wirkung eines Mittels gegen Gelenkrheumatismus.

Allopathie, Bezeichnung für die herkömmliche Heilmethode (Schulmedizin). Z. B. wird eine Erkältung mit warmen Breiumschlägen behandelt.

Analgeticum, schmerzstillendes Mittel: Petersilie 63 / Hirtentäschelkraut 120 / Wermut 197 / Geißfuß 279 / Ringelblume 282 / Kamille 313.

Anthelminticum (Synonym für Vermifugum), Mittel gegen Eingeweidewürmer: Speisezwiebel 83 / Knoblauch 85 / Wermut 197 / Echter Schwarzkümmel 256 / Geißfuß 279 / Feld-Thymian 334 / Garten-Thymian 335.

Antidiarrhoicum, Mittel gegen Durchfall: Knoblauch 85 / Blutweiderich 179 / Ruhrwurz 183 / Brombeere 188 / Heidelbeere 193.

Antidot (Gegengift), Mittel gegen Vergiftungen.

Antipyreticum, fiebersenkendes Mittel: Silberdistel 72 / Echtes Mädesüß 110 / Silberweide 116 / schwarzer Holunder 134 / Stechpalme 211.

Antispasmodicum, krampflösendes Mittel: Schafgarbe 270 / Römische Kamille 274 / Wiesenkümmel 286 / Kamille 313 / Pfefferminze 316 / Salbei 329.

Aperitivum, appetitanregendes Mittel: Meisterwurz 143 / Wermut 197 / Tausendgüldenkraut 200 / Gelber Enzian 208 / Fieberklee 218 / Schafgarbe 270 / Engelwurz 272 / Geißfuß 279 / Wiesenkümmel 286 / Pfefferminze 316.

Aphrodisiacum, den Geschlechtstrieb anregendes Mittel: Gartensalat 58 / Wiesen-Bärenklau 139 / Fenchel 298 / Bohnenkraut 331 und die Senfölglykoside.

Adstringens, hautstraffendes und Schleimhäute abdichtendes Mittel: Venushaar 163 / Odermennig 164 / Wiesenfrauenmantel 166 / Weidenröschen 171 / Augentrost 172 / Walderdbeere 174 / Gundelrebe 175 / Walnußbaum 177 / Blutweiderich 179 / Ruhrwurz 183 / Traubeneiche 186 / Brombeere 188.

Bakteriostatisch, das Wachstum und die Vermehrung von Bakterien hemmend: Silberdistel 72 / Isländisches Moos 73 / Langhaariges Habichtskraut 75 / Gartenkresse 76 / Kapuzinerkresse 79.

Betäubungsmittel, wirken lähmend auf das Zentralnervensystem mit euphorischen und hallucinogenen Nebenwirkungen, rufen auf die Dauer eine gefährliche Sucht hervor: Schlafmohn 42 / Hanf 284.

Biokatalysator, Sammelbezeichnung für Fermente, Hormone, Vitamine, Enzyme und Spurenelemente, die für alle Stoffwechselvorgänge im Organismus unentbehrlich sind: Möhre 57 / Gartensalat 58 / Wilde Malve 60 / Luzerne 61 / Brunnenkresse 62 / Petersilie 63 / Schwarze Johannisbeere 64 / Hundsrose 65 / Tomate 66 / Spinat 69 / Bockshornklee 70.

Carminativum, adsorbiert Gase, die bei der Verdauung entstehen: Meisterwurz 143 / Schafgarbe 270 / Wiesenkümmel 286 / Fenchel 298 / Kamille 313 / Pfefferminze 316 / Anis 324 / Baldrian 338.

Cholagogum, galletreibendes Mittel: Berberitze 6 / Odermennig 164 / Tausendgüldenkraut 200 / Wegwarte 202 / Bitterdistel 203 / Artischocke 204 / Mariendistel 220 / Geißfuß 279.

Choleretícum, die Gallesekretion anregendes Mittel: Wermut 197 / Löwenzahn 221 / Ringelblume 282 / Weißer Andorn 312 / Pfefferminze 316.

Depurativum, Reinigungs- und Abführmittel: Bittersüß 49 / Schwarzdorn 106 / Faulbaum 156 / Kreuzdorn 158 / Walnußbaum 177 / Birke 245 / Einjähriges Bingelkraut 253 / Goldrute 263 / Ackerveilchen 268 / Engelwurz 272 / Große

Klette 276 / Echter Alant 303 / Salbei 329 / Kriechende Quecke 348 / Kleine Brennessel 368.

Diaphoreticum, schweißtreibendes Mittel: Weiße Taubnessel 128 / Schwarzer Holunder 134 / duftende Schlüsselblume 259 / Große Königskerze 266 / Ackerveilchen 268 / Kamille 313 / Sommerlinde 337 / Lungenkraut 364.

Diureticum, harntreibendes Mittel: Garten-Kerbel 117 / Heidekraut 119 / Hirtentäschelkraut 120 / Ackerschachtelhalm 123 / Sanddorn 127 / Weiße Taubnessel 128 / Gänse-Fingerkraut 131 / Gartenraute 133 / Schwarzer Holunder 134 / Birkenblätter 245.

Drasticum, drastisch wirkendes Abführmittel (durch Erhöhung der normalen Dosis).

Emeticum, Brechmittel, Bitterstoffe wirken erbrechenerregend bei Erhöhung der normalen Dosis.

Emmenagogum, reguliert und erleichtert die Monatsblutung, Pflanzen mit ätherischen Ölen.

Emolliens, Mittel, das Gewebeentzündungen lindert: Flachs 59 / Eibisch 349 / Spitzwegerich 356 / Essigrose 359 / Huflattich 360.

Expectorans, auswurfförderndes, schleimlösendes Mittel: Duftende Schlüsselblume 259 / Große Königskerze 266 / Kleine Bibernelle 325 / Waldkiefer 326 / Feld-Thymian 334 / Garten-Thymian 335 / Huflattich 360.

Febrifugum, fiebersenkendes Mittel: Knoblauch 85 / Echtes Mädesüß 110 / Fieberklee 218 / Römische Kamille 274 / Weißer Andorn 312 / Sommerlinde 337 / Boretsch 350.

Galaktagogum, die Milchsekretion anregendes Mittel: Geißraute 25 / Wiesenkümmel 286 / Fenchel 298 / Basilienkraut 320 / Anis 324.

Galenicum (nach dem altgr. Arzt Galen 131-200 n. Chr.) aus Pflanzen bereitetes Arzneimittel.

Hämolyticum, Stoff, der rote Blutkörperchen zerstört: Alpenveilchen 248 / Einbeere 257 / Seifenkraut 261.

Hämostaticum, blutstillendes Mittel: Schwarzwurz 52 / Johanniskraut 157 / Ruprechtskraut 209 / Sanikel 260.

Homöopathie, Heilverfahren, bei dem die Krankheit mit hoch verdünnten Mitteln behandelt wird, die in größerer Menge bei Gesunden ähnliche Erscheinungen hervorrufen. Similia similibus curantur.

Hypertensiv, blutdrucksteigernd: Besenginster 45 / Hirtentäschelkraut 120 / Weißdorn 122 / Wiesen-Bärenklau 139.

Hypnoticum, Schlafmittel: Weißdorn 122 / Waldmeister 135 / Hopfen 210 / Fenchel 298 / Majoran 311 / Anis 324 / Baldrian 338.

Hypoglykämisch, blutzuckersenkend: Geißraute 25 / Bockshornklee 70 / Walnußbaum 177 / Heidelbeere 193 / Große Klette 276 / Bohne 363 / Große Brennnessel 367.

Hypotensiv, blutdruckherabsetzend: Mistel 56 / Speisezwiebel 83 / Garten-Kerbel 117 / Weißdorn 122 / Gartenraute 133 / Türkischer Schwarzkümmel 255 / Veilchen 267.

Kutan, die Haut betreffend, z. B. Hautkrankheiten: Flachs 59 / Birke 245 / Arnika 277 / Ringelblume 282 / Kamille 313 / Salbei 329.

Laxans, Abführmittel, z. B. Faulbaumrinde, Sennesblätter.

Letal, zum Tode führend.

Metabolismus, Stoffwechsel, Gesamtheit aller Vorgänge, die die Aufnahme und den Einbau der Nahrungsstoffe in den Organismus sowie den Abbau, die Verbrennung oder Ausscheidung dieser Substanzen betreffen.

Mydriaticum, pupillenerweiterndes Mittel: Tollkirsche 5 / Bilsenkraut 26.

Nekrotisierend, gewebezerstörend: Schöllkraut 11.

Nephretisch (mit Wirkung auf die Nieren): Petersilie 63 / Birke 245 / Ackerveilchen 268 / Wacholder 306 / Kriechende Quecke 348.

Östrogen, Stoffe, die die Entwicklung der primären und sekundären Geschlechtsmerkmale des weiblichen Organismus sowie bestimmte Vorgänge während der Schwangerschaft lenken.

Pektoral, wirkungsvoll gegen Husten und Entzündungen der Atmungswege: Wilde Malve 60 / Gundelrebe 175 / Duftende Schlüsselblume 259 / Große Königskerze 266 / Veilchen 267 / Fenchel 298 / Anis 324 / Kleine Bibernelle 325 / Waldkiefer 326 / Feld-Thymian 334 / Thymian 335 / Huflattich 360.

Pharmakodynamisch, die spezifische Wirkung von Arzneimitteln betreffend.

Pharmakopöe, amtliches Arzneibuch, Verzeichnis der offizinellen Arzneimittel mit Vorschriften über ihre Zubereitung, Beschaffenheit und Anwendung.

Phytotherapie, Heilbehandlung mit Pflanzen.

Polyvalent, gegen verschiedene Krankheiten wirksam: Die Kamille [313] z. B. ist ein Allheilmittel oder ein polyvalentes Heilmittel.

Pylorus, Pförtner, Schließmuskel am Magenausgang.

Rubefaciens, hautreizendes Mittel: Rosmarin 328.

Spasmolyticum, krampflösendes Mittel: Wermut 197 / Römische Kamille 274 / Geißfuß 279 / Ringelblume 282 / Wiesenkümmel 286 / Kamille 313 / Pfefferminze 316 / Salbei 329.

Stimulans, ein Mittel, das vorübergehend die Nerven- und Muskeltätigkeit anregt: Spanischer Pfeffer 10 / Tabak 39 / Mistel 56 / Brunnenkresse 62 / Petersilie 63 / Schwarze Johannisbeere 64 / Hundrose 65 / Basilienkraut 320 / Rosmarin 328.

Stomachicum, Mittel, das die Verdauung anregt und fördert: Bitteres Schaumkraut 91 / Wermut 197 / Tausendgüldenkraut 200 / Wegwarte 202 / Gelber Enzian 208 / Engelwurz 272 / Koriander 292.

Sympathikomimeticum, Arzneimittel, das den Sympathikus-Nerv erregt oder der Sympathisierung ähnliche Effekte hervorruft.

Synergismus, Zusammenwirkung von zwei oder mehreren Bestandteilen einer Pflanze: z. B. beim Salbei wirken der Gerbstoff und das ätherische Öl synergetisch.

Tonicum, Kräftigungsmittel: Wermut 197 / Tausendgüldenkraut 200 / Fieberklee 218 / Schafgarbe 270 / Kalmus 271 / Dost 323 / Bohnenkraut 331.

Vasokonstriktor, Stoff, der eine Gefäßverengerung durch Kontraktion der glatten Gefäßmuskulatur hervorruft: Wiesenfrauenmantel 166 / Augentrost 172 / Walnußbaum 177 / Blutweiderich 179 / Ruhrwurz 183.

Vermifugum, s. Anthelminticum.

Vesicans, Hautreizmittel, ziehendes Mittel: Speisezwiebel 83 / Knoblauch 85 / Schwarzer Senf 89.

Wundheilend: Johanniskraut 157 / Wundklee 240 / Sanikel 260 / Ringelblume 282 / Kamille 313 / Eibisch 349 / Spitzwegerich 356.

Register der deutschen Pflanzennamen

Die Ziffern verweisen auf die Nummern der Pflanzen.

Die Zahlen in eckigen Klammern verweisen auf die Seiten der Tafeln.

Register der lateinischen Pflanzennamen

Die Ziffern verweisen auf die Nummern der Pflanzen.
Die Zahlen in eckigen Klammern verweisen auf die Seiten der Tafeln.

Zusammenfassung der Heilpflanzen nach Wirkstoffgruppen

Die Zahlen hinter den Pflanzen verweisen auf die Farbtafeln

Kapitel 1 Alkaloidpflanzen

1	Aconitum napellus [130]	Echter Sturmhut, Blauer Eisenhut
2	Aconitum vulparia	Gelber Sturmhut
3	Aethusa cynapium [141]	Hundspetersilie, Gartenschierling
4	Anchusa officinalis	Rote Ochsenzunge, Albanawurzel
5	Atropa belladonna [135]	Tollkirsche
6	Berberis vulgaris [145]	Berberitze, Sauerdorn
7	Bryonia alba	Schwarzbeerige Zaunrübe
8	Bryonia dioica [135]	Rotbeerige Zaunrübe, Gichtrübe
9	Buxus sempervirens [137]	Buchsbaum
10	Capsicum annuum	Paprika, Spanischer Pfeffer
11	Chelidonium majus [140]	Schöllkraut, Wanenkraut
12	Cicuta virosa	Wasserschierling, Wüterich
13	Colchicum autumnale [141]	Herbstzeitlose, Herbstlilie, Wiesensafran
14	Conium maculatum [149]	Gefleckter Schierling
15	Corydalis cava [142]	Hohler Lerchensporn
16	Corydalis solida	Gefingerter Lerchensporn
17	Cucurbita pepo und C. maxima	Kürbis
18	Cynoglossum officinale [142]	Hundszunge
19	Datura stramonium	Stechapfel
20	Delphinium consolida [144]	Feld-Rittersporn, Adler-Rittersporn
21	Ephedra helvetica	Walliser Meerträubchen
22	Fritillaria meleagris [147]	Schachbrettblume, Kiebitzei
23	Fumaria officinalis [146]	Gemeiner Erdrauch
24	Galanthus nivalis [159]	Schneeglöckchen
25	Galega officinalis [148]	Geißraute, Geißklee
26	Hyoscyamus niger [152]	Bilsenkraut
27	Laburnum anagyroides	Goldregen
28	Lathyrus cicera	Kichererbse
29	Lathyrus sativus	Saat-Platterbse
30	Leonurus cardiaca [129]	Herzgespann
31	Leucojum vernum [157]	Märzbecher, Frühlingsknotenblume
32	Lobelia dortmanna	Wasser-Lobelie, Wasserspleiße
33	Lolium perenne	Deutsches Weidelgras, Englisches Raygras
34	Lolium temulentum	Taumel-Lolch, Tollkraut, Schwindelhafer
35	Lycopodium clavatum	Kolben-Bärlapp
36	Mahonia aquifolium [155]	Mahonie
37	Narcissus exsertus	Narzisse
38	Narcissus pseudonarcissus [152]	Trompetennarzisse, Gelbe Narzisse, Osterglocke
39	Nicotiana tabacum [166]	Tabak
40	Nuphar luteum [157]	Gelbe Teichrose
41	Papaver rhoeas [141]	Klatschmohn
42	Papaver somniferum [159]	Schlafmohn
43	Petasites hybridus [138]	Gemeine Pestwurz
44	Physalis alkekengi [131]	Lampionblume, Judenkirsche
45	Sarothamnus scoparius [147]	Besenginster

46	Sedum acre [157]	Mauerpfeffer
47	Senecio jacobaea	Jakobskraut
48	Senecio vulgaris [164]	Gemeines Kreuzkraut
49	Solanum dulcamara [144]	Bittersüß, Bittersüßer Nachtschatten
50	Solanum nigrum [155]	Schwarzer Nachtschatten
51	Solanum tuberosum	Kartoffel
52	Symphytum officinale [143]	Beinwell, Schwarzwurz
53	Tamus communis [150]	Schmeerwurz
54	Taxus baccata	Eibe
55	Veratrum album	Weißer Germer
56	Viscum album [149]	Mistel

Kapitel 2 Pflanzen mit Vitaminen

57	Daucus carota ssp. sativa	Möhre, Gelbe Rübe
58	Lactuca sativa	Gartensalat, Lattich
59	Linum usitatissimum [153]	Flachs, Lein
60	Malva silvestris [154]	Wilde Malve
61	Medicago sativa	Luzerne
62	Nasturtium officinale [142]	Brunnenkresse
63	Petroselinum crispum	Petersilie
64	Ribes nigrum [139]	Schwarze Johannisbeere
65	Rosa canina [145]	Hundsrose, Hagrose
66	Solanum lycopersicum	Tomate
67	Sorbus aria [130]	Mehlbeere
68	Sorbus aucuparia [164]	Eberesche, Vogelbeerbaum
69	Spinacia oleracea	Spinat
70	Trigonella foenum graecum	Bockshornklee, Griechisch Heu

Kapitel 3 Pflanzen mit antibiotischer Wirkung

71	Armeria maritima [132]	Strandgrasnelke
72	Carlina acaulis	Silberdistel, Eberwurz
73	Cetraria islandica [156]	Isländisches Moos
74	Drosera rotundifolia [162]	Rundblättriger Sonnentau
75	Hieracium philosella	Langhaariges Habichtskraut
76	Lepidium sativum	Gartenkresse
77	Plumbago europaea	Bleiwurz
78	Polytrichum et Hypnum [156]	Moos
79	Tropaeolum majus [137]	Kapuzinerkresse
80	Usnea barbata	Bartflechte

Kapitel 4 Pflanzen mit schwefelhaltigen Heterosiden

81	Alliaria officinalis [130]	Knoblauchrauke, Knoblauchhederich
82	Allium ascalonicum	Schalotte
83	Allium cepa	Speisezwiebel
84	Allium porrum	Lauch, Porree
85	Allium sativum	Knoblauch
86	Allium schoenoprasum [141]	Schnittlauch
87	Allium ursinum	Bärlauch, Wilder Knoblauch, Waldknoblauch
88	Brassica napus	Raps
89	Brassica nigra [155]	Schwarzer Senf
90	Brassica rapa	Rüben-Kohl, Rübsen
91	Cardamine amara [138]	Bitteres Schaumkraut

92	Cardamine pratensis [138]	Wiesenschaumkraut
93	Cheiranthus cheiri [149]	Goldlack
94	Cochlearia officinalis	Echtes Löffelkraut
95	Raphanus raphanistrum [162]	Acker-Rettich, Hederich
96	Raphanus sativus	Rettich, Radieschen
97	Sinapis alba	Weißer Senf
98	Sinapis arvensis	Ackersenf
99	Sisymbrium officinale	Weg-Rauke, Wilder Senf
100	Thlaspi arvense [166]	Feld-Täschelkraut

Kapitel 5 Pflanzen mit Blausäure-Glykosiden

101	Prunus amygdalus	Echte Mandel
102	Prunus avium [139]	Vogelkirsche, Süßkirsche
103	Prunus cerasus	Sauerkirsche
104	Prunus laurocerasus	Kirschlorbeer
105	Prunus padus	Traubenkirsche
106	Prunus spinosa	Schwarzdorn, Schlehe

Kapitel 6 Pflanzen mit phenolischen Heterosiden

107	Andromeda polifolia [130]	Rosmarinheide, Poleiblättrige Gränke, Lavendel-Gräncke
108	Arctostaphylos uva-ursi [137]	Bärentraube
109	Dipsacus silvester [138]	Wilde Karde
110	Filipendula ulmaria [161]	Echtes Mädesüß, Wiesenkönigin, Moorspierstaude
111	Ledum palustre	Sumpfporst, Porst
112	Populus nigra [161]	Schwarzpappel
113	Populus tremula	Zitterpappel, Espe
114	Pirola rotundifolia	Rundblättriges Wintergrün
115	Pyrus communis	Birnbaum
116	Salix alba [163]	Silberweide

Kapitel 7 Flavonoid-Pflanzen

117	Anthriscus cerefolium	Garten-Kerbel, Kerbel
118	Anthriscus sylvestris	Waldkerbel
119	Calluna vulgaris [138]	Heidekraut, Heide
120	Capsella bursa-pastoris [136]	Hirtentäschelkraut, Taschenkraut
121	Crataegus monogyna [132]	Eingriffliger Weißdorn
122	Crataegus oxyacantha [133]	Zweigriffliger Weißdorn
123	Equisetum arvense [161]	Ackerschachtelhalm, Katzenschwanz
124	Fagopyrum esculentum	Buchweizen, Heidekorn
125	Genista tinctoria [147]	Färber-Ginster
126	Helianthus annuus	Sonnenblume
127	Hippophaë rhamnoides [132]	Sanddorn
128	Lamium album [158]	Weiße Taubnessel
129	Linaria vulgaris [153]	Gemeines Leinkraut, Frauenflachs
130	Polygonum aviculare [162]	Vogelknöterich
131	Potentilla anserina [160]	Gänse-Fingerkraut, Fingerkraut
132	Reseda luteola	Färber-Wau, Färber-Reseda
133	Ruta graveolens	Gartenraute, Raute
134	Sambucus nigra	Schwarzer Holunder

Kapitel 8 Pflanzen mit Cumarin-Heterosiden

135	Asperula odorata [133]	Waldmeister
136	Avena sativa	Hafer
137	Fraxinus excelsior [146]	Esche
138	Galium aparine	Klebkraut, Kletten-Labkraut
139	Heracleum sphondyleum [134]	Wiesen-Bärenklau, Bärenklau
140	Melilotus officinalis [155]	Honigklee
141	Pastinaca sativa	Pastinak
142	Pedicularis palustris [159]	Sumpfläusekraut
143	Peucedanum ostruthium	Meisterwurz

Kapitel 9 Pflanzen mit Ranunculosiden

144	Actea spicata	Christophskraut
145	Anemone nemorosa [130]	Windröschen
146	Caltha palustris [160]	Sumpfdotterblume
147	Clematis recta	Aufrechte Waldrebe
148	Clematis vitalba [143]	Waldrebe, Nule
149	Hepatica nobilis [130]	Leberblümchen, Märzblümchen
150	Pulsatilla vulgaris [132]	Kuhschelle
151	Ranunculus acris [162]	Scharfer Hahnenfuß
152	Ranunculus bulbosus [162]	Knolliger Hahnenfuß
153	Ranunculus sceleratus [162]	Gift-Hahnenfuß
154	Trollius europaeus [166]	Trollblume

Kapitel 10 Anthracenhaltige Pflanzen

155	Cuscuta europaea [142]	Hopfenseide, Kleeseide
156	Frangula alnus [136]	Faulbaum
157	Hypericum perforatum [156]	Johanniskraut
158	Rhamnus catharticus	Kreuzdorn
159	Rheum palmatum	Offizineller Rhabarber
160	Rheum undulatum	Garten-Rhabarber, Rhabarber
161	Rumex acetosa [157]	Sauerampfer
162	Rumex alpinus	Alpen-Ampfer

Kapitel 11 Gerbstoffhaltige Pflanzen

163	Adiantum capillus veneris [137]	Venushaar, Frauenhaar
164	Agrimonia eupatoria [129]	Odermennig
165	Ajuga reptans [135, 137]	Kriechender Günsel, Günsel
166	Alchemilla vulgaris [131]	Wiesen-Frauenmantel
167	Alnus glutinosa [133]	Schwarz-Erle
168	Castanea sativa	Edelkastanie
169	Ceterach officinarum [139]	Schriftfarn
170	Dryas octopetala [143]	Silberwurz
171	Epilobium angustifolium [145]	Weidenröschen, Wald-Weidenröschen
172	Euphrasia rostkoviana [145]	Augentrost
173	Fagus sylvatica [151]	Rotbuche
174	Fragaria vesca [146]	Walderdbeere
175	Glechoma hederacea [153]	Gundelrebe, Gundermann
176	Helianthemum nummularium [151]	Gemeines Sonnenröschen
177	Juglans regia [158]	Walnußbaum
178	Knautia arvensis [152]	Witwenblume, Ackerskabiose
179	Lythrum salicaria [163]	Blutweiderich
180	Phyllitis scolopendrium [165]	Hirschzunge

181	Polygonum bistorta [134]	Wiesenknöterich
182	Polytrichum commune	Goldhaar
183	Potentilla erecta	Ruhrwurz, Blutwurz
184	Potentilla recta [160]	Hohes Fingerkraut
185	Prunella vulgaris [160]	Gemeine Brunelle
186	Quercus petraea	Traubeneiche, Wintereiche
187	Quercus robur [140]	Stieleiche, Sommereiche
188	Rubus fruticosus	Brombeere
189	Sanguisorba officinalis [164]	Großer Wiesenknopf
190	Sempervivum tectorum [152]	Hauswurz, Dachwurz
191	Stachys officinalis [135]	Heil-Ziest, Betonie
192	Ulmus campestris	Feld-Ulme, Rüster
193	Vaccinium myrtillus [155]	Heidelbeere
194	Vaccinium oxycoccos [138]	Moosbeere
195	Vaccinium vitis idaea	Preiselbeere

Kapitel 12 Pflanzen mit Bitterstoffen

196	Antennaria dioica	Katzenpfötchen
197	Artemisia absinthium [129]	Wermut, Absinth
198	Centaurea cyanus [134]	Kornblume
199	Centaurea montana [139]	Berg-Flockenblume, Berg-Kornblume
200	Centaurium minus [158]	Tausendgüldenkraut
201	Cichorium endivia	Endivie, Zichorie
202	Cichorium intybus [140]	Wegwarte, Zichorie
203	Cnicus benedictus [139]	Bitterdistel, Benediktenkraut
204	Cynara scolymus	Artischocke
205	Eupatorium cannabinum [145]	Wasserdost, Kunigundenkraut
206	Euphorbia lathyris [144]	Kreuzblättrige Wolfsmilch
207	Gentiana kochiana [148]	Kochs Enzian
208	Gentiana lutea [148]	Gelber Enzian, Bitterwurz
209	Geranium robertianum [150]	Ruprechtskraut
210	Humulus lupulus [150]	Hopfen, Zaunhopfen
211	Ilex aquifolium [151]	Stechpalme
212	Impatiens noli- tangere [152]	Springkraut, Rührmichnichtan
213	Lactuca serriola	Lattich, Wilder Stachel-Lattich
214	Lactuca virosa	Giftlattich, Leberdistel
215	Ligustrum vulgare [166]	Liguster, Rainweide
216	Lonicera caprifolium [140]	Gartengeißblatt
217	Lycopus europaeus [153]	Wolfsfuß, Wolfstrapp
218	Menyanthes trifoliata [167]	Fieberklee, Bitterklee, Sumpfklee
219	Sambucus ebulus [151]	Attich, Zwergholunder
220	Silybum marianum [142]	Mariendistel
221	Taraxacum officinale [143]	Löwenzahn, Kuhblume
222	Veronica beccabunga	Bachbungen-Ehrenpreis
223	Veronica officinalis [167]	Echter Ehrenpreis
224	Viburnum opulus [166]	Schneeball

Kapitel 13 Pflanzen mit Cardenoliden

225	Adonis vernalis [130]	Adonisröschen, Frühlingsteufelsauge
226	Convallaria majalis [156]	Maiglöckchen
227	Coronilla varia [141]	Kornwicke
228	Cynanchum vincetoxicum	Schwalbenwurz, Hundswürger, Giftwurzel
229	Digitalis lananta	Wolliger Fingerhut

230	Digitalis lutea	Gelber Fingerhut
231	Digitalis purpurea [144]	Roter Fingerhut
232	Euonymus europaeus [147]	Pfaffenhütchen, Pfaffenkäppchen
233	Gratiola officinalis	Gnadenkraut, Gottesgnadenkraut, Purgierkraut
234	Helleborus niger [150]	Schwarze Nieswurz, Christrose
235	Helleborus viridis [150]	Grüne Nieswurz
236	Nymphaea alba [157]	Weiße Seerose

Kapitel 14 Pflanzen mit Saponinen

237	Aesculus hippocastanum [154]	Roßkastanie
238	Anagallis arvensis [155]	Acker-Gauchheil, Roter Gauchheil
239	Anagallis foemina	Blauer Gauchheil
240	Anthyllis vulneraria [131]	Wundklee
241	Asparagus officinalis [132]	Spargel
242	Atriplex hortensis	Gartenmelde
243	Bellis perennis [159]	Gänseblümchen
244	Beta vulgaris	Gemeine Rübe
245	Betula pendula [136]	Birke, Weißbirke
246	Carex arenaria [153]	Segge, Sandsegge, Riedgras
247	Chenopodium bonus-henricus [136]	Melde, Guter Heinrich
248	Cyclamen purpurascens [142]	Alpenveilchen
249	Eryngium campestre [140]	Feldmannstreu
250	Euphorbia cyparissias	Zypressen-Wolfsmilch
251	Euphorbia peplus [144]	Rote Wolfsmilch
252	Hedera helix	Efeu
253	Mercurialis annua	Einjähriges Bingelkraut
254	Mercurialis perennis	Ausdauerndes Bingelkraut
255	Nigella damascena	Türkischer Schwarzkümmel, Damaszener Schwarzkümmel
256	Nigella sativa	Echter Schwarzkümmel, Römischer Kümmel
257	Paris quadrifolia [159]	Einbeere
258	Polygala amara	Bittere Kreuzblume
259	Primula veris [161]	Duftende Schlüsselblume, Frühlings-Primel
260	Sanicula europaea [164]	Sanikel, Heildolde
261	Saponaria officinalis [164]	Seifenkraut
262	Scrophularia nodosa	Knotige Braunwurz
263	Solidago virgaurea [166]	Goldrute
264	Stellaria media	Vogelmiere, Hühnerdarm
265	Verbascum phlomoides	Filz-Königskerze, Filziges Wollkraut
266	Verbascum thapsiforme [136]	Große Königskerze
267	Viola odorata [167]	Veilchen, Wohlriechendes Veilchen
268	Viola tricolor [158]	Ackerveilchen, Stiefmütterchen
269	Zea mays	Mais

Kapitel 15 Pflanzen mit ätherischen Ölen und Harzen

270	Achillea millefolium [156]	Schafgarbe
271	Acorus calamus [129]	Kalmus
272	Angelica archangelica [131]	Engelwurz, Erzengelwurz
273	Angelica sylvestris	Wald-Engelwurz, Wilde Brustwurz
274	Anthemis nobilis	Römische Kamille

275	Apium graveolens [129]	Sellerie
276	Arctium lappa [133]	Große Klette
277	Arnica Montana [131]	Arnika
278	Artemisia dracunculus	Estragon
279	Artemisia vulgaris [131]	Beifuß, Gemeiner Beifuß
280	Arum maculatum [133]	Aronstab, Eselsohr, Gefleckter Aron
281	Asarum europaeum [133]	Haselwurz
282	Calendula officinalis [165]	Ringelblume
283	Calla palustris	Hanf
284	Cannabis sativa [139]	Silberdistel, Eberwurz
285	Carlina acaulis	Wiesenkümmel, Kümmel
286	Carum carvi [143]	Margerite
287	Chrysanthemum leucanthemum	
	[148]	Mutterkraut
288	Chrysanthemum parthenium [149]	Ackerwinde
289	Chrysanthemum vulgare [165]	Zaunwinde
290	Convolvulus arvensis [153]	
291	Convolvulus sepium	
292	Coriandrum sativum [141]	Koriander
293	Crocus sativus [164]	Echter Safran
294	Curcuma longa	Curry, Gelbwurzel
295	Daphne laureola [144]	Lorbeerblättriger Seidelbast
296	Daphne mezereum [135]	Seidelbast, Kellerhals, Ziland
297	Erigeron canadensis	Kanadisches Berufskraut
298	Foeniculum vulgare [145]	Fenchel
299	Geum rivale [134]	Bachnelkenwurz, Ufernelkenwurz
300	Geum urbanum [134]	Echte Nelkenwurz
301	Globularia vulgaris [148]	Kalk-Kugelblume
302	Hyssopus officinalis [151]	Ysop, Essigkraut
303	Inula helenium	Echter Alant
304	Iris germanica	Schwertlilie
305	Iris pseudacorus [152]	Wasserschwertlilie, Wasserschwertel
306	Juniperus communis [148]	Wacholder
307	Laurus nobilis	Lorbeerbaum
308	Lavandula angustifolia [154]	Lavendel
309	Levisticum officinale	Liebstöckel, »Maggikraut«
310	Linum catharticum	Wiesen-Lein, Purgier-Lein
311	Majorana hortensis	Majoran, Wurstkraut
312	Marrubium vulgare [154]	Weißer Andorn
313	Matricaria chamomilla [137]	Kamille, Echte Kamille
314	Melissa officinalis [154]	Melisse, Zitronenkraut
315	Mentha aquatica [156]	Bachminze, Wasserminze
316	Mentha piperita [156]	Pfefferminze
317	Meum athamanticum [147]	Bärwurz
318	Myrrhis odorata	Süßdolde, Aniskerbel
319	Nepeta cataria [150]	Echte Katzenminze, Katzenkraut
320	Ocimum basilicum	Basilikum, Basilienkraut, Königskraut
321	Oenanthe aquatica	Wasserfenchel
322	Ononis spinosa [137]	Hauhechel
323	Origanum vulgare [158]	Dost, Kostets, Wilder Majoran
324	Pimpinella anisum	Anis
325	Pimpinella saxifraga	Kleine Bibernelle
326	Pinus sylvestris [161]	Waldkiefer, Föhre
327	Polygonum persicaria [162]	Pfirsichblättriger Knöterich

328 Rosmarinus officinalis [163]	Rosmarin
329 Salvia officinalis [163]	Salbei, Garten-Salbei
330 Salvia pratensis [163]	Wiesen-Salbei
331 Satureja hortensis	Bohnenkraut
332 Sium latifolium [134]	Großer Merk, Merk, Merle
333 Teucrium chamaedrys [148]	Heidegamander
334 Thymus serpyllum [165]	Feld-Thymian, Kleiner Kostets, Quendel
335 Thymus vulgaris [165]	Garten-Thymian, Quendel
336 Tilia cordata [165]	Kleinblättrige Linde, Steinlinde
337 Tilia platyphyllos	Sommerlinde
338 Valeriana officinalis [167]	Baldrian
339 Verbena officinalis [167]	Eisenkraut

Kapitel 16 Pflanzen mit organischen Säuren

340 Aristolochia clematitis [132]	Osterluzei
341 Colutea arborescens [135]	Blasenstrauch
342 Dryopteris filix-mas [146]	Wurmfarn, Waldfarn, Federfarn
343 Malus silvestris [160]	Wildapfel
344 Oxalis acetosella [159]	Sauerklee
345 Rubus idaeus [146]	Himbeere
346 Vitis vinifera	Weinrebe

Kapitel 17 Pflanzen mit Kohlehydraten

347 Acanthus mollis [129]	Acanthus, Bärenklau
348 Agropyron repens [143]	Kriechende Quecke, Gemeine Quecke
349 Althaea officinalis [148, 149]	Eibisch, Weiße Malve
350 Borago officinalis [136]	Boretsch, Gurkenkraut
351 Cydonia oblonga	Quittenbaum
352 Glycine soja	Sojabohne
353 Hordeum vulgare	Gerste
354 Lavatera arborea	Stockrose, Malve
355 Orchis mascula [157]	Manns-Knabenkraut, Stattliche Orchis
356 Plantago lanceolata [161]	Spitzwegerich
357 Plantago major	Großer Wegerich, Breitblättriger Wegerich
358 Polypodium vulgare	Tüpfelfarn
359 Rosa gallica [163]	Essigrose
360 Tussilago farfara [167]	Huflattich

Kapitel 18 Pflanzen, die überwiegend anorganische Stoffe enthalten

361 Galeopsis tetrahit [157]	Hohlzahn, Sandhohlzahn
362 Lithospermum officinale	Echter Steinsame
363 Phaseolus vulgaris	Bohne, Gartenbohne
364 Pulmonaria officinalis [160]	Lungenkraut
365 Salicornia europaea	Salicornia, Glasschmalz
366 Salsola kali	Gemeines Salzkraut
367 Urtica dioica	Große Brennessel
368 Urtica urens	Kleine Brennessel

Die Natur besser kennen

BLV Bestimmungsbuch

A. Quartier

Bäume + Sträucher

Die europäischen Bäume und Sträucher erkennen an Blüte, Blatt, Frucht und Rinde. Dazu Umrißzeichnungen und Verbreitungskarten.

Dieses BLV Bestimmungsbuch stellt auf 80 ganzseitigen Farbtafeln alle wichtigen einheimischen Bäume und Sträucher vor, die wild wachsen. Die Bildtafeln wurden nach der Natur gezeichnet. So kann man schnell und genau die Arten bestimmen und die wesentlichen Unterscheidungsmerkmale von Bäumen und Sträuchern vergleichen. Der Text bringt eine ausführliche Beschreibung der Arten, nach Familien geordnet, mit deutscher Benennung und lateinischen Namen. Durch Verbreitungskarten wird deutlich, ob es sich um eine europäische, eurasiatische, mediterrane oder amerikanische Art handelt.
3. Auflage, 259 Seiten, davon 80 Seiten Farbtafeln, 73 Verbreitungskarten, 52 Umrißzeichnungen

BLV Bestimmungsbuch

Oleg Polunin

Bäume und Sträucher Europas

1009 farbige Fotos und Zeichnungen

In diesem BLV Bestimmungsbuch findet der Naturfreund Angaben und exakte Abbildungen zu allen in Europa wildwachsenden Bäumen und größeren Sträuchern. Eine umfassende Zusammenstellung der Arten nach Blattmerkmalen und Bestimmungsschlüssel im Hauptteil des Buches ermöglichen das Erkennen. 734 Farbfotos und 219 farbige Zeichnungen vermitteln einen genauen Eindruck von Aussehen und Charakter der Pflanzen und verdeutlichen botanische Einzelheiten von Knospen, Blüten und Früchten. Im Anhang 56 Farbfotos von Rinden und eine Übersicht über die Nutzung der wichtigsten Arten.
2. Auflage, 207 Seiten, 1009 Farbfotos und Zeichnungen

BLV Bestimmungsbuch

M. Skythe Christiansen / Verner Hancke

Gräser

Über 180 Süßgräser, Sauergräser und Binsen Mittel- und Nordeuropas

180 Süßgräser, Sauergräser und Binsen Mittel- und Nordeuropas werden auf Farbtafeln abgebildet oder schwarzweiß gezeigt. Diese Abbildungen ermöglichen eine schnelle Grobbestimmung. Der exakten Bestimmung dienen ausführliche Textbeschreibungen, die von Zeichnungen der wichtigsten Details ergänzt werden.
176 Seiten, 147 Farbzeichnungen, 92 Schwarzweißzeichnungen

BLV Verlagsgesellschaft München

Die Natur besser kennen

BLV Naturführer
D. Seidel / W. Eisenreich

Heimische Pflanzen 1

Unsere häufigsten wildwachsenden Blütenpflanzen nach Farbfotos bestimmen

Über 100 der häufigsten wildwachsenden Blütenpflanzen werden hier in naturgetreuen Farbfotos gezeigt. Zusammen mit der genauen Beschreibung der wichtigsten Merkmale, des Standortes und der Verbreitung ist so ein schnelles und zuverlässiges Bestimmen möglich. Dazu interessante Angaben zur Ökologie, Heilwirkung der Pflanzen oder Unterscheidung verwandter Arten. In der Einleitung wird der Bau der Pflanze und ihrer Organe erläutert und durch Zeichnungen veranschaulicht.
2., durchgesehene Auflage, 143 Seiten, 112 Farbfotos, 12 Zeichnungen

BLV Naturführer
D. Seidel / W. Eisenreich

Heimische Pflanzen 2

Geschützte und andere seltene Blütenpflanzen nach Farbfotos bestimmen

Seltene Blütenpflanzen, von denen viele unter Naturschutz stehen, werden hier in naturgetreuen Farbfotos gezeigt. Zusammen mit einer ausführlichen Beschreibung der wichtigsten Merkmale, des Standortes und der Verbreitung ist so ein zuverlässiges Bestimmen möglich. Besonders zahlreich sind die einheimischen Orchideen vertreten. Bei ihnen gibt es zusätzliche Abbildungen von Einzelblüten bzw. Details aus dem Blütenstand. Die Einleitung führt in die botanische Systematik ein und gibt einen Abriß über Seltenheit und Artenschutz heimischer Blütenpflanzen.
2. Auflage, 143 Seiten, 101 Farbfotos, 1 Zeichnung

BLV Naturführer
E. Wendelberger

Alpenblumen

Alle wichtigen Alpenblumen nach Farbfotos bestimmen

Die wichtigsten Alpenblumen werden in diesem BLV Naturführer in Farbfotos gezeigt. Zusammen mit einer genauen Beschreibung der Alpenpflanzen und Angaben über Vorkommen, Standort und Blütezeit wird so ein schnelles und zuverlässiges Bestimmen ermöglicht. Außerdem werden die wichtigsten – regional unterschiedlichen – Volksnamen genannt. Unter Naturschutz stehende Pflanzen sind besonders gut gekennzeichnet.
3. Auflage, 143 Seiten, 88 Farbfotos